Beständiger Wandel

In 175 Jahren von

Schweffel & Howaldt zu ThyssenKrupp Marine Systems

Beständiger Wandel

In 175 Jahren von

Schweffel & Howaldt zu ThyssenKrupp Marine Systems

Jürgen Rohweder

Herausgegeben von ThyssenKrupp Marine Systems GmbH

Kiel 2013

BESTÄNDIGER WANDEL
In 175 Jahren von Schweffel & Howaldt zu ThyssenKrupp Marine Systems

Bibliografische Information der Deutschen Nationalbibliothek
Die Deutsche Nationalbibliothek verzeichnet diese Publikation in der
Deutschen Nationalbibliografie; detaillierte bibliografische Daten sind
im Internet über http://dnb.d-nb.de abrufbar.

ISBN 978-3-7822-1090-4
1. Auflage, Koehlers Verlagsgesellschaft, Hamburg

© 2013 by ThyssenKrupp Marine Systems

© 2013 für die Buchhandelsausgabe by Maximilian Verlag, Hamburg
Ein Unternehmen der Tamm Media

Alle Rechte vorbehalten

Gesamtgestaltung + Produktion: YPS Hamburg, Peter Neumann
Titelphoto, Rückseite, Vorwort: Christian Rohweder

Printed in Germany

Inhaltsverzeichnis

Vorwort 6

Die Ära Howaldt 8

Brown Boveri: Dicke Pötte, Turbinen und Schwimmdocks 48

Schwere Zeiten, eine Fast-Katastrophe und ein Neuanfang 66

Die Howaldtswerke auf dem Weg in den Krieg 76

Von der „Stunde Null" zum Schiffbauboom 98

Von Howaldt zu HDW 120

Mit kühlem Kopf durch schweres Wetter 152

Neustart im ThyssenKrupp Verbund 198

Nachwort + Dank 230

Vorwort

SEHR GEEHRTE LESERINNEN UND LESER DIESES BUCHES, Industrie- und Wirtschaftsgeschichte ist immer besonders spannend, weil sie geschichtliche Ereignisse, die wir alle kennen, von einem besonderen und oft sehr individuellen Blickwinkel aus anders beleuchtet, als wir dies üblicherweise gewohnt sind. Insbesondere wird hierbei auch deutlich, wie Menschen, die historisch nicht im Rampenlicht standen, trotzdem Strukturen geprägt, technische Entwicklungen in Gang gesetzt oder maßgeblich beeinflusst und damit auf das Schicksal von Menschen großen Einfluss genommen haben. Dies gilt für Erfinder, für die Umsetzer neuer Technologien, für die kreativen Köpfe, die sich neue Geschäftsideen ausgedacht haben, und auch für die Lenker von Unternehmen. Dabei beleuchten wir von verschiedenen Seiten immer wieder das Schicksal von Menschen, für die ein Unternehmen und eine Industrie Lebensinhalt, prägende Herausforderung und gleichzeitig wirtschaftliche Grundlage in ihrem Alltag gewesen ist.

Die Howaldtswerke mit ihrer in diesem Jahr 175-jährigen Geschichte bieten auch eine hervorragende Chance für diesen besonderen Blickwinkel. 175 Jahre führen uns zurück bis in das Jahr 1838 und damit aus heutiger Sicht in eine wirklich andere Welt, nämlich die des Biedermeier, die wir gemeinhin eher mit Kunst und Kultur als mit dem Start eines Unternehmens und der Entwicklung einer faszinierenden Technologie verbinden. Dass diese technologische Entwicklungslinie sich dennoch seither durch alle Zeiten als so stark erwiesen hat, dass heute – nach 175 Jahren – ein gut aufgestelltes Unternehmen ThyssenKrupp Marine Systems, in dem immer noch starke Gene der Howaldtswerke vertreten sind, dieses Jubiläum begehen kann, kann uns mit Stolz und Genugtuung erfüllen.

Auf eine derart lange Geschichte kann man als Unternehmen nur dann zurückblicken, wenn man es verstanden hat, sich den jeweils veränderten Zeitläufen unternehmerisch anzupassen und notwendige strukturelle Entscheidungen rechtzeitig zu treffen, bevor einen die Kräfte des Marktes in eine Situation bringen, in der es keinen Ausweg mehr gibt. Ein solches Schicksal, wie es im Laufe der letzten 175 Jahre viele andere Unternehmen ereilt hat, ist den Howaldtswerken erspart geblieben. Hier wurde gerade auch in den zurückliegenden Jahrzehnten in manchen schwierigen Situationen im Sinne des Unternehmens richtig entschieden, sowohl was Eigentümerstrukturen als auch Geschäftsmodelle und Produktentwicklungen anging.

Am Ende waren es immer die Menschen, vom Auszubildenden bis zur Führungsspitze, die zu diesen Erfolgen verholfen haben. Die Howaldtswerke verfügten zu allen Zeiten bis heute über hervorragend geschultes, erfahrenes und motiviertes Personal, das auf allen Ebenen des Unternehmens dazu beigetragen hat, dass es bis heute erfolgreich und vital am Markt agiert.

Den Menschen, die dies durch die Zeiten der Geschichte des Unternehmens geschafft haben, gilt Dank und Anerkennung; ganz besonders gilt dies natürlich auch für die heutigen Mitarbeiterinnen und Mitarbeiter der ThyssenKrupp Marine Systems Gruppe insgesamt, speziell aber am Standort Kiel mit den Wurzeln der Howaldtswerke-Deutsche Werft.

Mein Dank gilt schließlich auch Herrn Dr. Jürgen Rohweder, der es in hervorragender Weise verstanden hat, in diesem neuen Buch die Geschichte der Howaldtswerke-Deutsche Werft und der bei ihnen und für sie tätigen Menschen neu zu beleuchten. In diesem Sinne sage ich all denen Dank und Glückwunsch, die zum Zustandekommen des 175-jährigen Jubiläums beigetragen haben.

Dr. Hans-Christoph Atzpodien
Vorsitzender des Vorstandes
ThyssenKrupp Industrial Solutions AG
und
Vorsitzender des Aufsichtsrates der
ThyssenKrupp Marine Systems GmbH

Die Ära Howaldt

SCHWEFFEL TRIFFT HOWALDT Das „Wochenblatt zum Besten der Armen in Kiel", Nr. 36, erfreute am Mittwoch, dem 3. Oktober 1838 auf der Titelseite seine Leser mit einem Gedicht „An die gute Hausfrau". Darin hieß es im Stil der Zeit: *„Mag des Glückes Sonnenbild Dir scheinen, mag Dir drohn der Trübsal Wetterstrahl, emsig wirken für das Wohl der Deinen, weißt Du Werth und Anmut zu vereinen…".* Dieses Reimgebilde eines unbekannten Poeten begleitete den Anfang der bewegten Geschichte einer Werft in Kiel, die im Jahr 2013 nach 175 Jahren höchst lebendig zu den ältesten deutschen Unternehmen und heute als ThyssenKrupp Marine Systems GmbH zu den größten deutschen Werften zählt. Und es passt zur langen Geschichte des Unternehmens, das am 1. Oktober 1838 gegründet wurde.

Im gleichen Wochenblatt findet sich nämlich zwischen der Ankündigung von Theaterstücken, Buch-Auktionen, Fahrgelegenheiten mit einer bequemen Kutsche nach Hamburg und amtlichen Bekanntmachungen eine unscheinbare Anzeige: *„Seit dem 1sten dieses Monats betreiben wir die auf der Rosenwiese befindliche Maschinenbauanstalt in Verbindung mit einer Eisengießerei unter der Firma von Schweffel & Howaldt für gemeinschaftliche Rechnung, welches wir hierdurch bekannt machen.*
Kiel Oktober 1838
Johann Schweffel, August Ferdinand Howaldt"

Hier hatten sich zwei Männer gefunden, die sehr verschieden waren und sich doch prächtig ergänzten – der feingeistige und erfolgreiche Kaufmann Schweffel und der handfeste und tatkräftige „Mechanikus" Howaldt.

Johann Schweffel (1796 – 1865) stammte aus einer der angesehenen Kieler Kaufmannsfamilien. Sein Vater hatte das Geschäft 1747 eröffnet und handelte zunächst mit Lebensmitteln und später mit Gewürzen, Steinkohle und Eisen, betrieb aber auch bankähnliche Geldgeschäfte. Das war erfolgreich, und so brachte er es auch zu hohem gesellschaftlichen Ansehen und zu wichtigen Ehrenämtern, unter anderem als Ältermann der Kieler Kramerkompanie, Jurat der Nikolaikirche und Ratsherr. Unter seinem Sohn Johann Hinrich wurde der Handel mit Eisen zum Kerngeschäft des Unternehmens.

Die Anzeige im „Wochenblatt zum Besten der Armen in Kiel". mit der Johann Schweffel und August Ferdinand Howaldt die Gründung ihrer gemeinsamen Firma zum 1. Oktober 1838 bekannt machten. Archiv HDW

Johann Schweffel (1796–1865) Archiv HDW

Johann Schweffel war eben 22 Jahre alt, als er am 1. Januar 1819 an die Spitze der Firma Schweffel rückte. Seine Gesundheit war nicht die beste, und die wirtschaftlichen Verhältnisse in Schleswig-Holstein waren nicht einfach. Denn das Mutterland Dänemark hatte als Folge der napoleonischen Kriege und als Bundesgenosse Napoleons 1813 Staatsbankrott anmelden müssen, der natürlich auch für die Wirtschaft der Herzogtümer Schleswig und Holstein verheerende Folgen hatte. Als Schweffel das Familienunternehmen übernahm, begannen sich die Verhältnisse langsam zu bessern. Das war für den jungen Unternehmer eine große Chance, die er weitsichtig nutzte. So erschloss er sich neue Geschäftsfelder. Am Kieler Hafen – auf der damals so genannten Rosenwiese, auf der heute die Oberpostdirektion und das Neue Rathaus stehen – kaufte er ein Gelände und errichtete dort eine Werft, die er später verpachtete, weil er *„kein spezielles Interesse bei den Reparaturen"* hatte, aber weil *„wir es gerne sehen, wenn unsere Mitbürger gute Arbeit haben"*. Daher stellte er für die Werft einen Schiffszimmermeister Graeper ein, der die Aufsicht über den Schiffbau führen sollte.

Dass *„wir es gerne sehen, wenn unsere Mitbürger gute Arbeit haben"* – diese Bemerkung Schweffels in einem Brief zeigt eine weitere bemerkenswerte Seite des Unternehmers: Sein großes öffentliches Engagement für seine Stadt und sein Land. Schon früh engagierte er sich in der Kommunalpolitik und wurde schon 1821 Mitglied der Stadtvertretung, dem „Collegium der Zweiunddreißig", und später deren Sprecher. Über die Grenzen der Stadt hinaus wies die ehrenhafte Aufgabe, die Einrichtung von beratenden Provinzialständen in Schleswig und Holstein mit vorzubereiten. Er gehörte zu den „29 angesehenen Männern", die nach Kopenhagen eingeladen waren, um über die Modalitäten der beiden Ständeversammlungen zu beraten, die ab 1834 in Itzehoe und Schleswig alle zwei Jahre tagten und deren stellvertretendes Mitglied er wurde. Wirtschaftspolitisch vertrat er nicht nur handfeste Kieler Interessen beim Ausbau des Eisenbahnnetzes in Schleswig-Holstein, er war auch Vorsitzer des Kieler Handels- und Industrievereins, den er mit anderen initiiert hatte. Daneben bekleidete er zahlreiche soziale Ehrenämter.

Schweffel besaß auch drei Schiffe, die Bark BÜRGERMEISTER JENSEN, das zweitgrößte Schiff der Kieler Handelsflotte, die Brigg CAROLINE und den Raddampfer LØVEN. Und dieses Schiff führte Schweffel und Howaldt zusammen. Und mit der LØVEN wurden weitere Verbindungen geknüpft, die für die Zukunft der späteren Werft von größter Bedeutung sein sollten. Denn einer der Kapitäne des Raddampfers, der von Kiel aus die Verbindung zu Dänemark hielt, war Emil Diederichsen, der ebenfalls aus einer angesehenen Kieler Kaufmannsfamilie stammte. Und unter ihm heuerte der „Mechanikus" Howaldt 1835 als Maschinist an. Daraus wurden Familienbande, denn Howaldt heiratete 1837 die Schwester des Kapitäns, Emma Diederichsen.

Hinterglasmalerei Bark BÜRGERMEISTER JENSEN, J. Schweffel & Sohn, Kiel, 1841
Stiftung Schleswig-Holsteinisches Landesmuseum Schloss Gottorf

August Ferdinand Howaldt (1809 – 1883) stammte aus Braunschweig. Der Sohn eines Goldschmieds absolvierte in der Welfenstadt von 1824 bis 1829 eine Lehre in praktischer Mechanik bei seinem Meister Ludwig Spengler, der ihm am Ende der Lehrzeit ein gutes Zeugnis ausstellte. Anschließend arbeitete Howaldt in Hamburg in der mechanischen Werkstatt von J.A. Libbertz, der ihm, ebenfalls mit einem guten Zeugnis, die Stelle auf der LØVEN vermittelte.

Die füllte er zur größten Zufriedenheit seines Chefs aus, der sich zwei Jahre später in einem Zeugnis außerordentlich erfreut über seinen Angestellten äußerte. Mehr noch: Schweffel schickte Howaldt 1837 mit weitreichenden Vollmachten nach England, um einen Auftrag zur Erneuerung der maroden Kesselanlage der LØVEN zu verhandeln. Dabei hatte Howaldt freie Hand bei der Auswahl der technischen Einrichtungen. Armstrong & Co in Newcastle lieferten trotz aller Bemühungen Howaldts Kessel, Schornsteine und Rohre nicht nur verspätet, sondern auch in miserabler Qualität ab. So fühlte sich Schweffel genötigt, Armstrong einen bitterbösen Brief zu schreiben und maliziös zu bemerken, dass *„wir Ihnen mit dergleichen Kessel- und Maschinenaufträgen nicht wieder beschwerlich fallen werden"* und fügte als letzten Hieb hinzu, man treffe *„bei den deutschen Manufakturen viel mehr Realität als bei den englischen"*.

Das Verhältnis zwischen Schweffel und Howaldt trübte das indes nicht. Vielmehr kamen sie offensichtlich zu der Erkenntnis, sich nicht auf andere zu verlassen, sondern selbst eine Fabrik zu gründen. Es scheint so, dass Howaldt bereits damit begonnen hatte. Wahrscheinlich schon 1835 hatte er eine kleine Werkstatt auf eigene Rechnung gegründet, und 1838 wies sein Auftragsbuch 3 Darren (Gestelle zum Trocknen von Pflanzen), zwei Kartoffelmühlen und einen Dampfkessel auf. Es ist unwahrscheinlich, dass sein Arbeitgeber nichts davon wusste – er wird die Nebentätigkeit Howaldts gebilligt haben.

SCHWEFFEL UND HOWALDT GRÜNDEN SCHWEFFEL & HOWALDT Aus dem herzlichen Verhältnis zwischen dem Chef und seinem Angestellten wuchs die Partnerschaft. Das Ziel: Die Partnerschaft in einer gemeinsamen Firma. Vor der Gründung aber musste August Ferdinand Howaldt seine persönlichen Verhältnisse in Kiel regeln und vor der Firmengründung die erforderlichen Genehmigungen einholen. Zuerst einmal musste er das Kieler Bürgerrecht erhalten. Noch war er ja offiziell Braunschweiger Bürger, und bevor ihm das Bürgerrecht in Kiel erteilt werden

August Ferdinand Howaldt (1809–1883)
Archiv HDW

konnte, mussten die Braunschweiger Behörden ihm einen „Emigrationsconsens" erteilen. Da er mit Hilfe seiner Schwester, die in Braunschweig lebte, nachweisen konnte, dass er 1830 für den Militärdienst gemustert worden und wegen „nicht erreichter Normal-Größe" von der Wehrpflicht befreit wurde, bekam er 1837 nach nur sieben Tagen seinen Consens. In Kiel drehten sich die Mühlen allerdings bedeutend langsamer. Kieler Bürger wurde er erst am 10. April 1839.

Die Beamten der Königlich Schleswig-Holsteinischen Regierung auf Gottorf hingegen beherrschten ihr Handwerk. Noch vor seiner England-Reise hatte Howaldt am 20. Juni 1837 ein Gesuch eingereicht, in dem er darum bat, *„dass ihm behufs Anlegung einer Maschinen-Bauanstalt eine Konzession zur ungehinderten Haltung von Gesellen verschiedener Handwerke ertheilt werde"*. Und er versäumte auch nicht, die Angelegenheit eilbedürftig zu machen: *„wobei ich noch um baldige Resolution ehrerbietigst zu bitten mir erlaube, da ich bereits mehrere Arbeiten angenommen und contrahiert habe"*. Der Kieler Magistrat unterstützte das Gesuch: *„Der Supplikant ist uns nur von vorteilhafter Seite bekannt…"* und schließlich fügte auch Johann Schweffel ein schmeichelhaftes Zeugnis über

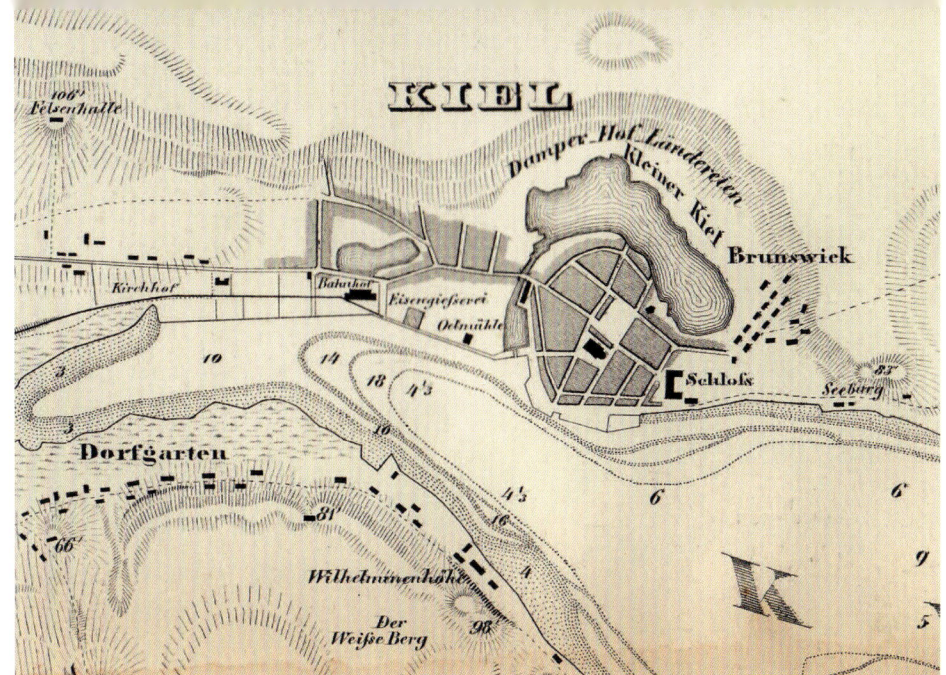

Kiel 1848. Die erste Fabrik am Hafen in der Nähe des Bahnhofs. Archiv HDW

Howaldt bei, in dem es hieß, *„dass derselbe in jeder Hinsicht Vertrauen und Achtung verdient…"*. So bekam Howaldt nach vier Monaten im November 1837 die königlich-dänische Konzession *„behufs der Anlegung einer Maschinenbauanstalt ein Privilegium dahin, dass es ihm gestattet sein solle, zur Ausführung der beim Maschinenbau erforderlichen Handwerksarbeiten von allen einschlägigen Gewerken Gesellen und Gehilfen zu halten."* Später reichte Howaldt ein weiteres Gesuch ein, mit der Bitte, die Konzession auch auf Johann Schweffel auszudehnen. Dies wurde 1840 bewilligt.

Ein schwieriger Punkt in der Konzession war das Problem der Beschäftigung von Gesellen und Gehilfen, bei dem die Zünfte um ihre Pfründe fürchteten. So musste Howaldt gegenüber der Stadt die Garantie dafür übernehmen, dass seine Gesellen sich in ihren Berufen nicht auch anderweitig betätigten und so den eingesessenen Handwerkern Konkurrenz machten. Dieses Thema beschäftige auch in den Folgejahren das Unternehmen immer wieder. Das Zeitalter der Industrialisierung hielt mit dem neuen Unternehmen auch in Kiel Einzug, und die im Mittelalter entstandenen und über die Jahre gewachsenen, alteingesessenen Zünfte sahen nicht ohne Grund ihre Existenzgrundlage durch die neue Wirtschaftsform schwinden und versuchten, am Althergebrachten so lange festzuhalten wie es irgend möglich war. Aber sie standen auf verlorenem Posten.

Am 29. September 1838 unterzeichneten Schweffel und Howaldt ihren Gesellschaftsvertrag. Dort heißt es im ersten Paragrafen: *„Der Kaufmann Johann Schweffel und der Mechaniker Howaldt errichten mit dem ersten October d.J. unter der Firma von Schweffel & Howaldt eine Maschinenbauanstalt und Eisengießerei für gemeinschaftliche Rechnung also und dergestalt, dass Gewinn und Verlust von beiden auf gleiche Weise getragen wird, jedoch unter folgenden näheren Bedingungen und Bestimmungen."*

Danach fungierte Schweffel als Geldgeber und brachte seine weitreichenden Geschäftsverbindungen ein, und er steuerte auch das Gelände mit Gebäuden am Hafen bei. Den Lösch- und Ladeplatz am Hafen behielt er sich allerdings vor. Weiter bestimmte der Vertrag, dass Eisen, Platten und Kohlen zu Kalkulationspreisen von Schweffel & Sohn geliefert werden sollten. Und schließlich legte er auch fest, dass Howaldt nach wie vor als Maschinist für die LØVEN tätig sein sollte. Howaldt brachte dafür seine technischen Kenntnisse und Fähigkeiten sowie *„Werkzeuge und Instrumente"* in das Unternehmen ein.

Der Vertrag regelte auch die Erbfolge. Aber über den Eintritt der Söhne Schweffels zu seinen Lebzeiten gab es zwischen Schweffel und Howaldt unterschiedliche Ansichten. Howaldt sperrte sich zunächst gegen den Eintritt. Aber Schweffel zeigte seine Zähne und verwies unmissverständlich auf das ansehnliche Kapital, das er in die Firma investiert hatte, und bedeutete Howaldt, dass er es unter diesen Umständen nur für recht und billig halte, dass er seine Rechte zu seinen Lebzeiten oder nach seinem Tode auf seine Kinder übertragen könne. Howaldt gab nach. Doch Schweffel war fair. 1845 wurde nämlich der Vertrag dahingehend erweitert, dass Vater und Sohn Schweffel sich den Schweffelschen Anteil an der gemeinsamen Firma je zur Hälfte teilen konnten. Mit dieser Bestimmung blieben die Stimmverhältnisse zwischen den Schweffels und den Howaldts die gleichen wie zuvor.

Nicht ohne Grund hatte der Gesellschaftsvertrag diesen Passus bekommen. Schon 1841 hatte der älteste Sohn Schweffels, Johann jr., eine Lehre in der Firma begonnen und nahm 1844 ein Studium an der Polytechnischen Hochschule in Hannover auf, das er 1847 mit Erfolg beendete. Daneben nahm er Privatunterricht in der englischen und französischen Sprache. Während seines Studiums hielt ihn sein Vater über die Geschäfte des Unternehmens auf dem Laufenden und ließ ihn auch in einer ausführlichen Korrespondenz an seinen geschäftlichen Überlegungen und Plänen teilhaben. Während seines Studiums nahm der junge Schweffel die Ge-

Johann Schweffel jr. (1825–1910)
Archiv HDW

legenheit wahr, in einem hannoverschen Unternehmen ein Praktikum zu machen, und er arbeitete in seinen Semesterferien auch im Kieler Betrieb. Als er nach seinem erfolgreichen Examen 1848 in die Firma eintrat, war er also bestens vorbereitet. Mit August Ferdinand Howaldts Kindern hatte es keine so große Eile. Denn sein erstes Kind war 1838 kurz nach der Geburt verstorben, und der zweite Sohn, Georg, war zu dieser Zeit erst zehn Jahre alt.

EIN GUTER START IN UNRUHIGEN ZEITEN Als Schweffel und Howaldt die Gründung ihres Unternehmens bekannt machten, hatte zwei Monate zuvor Christian VIII. den dänischen Königsthron bestiegen. Der für seine Zeit liberale Monarch hatte ein schweres Amt angetreten. Denn die ersten Vorboten des Nationalismus, der sich anderswo in Europa schon entwickelt hatte, hatten auch den dänisch-deutschen Gesamtstaat erreicht und nahmen immer schärfere Konturen an, bis sie 1848 in der schleswig-holsteinischen Erhebung – nichts anderes als eine Revolution gegen das Mutterland – und im ersten deutsch-dänischen Krieg gipfelten. Christian VIII. bemühte sich nach Kräften, den Gesamtstaat zu retten und einen Ausgleich zwischen der dänischen und deutschen Nationalität zu erreichen. Aber angesichts der unbändigen Kräfte des jungen Nationalismus kamen seine Bemühungen zu spät. Doch 1838 spürte man in der Bevölkerung der Herzogtümer noch wenig von den kommenden Wirren. Der Streit um eine gemeinsame Verfassung für die Herzogtümer blieb kleinen Zirkeln vorbehalten, und die Frage, wie in Nordschleswig mit der deutschen Amts- und Gerichtssprache für eine überwiegend dänischsprachige Bevölkerung umgegangen werden sollte, beschäftigte noch im ruhigen Rahmen die Schleswigsche Ständeversammlung.

Kiel war zu dieser Zeit eine nicht besonders bedeutende Provinzstadt mit rund 13.500 Bewohnern. Über sie schrieb Hermann Biernatzki in seiner „Beschreibung Schleswig-Holsteins" 1847: *„Kiel ist trotzdem kaum schon entschieden Handelsstadt, es ist lange kein Danzig, Stettin oder Rostock oder Lübeck, nicht einmal ein Flensburg, es ist mehr schon ein hamburgisches Ostseepiräus. ... Es hat noch nicht die Selbstständigkeit und das spekulative Genie eines kosmopolitischen Handels. Aber es ist mit seinen 13.500 Einwohnern voll von Hoffnungen, es ist mehr wie ein Lübeck der Zukunft, es ist eine ganze Wiege voll Größe; ... es glaubt an eine große Zukunft...".* Immerhin sprach Biernatzki Kiel eine gute Zukunft nicht ab und nannte Kiel *„eine ganze Wiege voll Größe": „Man muß gestehen, daß jener Glaube nicht blos blind und träumerisch ist ... sondern eine rührige Thätigkeit hat ihn immer zu verwirklichen gestrebt und dies ... Streben hat allerdings dahin geführt, daß sie sich allerlei Vorzüge vor allen anderen Städten erworben haben, daß sie mit manchen Größerequisiten begabt sind. Der Transitverkehr ist jetzt erheblich und einträglicher wie der seltsame Menschentransit, der täglich von der Eisenbahn zu den Dampfschiffen und von den Dampfschiffen zu der Eisenbahn* *rennt, es sind hier tüchtige, von Hamburg-Altona etwas abhängige Speditionsgeschäfte, ziemliches Korngeschäft und Produktenhandel, sie sich auf das, was die reiche Umgebung zu Markte bringt, stützen; dazu kommt etwas wenig Industrie mit einigen Dampfölmühlen und der Schweffel'schen Eisengießerei und ein ziemlich lebhafter Schiffbau."*

Geistiges Zentrum der Stadt war die Universität, von der Biernatzki zu berichten wusste: *„Sie hat wie ein erfrischender ewig träufelnder Thau seit beinahe 200 Jahren die dürren Geistesregionen dieser starren Lande befruchtet und ist dadurch von einem unschätzbaren Segen gewesen. … Auch auf Kiel selbst hat dieser Quell edleren Lebens in hohem Maße kräftigend gewirkt; es ist eine gewisse Frische in das Spießbürgerthum einer Stadt des Butterlandes durch sie übergegangen. Schon durch den Aufenthalt vieler Wissenschaftsmänner, durch den hier vereinigten Lebensmuth der studirenden Landeskinder wird eine Menge intellektueller Regsamkeit in dieser Stadt concentrirt."* Es herrschte also Aufbruchstimmung in Kiel.

Seit 1844 war Kiel durch die erste Eisenbahnstrecke in Schleswig-Holstein – „Christian VIII. Ostseebahn" – mit Altona verbunden, und die Reisenden waren nur noch drei Stunden unterwegs, während zuvor die Reise per Kutsche auf der Kiel-Altonaer Chaussee, die erst 1832 eröffnet worden war, gut zehn Stunden dauerte. Diese circa 91 Kilometer lange zweispurige Landstraße wurde zwischen 1830 und 1832 im Auftrag König Friedrichs VI. erbaut, um den Landtransport von Gütern, Personen und Informationen im südlichen Teil Holsteins zu beschleunigen, und spielte als erste befestigte Chaussee in den Herzogtümern damals praktisch die Rolle wie unsere heutigen Autobahnen. Vor dem Bau der Chaussee brauchten Reisende über 24 Stunden, um über erbärmliche Wege von einem Ort zum anderen zu gelangen. Ähnlich schlechte Verkehrsverhältnisse herrschten damals noch fast überall in Schleswig-Holstein, das nicht zuletzt deshalb kaum Industrie aufzuweisen hatte. Die neue Chaussee und später die Eisenbahn waren praktisch eine Investition in die Wirtschaftskraft der Herzogtümer, so wie es auch der 1784 eröffnete „Schleswig-Holsteinische Kanal" – später Eiderkanal – war, der Nord- und Ostsee miteinander verband und den um 1840 jährlich rund 4.000 Schiffe passierten. So profitierte Kiel wirtschaftlich durchaus von der neuen und schnellen Verbindung. Das fand auch im Stadtbild seinen Niederschlag. Hier regte sich neues Leben. So schrieb Biernatzki über Kiel: *„Es hat seine Altstadt … mit engen Straßen und rumpeligen Häusern, die freilich eine geschmacklose Gegenwart reichlich entstellt oder mit neuen durchspickt hat… Es hat aber auch eine neue Stadt, obgleich sie nicht so genannt wird, eine lebensvolle kräftig und heiter aussehende beständig wachsende Häusermasse … eine über den Kopf gewachsene Tochter der eigentlichen Stadt, welche der Süden immer weiter zu sich hin lockt,*

*Kiel 1845 mit der neuen Eisenbahn nach Altona.
Ein Teil der Güterwagen stammte von Schweffel & Howaldt.*
Archiv Rohweder

und welche die Eisenbahn magnetisch an sich zieht". Mit Kopenhagen war Kiel per Schiff verbunden; zur Zeit der Firmengründung schon mit Dampfschiffen, die nur wenige Schritte vom Bahnhof entfernt anlegten. Und hier lag auch verkehrsgünstig der erste Betrieb der Firma Schweffel & Howaldt.

SCHWEFFEL & HOWALDT – EIN VIELVERSPRECHENDER BEGINN Die junge Firma begann ihre Geschäftstätigkeit als – salopp gesagt – „Gemischtwarenladen". Sie bot eine unglaublich breite Palette an Gerätschaften an, die von Dampfmaschinen, Dampfkesseln, Wasserleitungen, über Öfen und Herde bis hin zu Dezimalwaagen und Kochgeschirren reichte. Selbst gusseiserne Fenster, Dachrinnen und sogar Grabkreuze finden sich im Sortiment. Damit bedienten Schweffel & Howaldt die Kieler Bürger ebenso wie die schleswig-holsteinische Landwirtschaft, die in den ersten Jahrzehnten einen großen Teil der Produktion abnahm. So wurde das Kieler Unternehmen sogar zum Marktführer bei Kornreinigungsmaschinen.

Der Bau der Eisenbahnlinie Altona-Kiel brachte einen Großauftrag. Johann Schweffel hatte sich schon von Anfang an für den Eisenbahnbau eingesetzt, und nun trugen seine Bemühungen Früchte: Die Firma stieg in das Eisenbahngeschäft ein. Für die neue Eisenbahnlinie erhielt das Unternehmen 1844 den Auftrag über 20 Packwagen, Drehscheiben, technisches Zubehör, und selbst Öfen und Fenster für die Bahnhöfe waren herzustellen. Sogar der Bau von Lokomotiven wird erwogen. Die Direktion der Eisenbahn war bereit, zwei von zehn Lokomotiven bei Schweffel & Howaldt zu bestellen. Der Techniker Howaldt allerdings hielt von den „vorhandenen Mustern" nichts und bevorzugte Maschinen nach dem englischen Patent von Stephenson. Und so ging der Auftrag folgerichtig nach England.

Damit lag der Schwerpunkt der Eisenbahngeschäfte auf dem Waggonbau. Und hier brummte es. Weitere Aufträge für die Altona-Kieler Eisenbahn, für die Bahnen zwischen Elmshorn und Glückstadt und zwischen Neumünster und Rendsburg folgten. Die Hamburg-Berliner Eisenbahn wurde ebenso mit Waggons versorgt wie die Eisenbahn von Kopenhagen nach Roskilde.

Daneben gab es auch im Kesselbau so viel zu tun, dass der Betrieb mit seinen schon 120 Mitarbeitern auch sonntags arbeitete. Das brachte dem Betrieb 1842 prompt ein Bußgeld von vier Talern wegen *„Übertretung der Sabbatsordnung"* ein. Das konnte er verschmerzen, denn die Geschäfte liefen gut, und der Jahresabschluss 1846 zum Beispiel schließt mit einem Gewinn von 30.000 Courantmark. Ganz ungetrübt war allerdings der Himmel nicht. Schärfster Konkurrent in Schleswig-Holstein war

Die Maschinenfabrik von Schweffel & Howaldt am Kieler Hafen 1853. Archiv HDW die Rendsburger Carlshütte, die – mit einem königlichen Patent versehen – nicht nur weitgehend vom Einfuhrzoll für Kohle und Eisen befreit war, sondern auch ihre Arbeiter vom Militärdienst hatte befreien lassen. Das war Schweffel ein Dorn im Auge, und er versuchte, die Wettbewerbsverzerrung aufzuheben. In einem Gesuch an den König bat er darum, mit der Carlshütte des Agenten Holler gleichgestellt zu werden. Das allerdings wurde abgelehnt, wohl auch, weil die Zoll- und Wirtschaftsbehörden fürchteten, dass dem dänischen Staat bei der großen Menge der Einfuhren des Kieler Betriebes zu viele Einnahmen entgehen würden, wenn man ihm die gleichen Bedingungen einräumte. Zumindest aber erreichte Schweffel, dass auch seine Facharbeiter vom Wehrdienst freigestellt wurden.

Ein weiteres Problem bereiteten immer wieder die Kieler Zünfte. Die Handwerker verteidigten zäh ihre alten Privilegien und beschwerten sich immer wieder über den jungen Industriebetrieb. Nicht zu Unrecht fürchteten sie um ihre Existenz. Das beginnende Zeitalter der Industrialisierung führte aber zwangsläufig zu einem Strukturwandel in der Wirtschaft, und die seit dem Mittelalter starr reglementierten Zünfte standen, wie die Geschichte zeigt, letztlich auf verlorenem Posten. Sie hatten sich überlebt und waren nicht flexibel genug, sich modernen Zeiten anzupassen. So bemerkte Schweffel & Howaldt 1848 in einer Erwiderung auf eine Eingabe der Handwerksämter an den Kieler Magistrat, in der dem Unternehmen *„übertriebener Egoismus"* vorgeworfen wurde, *„dass wir die Aufrechterhaltung der Zünfte kaum mehr für ausführbar noch dem Gemeinwesen für nützlich erachten…"*, und plädierte für die Gewerbefreiheit.

Schweffel & Howaldt stand für das moderne, aufstrebende Kiel. Mit der Firma, die in den 1840er Jahren bis zu 180 Mitarbeiter beschäftigte, begann das Industriezeitalter in der Stadt an der Förde. Das Unternehmen war der bedeutendste Arbeitgeber der Stadt und expandierte weiter. 1853 errichtete es eine weitere Betriebsstätte am Kleinen Kiel. Der Betrieb am Hafen wurde die Maschinenfabrik und am Kleinen Kiel entstand eine neue Eisengießerei.

ERFOLG MIT SCHIFFSMASCHINENBAU UND DER „BRANDTAUCHER" Der breite Fächer der Produktpalette blieb erhalten. Daneben machte sich die Firma einen guten Namen beim Bau von Kesselanlagen und Schiffsdampfmaschinen, die von Anfang an gefertigt wurden. Den Ruf begründete der Umbau der Kesselanlage des Schweffel-eigenen Dampfers LØVEN, und während des deutsch-dänischen Krieges lieferte Schweffel & Howaldt die Kessel- und Maschinenanlage für das „Flaggschiff" der schleswig-holsteinischen Flottille, das Kanonenboot VON DER TANN. Dieses Schiff besaß die für die damalige Zeit neuartige Schiffsschraube statt

Die Eisengießerei am Kleinen Kiel 1853. Links neben dem Betrieb befindet sich die Villa von August Ferdinand Howaldt. Archiv HDW

der althergebrachten Schaufelräder und erhielt daher den Spitznamen „De Schruuw". Die Anlage bewährte sich nach zwei Probefahrten zur allgemeinen Zufriedenheit und legte den Grundstein für eine lange Reihe leistungsfähiger Schiffsmaschinenanlagen, die ab 1865 einen wesentlichen Eckstein in der Geschäftstätigkeit der Firma bildeten. In die Zeit des Krieges fiel ein besonderer Auftrag: Schweffel & Howaldt sollten ein Unterseeboot bauen. Der bayerische Unteroffizier Wilhelm Bauer hatte die Marinekommission davon überzeugen können, dass sein „Brandtaucher" funktionstüchtig war. Finanziert werden sollte das Boot aus geringen Mitteln des schleswig-holsteinischen Generalkommandos und aus wenig ergiebigen Spenden, die in Schleswig-Holstein und in ganz Deutschland eingesammelt wurden. Ursprünglich war geplant, das Boot bei der Konkurrenz in der Rendsburger Carlshütte zu bauen. Allerdings waren Bauer die Rendsburger *„zu dänisch gesinnt"*, und die dänischen Truppen standen zu dicht bei Rendsburg. So ging der Auftrag an Schweffel & Howaldt – eine kleine Genugtuung. Bekanntlich sank der „Brandtaucher bei der Probefahrt", weil aus Geldmangel keine der ursprünglichen Trimmtanks eingebaut waren. Daher traf Bauer keine Schuld an dem Unglück, und seine Konstruktion wurde nicht angezweifelt. Zumindest hatte der „Brandtaucher" den psychologischen Wert des U-Boots bewiesen: Denn allein auf das Gerücht hin, dass in Kiel das U-Boot gebaut wurde, zog sich die dänische Flotte, die Kiel blockiert hatte, bis nach Langeland zurück.

Der „Brandtaucher" 1851 vor der Fabrik von Schweffel & Howaldt. Rechts an der Pier: VON DER TANN, das „Flaggschiff" der Schleswig-Holsteinischen Flottille. Archiv HDW

Dennoch – der Brandtaucher war nur eine spannende Episode im Geschäft von Johann Schweffel und August Ferdinand Howaldt. Er bedeutete nicht den Eintritt in den Schiffbau. Der sollte der zweiten Generation Howaldt überlassen bleiben. Und die beschäftigte sich vorwiegend mit Handelsschiffen. Spätere Versuche, im U-Boot-Bau Fuß

Die Maschinenanlage des Kanonenbootes VON DER TANN 1849. Archiv HDW zu fassen, endeten ergebnislos – nicht zuletzt, weil die Kaiserliche Marine zunächst an derartigen Schiffen kein Interesse hatte. Aber das ist eine andere Geschichte.

FAMILIE SCHWEFFEL SCHEIDET AUS Im Jahr 1853 bahnte sich im Hause Schweffel der Generationswechsel an. Das Privileg, das Johann Schweffel der Ältere und August Ferdinand Howaldt 1837 vom Kieler Magistrat erhalten hatten, wurde auf Schweffels Sohn, Johann, übertragen. So leiteten ab 1854 Howaldt und Schweffel jr. das gemeinsame Unternehmen, während Vater Schweffel aus der Firma ausschied und elf Jahre später starb. Ihm setzten die Arbeiter der Firma ein Denkmal vor der Eisengießerei am Kleinen Kiel, auf dem es hieß: *„Johann Schweffel – errichtet von den Arbeitern der Schweffel und Howaldt'schen Fabrik 1868"*. Die Büste wurde am 4. Oktober 1868 unter musikalischer Umrahmung feierlich enthüllt, und ein Mitarbeiter hielt eine Ansprache. Johann Schweffel, der Jüngere, führte die Geschäfte seines Vaters im Unternehmen fort, bis er 1879 ebenfalls ausschied. Damit endete die Ära Schweffel im Gemeinschaftsunternehmen, das jetzt ganz der Familie Howaldt gehörte.

August Ferdinand Howaldt, der in der Firma verblieb, hatte sich in den langen Jahren seiner Tätigkeit in Kiel einen ausgezeichneten Ruf erworben, der sich nicht zuletzt in vielen Ehrenämtern, darunter seine Mitgliedschaft im Handels- und Industrieverein, in der Baukommission oder Oberbefehlshaber des Lösch- und Rettungswesens, niederschlug. Familiär verbunden mit den führenden Familien Kiels, vor allem der Familie Diederichsen, stand er für den technischen Fortschritt.

Denkmal für Johann Schweffel vor der Gießerei am Kleinen Kiel. Stadtarchiv Kiel

Er verließ 1876 die Firma und überließ ihre Leitung seinen drei Söhnen. Er starb 1883 nach längerer Krankheit.

1880: „GEBRÜDER HOWALDT" Mit dem Ausscheiden Johann Schweffels firmierten die Söhne August Ferdinand Howaldts – Georg Ferdinand (1841–1909), Bernhard (1850–1908) und Hermann (1852–1900) – das Unternehmen um. Das teilten sie am 31. Dezember 1879 in einem Rundschreiben ihren Kunden mit:

Mit dem heutigen Tag übergeben wir unser Geschäft mit den Activis und Passivi an die drei Söhne unseres Herrn A.F. Howaldt die dasselbe unter der Firma „Gebrüder Howaldt" fortführen werden.
Wir danken für das uns bewiesene langjährige Vertrauen und bitten freundlichst, selbiges auf unsere Nachfolger übertragen zu wollen.
Hochachtungsvoll, Schweffel & Howaldt

Die Gebrüder hatten allerdings nicht die Absicht, ihre Firma umzukrempeln. Vielmehr teilten sie ihren Geschäftsfreunden beruhigend mit, *„dass wir das von Schweffel & Howaldt übernommene Geschäft unverändert fortführen werden"*. Dazu bestand auch kein Grund, denn das Unternehmen blühte. Der Kessel- und Maschinenbau waren mehr als ausgelastet, und Überstunden mit Nachtarbeit waren an der Tagesordnung. Die Auslastung war so groß, dass die Firma 1881 sogar Aufträge nicht annehmen konnte, und 1883 feierte die Firma die Auslieferung der 250. Schiffsmaschine. In den Folgejahren nach 1884 trübte eine Delle das Geschäft mit Schiffsmaschinen für einige Jahre, weil die Schifffahrt und mit ihr der Schiffbau schwere Zeiten durchmachten, aber 1888 gab es keinen Grund mehr zur Klage.

Als die Brüder das Geschäft übernahmen, platzten die beiden Betriebsstätten am Hafen und am Kleinen Kiel aus allen Nähten. Daher verlegten sie schon im Herbst 1881 die Kesselschmiede nach Dietrichsdorf. 1883 eröffneten sie dort eine große moderne Maschinenfabrik auf einem Gelände von 144.248 Quadratmetern, von der die Kieler Lokalpresse zu berichten wusste: *„Vorzugsweise imponierend wirkt die kolossale Maschinenwerkstatt, die in jeder Hinsicht musterhaft eingerichtet ist."* Ende 1883 verlegten die Gebrüder Howaldt auch ihre Eisengießerei nach Dietrichsdorf. Daneben entstand eine Arbeitersiedlung mit Zweifamilienhäusern, die die Howaldts für ihre Mitarbeiter bauen ließen. Die Grundstücke am Hafen und am Kleinen Kiel verkauften das Unternehmen 1884.

Der Ort für die neue Fabrik war mit Bedacht gewählt. Denn „Gebrüder Howaldt" wurden direkte Nachbarn der Schiffswerft von Georg Howaldt. Mit ihm begann der Schiffbau, der für das Unternehmen im Lauf der Jahre zum Hauptgeschäftsfeld werden sollte. Georg Howaldt hatte wie seine Brüder die Kieler Gelehrtenschule besucht und bei Schweffel & Howaldt und anschließend in England in der Maschinenfabrik und Schiffswerft von Summers and Day in Southampton Maschinenbau gelernt. Dem folgte ein Studium auf dem renommierten Polytechnikum in Zürich. Anschließend bereiste er Großbritannien und die USA und studierte schließlich in

Der Maschinenbauhalle der Gebrüder Howaldt 1883. In der Halle die Dampfmaschine mit der Werknummer 250, die in den Frachtdampfer EMMA (Howaldt #100) eingebaut wurde. Archiv HDW

Georg Ferdinand Howaldt (1841–1909). Archiv HDW

Hamburg Schiffbau. Nach dieser gründlichen Ausbildung trat er in die väterliche Firma ein. Da aber der Schiffbau sein eigentliches Metier war, machte er sich selbständig.

GEORG HOWALDT: DER SCHIFFBAUER Schon der „Kieler Ausschuss für die Deutsche Flotte" hatte im Revolutionsjahr 1848 in einer Denkschrift die Vorzüge des Kieler Ostufers *„als herrlichste Gelegenheit"* für die Errichtungen von Werften gepriesen. Dort hatte im Fischerdorf Ellerbek die kurzlebige Schleswig-Holsteinische Marine ein Gelände gekauft und als Werftplatz vorbereitet. Hier gründete Georg Howaldt 1865 seine erste Werft. Noch im gleichen Jahr lief hier sein erstes Schiff, der kleine Dampfer VORWÄRTS, vom Stapel. Ihm folgten sechs weitere kleine Schiffe, dann musste Howaldt seine Werft aufgeben, denn die preußische Marine wollte auf dem Gelände, das Howaldt von der Stadt Kiel nur gepachtet hatte, eine eigene Werft aufbauen – die spätere Kaiserliche Werft.

Howaldt fiel weich: Nach nur zwei Jahren Selbständigkeit wurde er Direktor einer neugegründeten Werft in Gaarden, der Norddeutschen Schiffbau AG, an der unter anderem auch Schweffel & Howaldt beteiligt war. Er baute die Werft zu einem modernen Betrieb auf und entfaltete eine rege Schiffbautätigkeit. In den Jahren zwischen 1868 und 1877 lieferte die NSAG insgesamt 81 Neubauten ab, darunter auch größere Dampfer für den Überseeverkehr. Es nimmt kaum Wunder, dass die Kessel- und Maschinenanlagen größtenteils von Schweffel & Howaldt stammten. 1875 verließ er die Werft, auf der er sich als geschickter Akquisiteur erwiesen hatte, und gründete in Dietrichsdorf seine eigene zweite Werft. Die NSAG musste dagegen zwei Jahre später Konkurs anmelden. Sie wurde 1882 von der Berliner Schiff- und Maschinenbau-AG „Germania" übernommen, und 1896 kaufte Krupp den nun als Germaniawerft firmierenden Betrieb. Bereits im November 1876 nahm die „Georg Howaldt, Kieler Schiffswerft" ihren Betrieb auf. Den Geschäftszweck beschrieb Howaldt in einem Brief an seine künftigen Geschäftspartner: *„Außer Neubau von Dampfern und sonstigen Fahrzeugen aus Eisen übernehme ich Reparaturen an Schiffen, Kesseln und Maschinen..."* Er vergaß auch nicht hinzuzufügen, dass er *„durch Anlage meiner Werft zur jetzt günstigen Zeit sowohl, wie durch eigene Leitung"* in der Lage sei *„jeder Konkurrenz in Bezug auf billige und zuverlässige Ausführung übertragener Arbeiten, zu begegnen"*.

Die Werftgründung war allerdings eine Herausforderung, denn die Zeiten waren nicht rosig. Die Wirtschaft in Deutschland stagnierte, und auch der Schiffbau hatte stark unter der Flaute in der Schifffahrt zu leiden. Das betraf vor allem den Holzschiffbau, aber auch für Dampfer war die Nachfrage gering. Trotzdem gelang es Howaldt, im ersten Geschäftsjahr neun Schiffe fertigzustellen – zum Teil allerdings auf eigene Rechnung. Und in den Jahren danach klagte Howaldt auch einmal, dass er *„gänzlich ohne Orders"* dastünde.

1880 zog endlich die Konjunktur in der Schifffahrt an, und die Kieler Handelskammer stellte erfreut fest, dass *„der Bau eiserner Schiffe im Jahr 1880 den erfreulichsten Fortgang genommen"* habe. Zwei Jahre später allerdings stellte sie fest, dass noch nie zuvor so viele Dampfer wie jetzt gebaut seien, und dass sich dadurch der Wettbewerb so sehr verschärft habe, dass mit sinkenden Frachtraten zu rechnen sei. Noch aber hielt die Schiffbau-Konjunktur, und Howaldt profitierte davon.

So konnte er 1883 mit großem Pomp

Georg Howaldt, Kieler Schiffswerft, 1876. Archiv HDW

Georg Howaldt, Kieler Schiffswerft um 1880. Archiv HDW

Bau Nr. 100. 1883: EMMA kurz vor dem Stapellauf. Archiv HDW

den Stapellauf des 100. Schiffes feiern. Die EMMA war ein Frachtdampfer, den die Reederei Sartori & Berger in Auftrag gegeben hatte, und zum Stapellauf versammelte sich die gesamte Kieler High Society. Auf der Gästeliste stand auch der Dichter Klaus Groth, der aus der plattdeutschen Dichtkunst nicht fortzudenken ist. Beeindruckt von der Leistung der Familie Howaldt, schrieb er ein Gedicht auf das 100. Schiff und die Ablieferung der 250. Maschine und widmete es im Dezember 1883 den Gebrüdern Howaldt. Sie werden sich hoffentlich gefreut haben, denn es gehörte nicht gerade zu den besten Groths.

Mehr freuen konnte sich Georg Howaldt dagegen über die Bilanz seines Schiffbaus im Jubiläumsjahr. Einschließlich der sieben Schiffe seiner ersten Werft hatte er insgesamt 48 seegängige Frachter, 14 seegängige Passagierschiffe und Postdampfer, 13 Behördenschiffe, zehn Fördedampfer, fünf Schlepper, zwei „Lustfahrzeuge", sieben Leichter und einen Dampfbagger gebaut. Den Löwenanteil der Auftraggeber stellten mit 50 Schiffen Kiel und Umgebung; aus Hamburg und Altona hatten Kunden 21 Schiffe bestellt. Weitere Kunden hatten ihren Sitz in Wilhelmshaven, Apenrade, Flensburg, Schleswig, Brunsbüttel, auf den nordfriesischen Inseln, in Brake und Salzau, Lübeck und Rostock. Auch Reeder in Kopenhagen, auf Bornholm, in Memel, London und Lissabon hatten Schiffe in Kiel bestellt.

Danach folgten aber magere Zeiten. Der Schiffbau-Boom der vergangenen Jahre hatte Überkapazitäten in der Schifffahrt geschaffen, und der Bedarf an neuen Schiffen stockte zu Lasten der Werften und legte sie, wie die Kieler Handelskammer feststellte, fast völlig lahm. So hinterließ die Misere natürlich auch ihre Bremsspuren in den Büchern von Georg Howaldt. Erst gegen Ende des Jahrzehnts besserte sich die Lage wieder. Darunter hatte auch die Belegschaft der Werft zu leiden. 1883 beschäftigte Georg Howaldt fast 1.200 Mitarbeiter. Ein Jahr später waren es nur noch halb so viele, und im Jahr 1886 sank die Zahl zeitweise sogar auf 200. Erst 1889 hatte die Werft wieder fast ihre alte Belegschaftsstärke erreicht.

1884 wurde die MARTHA erbaut. Links die Maschinenhalle und Gießerei, in der Mitte der 60 t Dreibeinkran. Archiv HDW

1889: DIE HOWALDTSWERKE WERDEN GEGRÜNDET Die Verbindung zwischen den beiden Howaldt-Unternehmen war immer eng gewesen – Maschinenfabrik und Werft profitierten erheblich voneinander. Darüber hinaus war die Nachbarschaft der beiden Firmen für die Zusammenarbeit besonders förderlich. Dies galt auch für Schiffsreparaturen, an denen Werft und Maschinenfabrik eng zusammenarbeiteten. So gründeten die Howaldts 1884 eine gemeinsame Aktiengesellschaft zum Betrieb eines Schwimmdocks, die „Swentine-Dock-Gesellschaft". Dies nicht zuletzt, weil es in Kiel bereits ein Schwimmdock gab und ausgerechnet die Werft es sich einfach nicht leisten konnte, eine derartige Leistung nicht anzubieten.

Und so war es ein logischer letzter Schritt, dass sich 1889 Maschinenfabrik und Werft ganz in einem gemeinsamen Unternehmen zusammenschlossen. So gaben am 22. Juni 1889 die „Gebrüder Howaldt, Maschinenfabrik, Gießerei und Kesselschmiede" und „Georg Howaldt, Kieler Schiffswerft" bekannt, dass sie eine gemeinsame Aktiengesellschaft unter dem Namen „Howaldtswerke" gegründet hatten. Die Firmenleitung übernahmen Georg und Hermann Howaldt, während der dritte Bruder Bernhard sich bereits aus der Firmenleitung der „Gebrüder Howaldt" zurückgezogen hatte. Zugleich stellte die Gründung das Gemeinschaftsunternehmen auf eine solide finanzielle Grundlage als Voraussetzung dafür, das Unterneh-

Neubau 116: Das erste Dock der „Swentine-Dock-Gesellschaft", 1884. Archiv HDW

men weiter auszubauen. Außerdem verbanden sich damit Kostenvorteile für den Schiffbau, der nun die Maschinen im eigenen Betrieb herstellen und sie nicht von einem anderen Unternehmen beziehen musste. Und natürlich spielten die verwandtschaftlichen Beziehungen eine gewichtige Rolle. In diesem Fall waren sie positiv, denn Hermann und Georg Howaldt verstanden sich gut miteinander. Das ist bei Familienunternehmen bekanntlich nicht immer der Fall.

Die ersten Jahre der Howaldtswerke waren schwierig. Das hatte eine Reihe von Gründen. Zum einem waren auf grund der zwar abflauenden Schifffahrtskrise die Schiffspreise noch immer sehr niedrig, und die Howaldts klagten darüber, dass Konkurrenzwerften ihre Schiffe unter Preis verkauften. Zweitens mangelte es an Aufträgen für kleine und mittelgroße Schiffe – die Domäne Howaldts. Drittens mussten die Werftanlagen und Werkstätten für den Bau großer Schiffe ausgebaut werden. Das kostete erst einmal viel Geld. So bezeichnete die Geschäftsleitung das erste Geschäftsjahr der Howaldtswerke trotz eines kleinen Gewinns als „sehr schlecht". Weitere Probleme gab es mit dem Mangel an „guten, arbeitswilligen" Arbeitern, Lohnerhöhungen, und schließlich gaben Unregelmäßigkeiten und Verspätungen bei den Materiallieferungen Anlass zur Klage. Ähnlich verliefen die beiden

Howaldtswerke um 1890. Archiv HDW

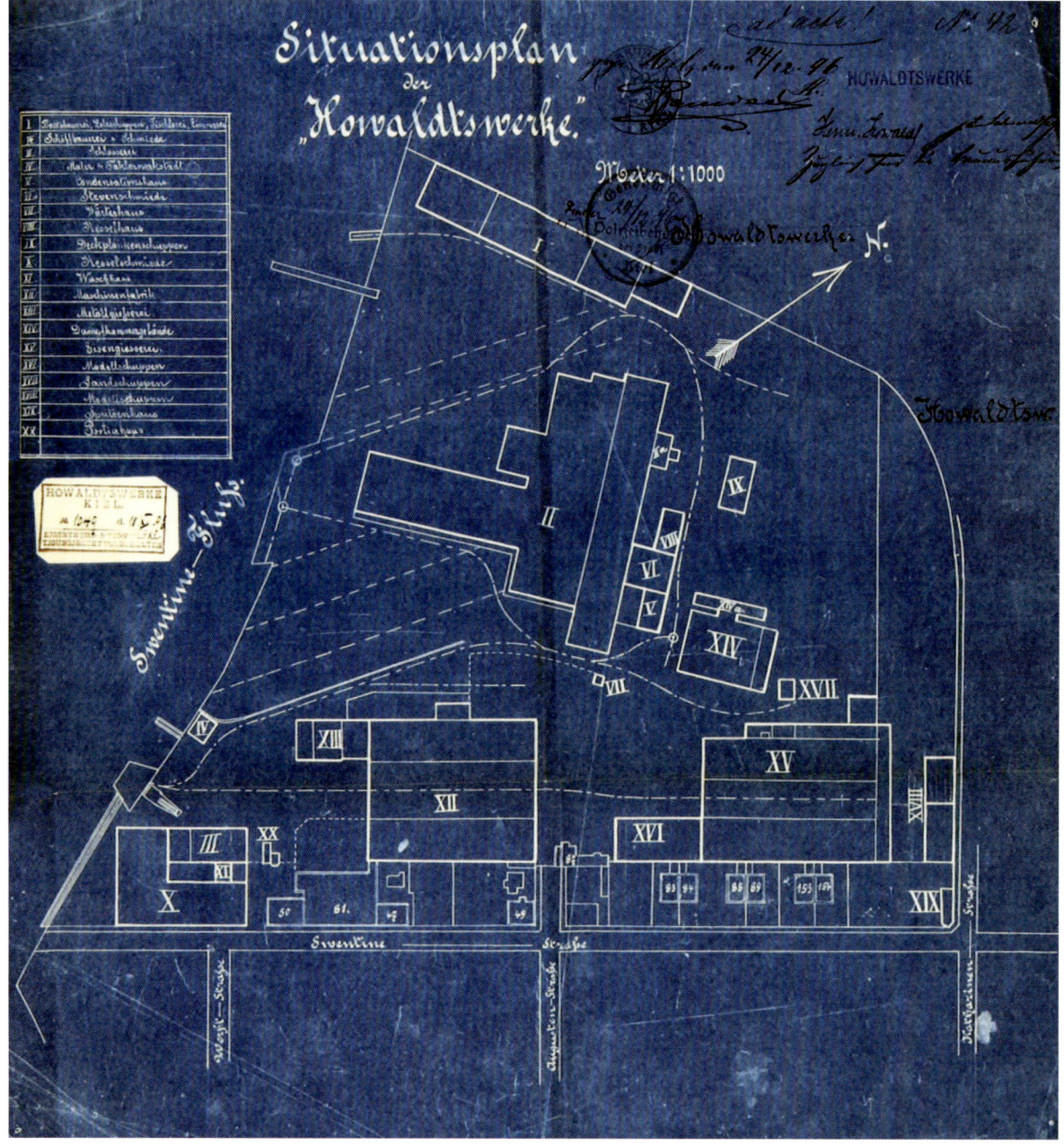

Lageplan der Howaldtswerke, 1896. Archiv HDW

Folgejahre, in denen die Lage sich leicht verbesserte. Trotz der Baisse im allgemeinen Schiffbau konnten die Howaldtswerke von 1889 bis 1893 immerhin 93 Schiffe ausliefern. Sie konnten es sich sogar leisten, Aufträge nicht anzunehmen, weil die gebotenen Preise nicht einmal die Selbstkosten deckten. Diese Aufträge gingen, wie Georg Howaldt schreibt, nach England, *"woher die Konkurrenz wegen der dort herrschenden Arbeitslosigkeit sehr drückend war."*

DIE KLEINE WERFT AN DER ADRIA – EIN INTERMEZZO

Trotz dieses schwierigen Umfeldes riskierten die Howaldtswerke den Schritt weit über die Kieler Stadtgrenzen hinaus und ließen sich an der Adria nieder. Der ungarische Teil des österreich-ungarischen Doppelstaates war wirtschaftlich unterentwickelt, und so unternahm die ungarische Regierung erhebliche Anstrengungen, um die Wirtschaft zu fördern, und investierte in die regionale Wirtschaftsstruktur. So auch den Hafen von Fiume, dem heutigen Rijeka in Kroatien. Bereits seit 1886 hatte Georg Howaldt Schiffe nach Österreich geliefert und besaß daher gute Verbindungen dahin. So entstand das Projekt eines Schwimmdocks und einer kleinen Werft in Fiume, auf denen Schiffe repariert und neu gebaut werden sollten. Die ungarische Regierung unterstützte das Vorhaben mit massiven Subventionen für den Ausbau und den Betrieb der Società Fiumana di Construzione Navale, an der die ungarische Regierung sich auch maßgeblich beteiligte. In der Nachbarschaft der Werft gab es noch einen weiteren Profiteur: Robert Whitehead, der den ersten Torpedo der Welt mit eigenem Antrieb und Selbststeuerung entwickelte und damit für den U-Boot-Krieg der folgenden Weltkriege entscheidende Bedeutung hatte. 1875 gründete er zu diesem Zweck eine Torpedofabrik in Fiume.

Während der zehnjährigen Vertragsdauer überholte die Werft jährlich etwa 70 bis 80 Schiffe. Während das Reparaturgeschäft sich erfreulich entwickelte, hatte der Werftbetrieb wenig Erfolg, denn die ungarischen Reeder orderten ihre Schiffe lieber im Ausland, darunter auch in Deutschland. So baute die Werft nur eine gute Handvoll kleinerer Schiffe, für die die Maschinenanlagen natürlich aus Kiel geliefert wurden, und mehrere Schwimmdocks. Insgesamt hat sich das Investment an der Adria für die Howaldtswerke mit einer guten Rendite gelohnt. Als aber der Vertrag auslief, bemühte sich Howaldt zwar um eine Verlängerung, stellte aber weitergehende Forderungen, die die ungarische Regierung ablehnte. Das war das Ende des Engagements, und Mitarbeiter der Howaldtswerke bauten die Anlagen ab und installierten sie in Kiel.

ES GEHT BERGAUF Die ersten Jahre nach Gründung der Howaldtswerke waren eine Durststrecke, aber ab Mitte der 1890er Jahre zeichnen die Geschäftsberichte ein freundlicheres Bild. Zwar waren die Schiffspreise 1896 noch so niedrig, dass *„deshalb keine großen Aufträge angenommen werden konnten, weil bei dem steigenden Material-Markte die gebotenen Preise (Anm. für Schiffe) so klein waren, dass ein sicherer Verlust dabei herauskommen musste. Wir beschränkten uns deshalb auf das Minimum zur Aufrechterhaltung des Betriebes."* Doch schon im folgenden Jahr heißt es im Geschäftsbericht, es habe *„unser Geschäft sich zu Anfang dieses Jahres wesentlich gehoben"*. Und davon profitierte der Betrieb, der auf Expansionskurs ging: *„Im Laufe des Jahres haben wir die Zahl unserer Arbeiter stetig vermehrt und fortwährend neue Maschinen aufgestellt, um den an uns herantretenden Bedürfnissen unserer Kundschaft gerecht werden zu können."* Inzwischen verbesserte sich auch die Konjunktur der Schifffahrt und mit ihr auch die Nachfrage nach neuen Schiffen. So konnten die Ho-

„Aussicht aus dem Bureau in Bergudi, auf Whiteheads Torpedofabrik und Fiume", 1895. Archiv HDW

Howaldtswerke um 1900: Bearbeitungsmaschinen, Kesselschmiede, Gießerei, Hammerschmiede. Archiv HDW

waldtswerke mehrere Kapitalerhöhungen vornehmen und das Geld in neue Anlagen investieren und starteten mit einem guten Auftragsbestand, guten Umsätzen und guten Gewinnen hoffnungsfroh in das 20. Jahrhundert. Und: Sie hatten den Sprung vom mittelständischen Unternehmen zur Großwerft geschafft.

Auch den beiden anderen Großwerften in Kiel ging es gut. Die Kieler Handelskammer kommentierte daher die Entwicklung des Kieler Schiffbaus: *„Der Schiffbau konzentrirt sich namentlich an der Kieler Föhrde, wo außer der Kaiserlichen Werft sich die Germaniawerft und Howaldtswerke zu großer Blüthe entfalten. Das Jahresergebniß ist wie im Vorjahre gut gewesen und war während des ganzen Jahres reichliche Beschäftigung vorhanden. Aufträge für das In- und Ausland lagen genügend vor."* So beschäftigten die Howaldtswerke um die Jahrhundertwende etwa 2.500 Mitarbeiter, und die Germaniawerft zählte ebenso viele. Der Staatsbetrieb Kaiserliche Werft allerdings übertraf mit über 6.000 Arbeitern die beiden privatgeführten Unternehmen bei Weitem. Trotzdem: Rosige Zeiten für Arbeiter waren es nicht. Denn sie konnten jederzeit entlassen werden, und so war Arbeitslosigkeit ein Damoklesschwert, das ständig über jedem Arbeiter schwebte. Das machte sich vor allem in Zeiten schwacher Konjunktur bemerkbar. Daraus ergab sich eine große Fluktuation unter den Arbeitskräften. So günstig auch die Handelskammer die wirtschaftliche Lage der Kieler Werften schilderte, so wenig erfreulich

Howaldtswerke um 1900: Dreherei und Montagehalle. Archiv HDW

war die Lage ihrer Arbeiter. Die Gewerkschaften berichteten daher 1904 von *"...zum Theil großer Arbeitslosigkeit"* besonders unter den Werftarbeitern. Arbeitsämter, Arbeitslosenversicherung und staatliche Hilfe gab es im Kaiserreich damals noch nicht; das wurde privater Initiative überlassen. So bemühten sich etwa die Gesellschaft freiwilliger Armenfreunde, der Arbeitgeberverband, der Verband der Eisen- und Metallindustrie und auch die Stadt Kiel um die Weitervermittlung von Arbeitslosen. Das war wohl eher im wohlverstandenen Eigeninteresse, denn Personalengpässe machten der Produktion in den Unternehmen Schwierigkeiten. Für die Howaldtswerke beschrieb dies die Handelskammer so: *„Es machte sich ein Mangel an geeigneten Arbeitern fühlbar, die auffällige Unruhe und Wanderneigung, ja selbst Arbeitsscheu im Arbeitspersonal muss auf sozialistische Agitationen zurückgeführt werden..."*. Und die verspätete Lieferung von Material schrieb die Kammer zumindest teilweise den Arbeiterbewegungen an anderen Orten zu.

Georg Howaldt, Prinz Heinrich von Preußen, Kommandant Egurieff. Stapellauf des Schul-Transportschiffes OKEAN bei den Howaldtswerken in Kiel. Archiv HDW

DIE HOWALDTSWERKE GERATEN IN DIE KRISE Steigende Auftrags- und Umsatzzahlen in den Jahren nach 1900 täuschen nicht darüber hinweg, dass sich die Ertragslage der Howaldtswerke mehr und mehr verschlechterte. Dazu trugen verschiedene Faktoren bei: Die Schifffahrt tauchte in das nächste Wellental der Konjunktur ab, ein Großauftrag der russischen Marine über das Hilfsschiff OKEAN geriet zum finanziellen Desaster, weil die Russen nicht zahlten, und die Produktivität der Werft ließ zu wünschen übrig. Ein schwerer Schlag für die Werft war der Tod ihres technischen Leiters Hermann Howaldt, der 1900 im Alter von nur 47 Jahren starb. Er war der gute Geist hinter dem Aufbau und der ständigen Modernisierung der Werft gewesen und war, wie das Unternehmen in seinem Nachruf ausführte, *„...seiner rastlosen Thätigkeit in jungen Jahren zum Opfer..."* gefallen. Seine Aufgaben übernahmen zum Teil Georg Howaldt und leitende Angestellte der Werft. Zwei Jahre später berief Georg Howaldt seinen Sohn Georg in den Vorstand, der allerding wenig bewegte.

Insgesamt wurde die Lage für die Schifffahrt erst schwierig und dann katastrophal. Das traf natürlich auch den Schiffbau hart und drückte wieder einmal die Preise für Neubauten. Zugleich stiegen die Preise für Rohstoffe, die Betriebe waren schlecht ausgelastet, und die Gewinne schmolzen dahin. 1905 gerieten daher die Howaldtswerke zeitweise sogar in die roten Zahlen. Und ab diesem Jahr zahlte die Werft ihren Aktionären keine Dividende mehr. Nach einem kleinen Zwischenhoch gerieten die Werftindustrie und mit ihr die Howaldtswerke 1907 tief in die Krise. Die Produktionszahlen brachen dramatisch ein. Hatten die Howaldtswerke noch 1907 Schiffsraum von 14.376 BRT abgeliefert, waren es 1910 nur noch 2.494 BRT. Anderen Werften in Deutschland ging es ähnlich. Der Stettiner Vulkan halbierte im gleichen Zeitraum seine Produktion, und bei der AG „Weser" verringerte

Die Russen zahlen nicht: OKEAN 1902. Archiv HDW

sie sich auf ein Drittel. Die benachbarte Germaniawerft kam nach einer kurzen Gewinnphase seit 1900 gar nicht erst aus den roten Zahlen heraus. Um an Aufträge heranzukommen, beteiligte sich Howaldt an verschiedenen Reedereien, stockte die finanziellen Reserven auf und ließ sicherheitshalber auch schon den Wert der nicht unbedingt notwendigen Grundstücke schätzen.

DAS ENDE DER ÄRA HOWALDT Nach einem missglückten Versuch im Jahr 1908, einen Werftenverbund mit der sehr gesunden Rostocker Neptunwerft und der maroden Tönninger Eiderwerft zu gründen, begann die Suche nach einem neuen Partner. Zwar waren der Umsatz und der Auftragsbestand der Howaldtswerke auf Rekordhöhe geklettert, aber der Gewinn ging rapide zurück, und die Zukunft sah düster aus. Deshalb benötigte die Werft dringend frisches Kapital. Als Ergebnis einer außerordentlichen Generalversammlung im Jahr 1909 wurde das Grundkapital durch Ausgabe von 3 Millionen Mark Vorzugsaktien von 5 auf 8 Millionen Mark erhöht. Die 3 Millionen Vorzugsakten übernahmen die Brown Boveri & Co AG in Mannheim und die „Turbinia", Deutsche Parsons Marine-Aktiengesellschaft in Berlin, an der Brown Boveri maßgeblich beteiligt war. Mit 55 Prozent des stimmberechtigten Grundkapitals gab Brown Boveri nun in Kiel den Ton an.

Brown Boveri hatte ein starkes Interesse an der Kieler Beteiligung, weil das Geschäft mit Schiffsturbinen, vor allem für die Kaiserliche Marine, für das Unternehmen außerordentlich wichtig war. Und so bedeutete die Beteiligung an den Howaldtswerken eine wesentliche Erweiterung ihres Geschäftes. Das kommentierte die „Turbinia" in einer Pressemitteilung so: *„Der Umstand, daß unser bedeutendster Lizenznehmer (Anm.: die Howaldtswerke) eine Reihe größerer Aufträge auf Schiffe und Turbinen unseres Systems erhalten hat, und die Erwägung, daß wir die Erfahrungen, die wir selbst und die uns nahestehende Firma Brown, Boveri & Cie. auf diesem Gebiet gesammelt haben und weiter erwerben … am besten dadurch dauernd erhalten können, daß wir uns an einer großen deutschen Werft beteiligen, veranlaßten uns … maßgebenden Einfluß auf genannte Werft zu gewinnen".*

Der „maßgebende Einfluß" auf die Howaldtswerke bestand auch darin, dass die Familie Howaldt im Zuge der Reorganisation des Unternehmens entmachtet wurde. Neben Georg Howaldt und seinem Sohn wurden drei neue Vorstandsmitglieder installiert, zwei aus dem Unternehmen stammende Prokuristen und ein außenstehender. Der Unternehmenszweck – Bau von Handels- und Kriegsschiffen – änderte sich nicht. Die zerrütteten Finanzen dagegen mussten saniert werden. Und das Unternehmen benötigte frische liquide Mittel. Denn das Geschäftsjahr 1908/09 hatte einen Rekordverlust von fast drei Millionen Mark gebracht. In dieser Situation verstarb 1909 plötzlich Georg Howaldt, dem die „Kieler Zeitung" nachrief: *„Nach dem Heimgang von Sartori ist der Verlust von Georg Howaldt der schwerste, den Kiel und seine Industrie erlitten hat."* Georg Howaldt Junior verließ im Frühjahr 1910 das Unternehmen, möglicherweise nicht ganz freiwillig, denn die Generalversammlung vom März des Jahres, die den schmerzhaften Verlust des angelaufenen Geschäftsjahres genehmigen musste, sah ihn kritisch – so kritisch wie die Lage der Werft war, bei der es inzwischen um Sein oder Nichtsein ging. Und damit endete die Ära Howaldt.

DIE SCHIFFE DER HOWALDTS 1865 – 1910 Unter der Leitung der Familie Howaldt haben Georg Howaldts Kieler Schiffswerft und die Howaldtswerke 536 Schiffe abgeliefert. Dazu kommen aus der Zeit von Schweffel & Howaldt der Brandtaucher und zwei kleine Schiffchen, die die Maschinenfabrik am Hafen nebenbei, aber ohne ernstes Interesse am Werftgeschäft baute. Dem ersten Schiff VORWÄRTS, dessen Name gern wegweisend für den howaldtschen Schiffbau gedeutet wird, obwohl der Name damals Dutzendware war, folgte ein ganze Armada der unterschiedlichsten Schiffstypen, vorwiegend für zivile Auftraggeber und so auch vorwiegend zivile Schiffe, abgesehen von einigen Behördenschiffen. Der Marineschiffbau blieb anderen Werften überlassen. So entstanden auf den Hellingen von Georg Howaldt und den Howaldtswerken Frachter, Passagierschiffe, Fähren, Hafendampfer, Schlepper, Barkassen, Zollboote, Lotsenboote, unzählige Schuten, Prähme und Pontons, Schwimmdocks und Bagger. Ausnahmen blieben zwei Segelschiffe, das Polarforschungsschiff GAUSS, einige Yachten, darunter drei

Bau Nr. 1 VORWÄRTS. Archiv HDW

„Lustfahrzeuge": Die Dampfyacht LENSAHN (II) des Erbgroßherzogs von Oldenburg, 1881. Archiv HDW

Dampfyachten mit dem Namen LENSAHN für den Erbgroßherzog von Oldenburg – aber nur ganz wenige Kriegschiffe. Diese breite Palette war ein buntes Gemisch der unterschiedlichsten Schiffstypen. Jeder, der Schiffe baut, weiß, dass die Neukonstruktion teuer ist. So nimmt es kaum Wunder, dass Georg Howaldt innerhalb der einzelnen Schiffstypen eine Standardisierung einführte, um die Kosten für Neubauten niedrig zu halten. Auf der anderen Seite war die Vielfältigkeit des Angebots eine gute Visitenkarte für das Renommee der Werft.

Das Kieler Umfeld war für die Werft ersprießlich: Es versorgte Georg Howaldt mit treuen Stammkunden. Der erste war der Reeder August Anton Heinrich Sartori, für den Howaldt bereits auf der Norddeutschen Werft ein Schiff gebaut hatte. Seine Reederei Sartori & Berger bestellte bei Georg Howaldts Schiffswerft und später bei den Howaldtswerken 27 Schiffe, in der Hauptsache Frachter, aber auch drei elegante Fähren, die die Verbindung zwischen Kiel und Korsör bedienten. Benannt nach den preußischen Prinzen Waldemar, Adalbert und Sigismund bekamen sie den Spitznamen „Prinzen-Linie".

Die familiären Bande zwischen den Howaldts und der Kaufmannsfamilie Diederichsen bescherten der Werft ebenfalls reichlich Aufträge: 17 Frachter, Fähren und Prähme. Wiederum verwandt mit den Diederichsens war die Apenrader Reederfamilie Jepsen, die auch heute eine blühende Reederei mit besonderer Expertise in Fernost betreibt. Das sorgte für 24 Frachter, von denen allerdings nicht alle Gnade vor den kritischen Augen Michael Jepsens fanden. Und Howaldt versorgte die Kieler Fördeschifffahrt. Die Blaue Dampferlinie und danach die Neue Dampfer Companie orderten zusammen 31 Fördeschiffe.

Natürlich lebte Howaldt nicht allein von der Kieler Kundschaft. Die Schiffsbestellungen kamen von der gesamten deutschen Nordsee- und Ostseeküste und aus den Hansestädten Lübeck, Bremen und Hamburg. Howaldt profitierte auch vom Bau des Kaiser-Wilhelm-Kanals mit dem Bau von Schleppern und Klappschuten, und schließlich auch mit dem Bau von zwei Abschlusspontons für die Kieler Schleusen des neuen Kanals und mit einer Reihe von Schleppern für die Tiefbaufirma Philipp Holzmann. Zwar kamen die meisten Aufträge aus Deutschland, aber die Werft bemühte sich frühzeitig auch um ausländische Orders. Skandinavien lag vor der Haustür, und so gelang es, Aufträge aus Dänemark – Kopenhagen und Bornholm – und Norwegen zu ergattern. Einige weitere Aufträge kamen aus Österreich-Ungarn, damals noch eine Seemacht, und schließlich konnte Georg Howaldt sogar Schlepper nach Übersee verkaufen.

Kiel war 1871 Reichskriegshafen geworden. Das hatte die Werft hoffen lassen. Aber die Kaiserliche Marine hielt sich mit Aufträgen sehr zurück. Dort gab es nur magere preußische Kost für die Howaldts: Versuche, sich der Marine anzudienen, misslangen. So baute Howaldt 1897 ein Test-U-Boot, das die Marine mangels Interesse nicht abnahm, weil sie damals mit U-Booten nichts anzufangen wusste. Und ein Torpedoboot, das die Werft auf eigene Rechnung baute, blieb auf der Werft liegen. Die Marine bestellte nur 17 Prähme und Anlegepontons, bis sie sich entschloss,

Fährschiff PRINZ SIGISMUND im Dock der Swentine Dockgesellschaft, 1899. Archiv HDW

Schiffbau für die entfernte Verwandtschaft, die Reederei Jebsen in Apenrade: Dampfer KNIVSBERG, 1897. Archiv HDW

den Kleinen Kreuzer UNDINE, der 1904 abgeliefert wurde, bei den Howaldtswerken bauen zu lassen. Aber sie vertraute den Howaldtswerken doch noch einen Auftrag an, bei dem sie ihre Flexibilität ausspielen konnte: das U-Boot-Hebe- und Bergeschiff VULKAN, das 1908 abgeliefert wurde. Die Marine, frisch im Besitz ihrer ersten U-Boote, wollte sichergehen, dass sie sie bei Unglücken schnell heben konnte, um die Besatzung zu retten. Sie war gewarnt, denn die Royal Navy hatte ein Boot und seine Besatzung tragisch verloren, weil sie es nicht schnell genug heben konnte. Das wollte die Kaiserliche Marine nicht erleben. Mit der VULKAN war sie auf der sicheren Seite. Der Doppelrumpf-Entwurf der Howaldtswerke war übrigens so gut, dass es nach Howaldts Plänen weitere Nachbauten gab. Davon hat sich am längsten das Schiff erhalten, das die Putilov Werft in St.Petersburg 1915 an die russische Marine ablieferte: das U-Boot-Bergeschiff VOLKHOV, das 1922 den Namen KOMMUNA erhielt und noch im Jahr 2010 aktiv und frisch unter Farbe im Hafen von Sewastopol lag, wohl aber jetzt den Weg in eine türkische Abwrackwerft angetreten hat.

Der Kaiserlichen Marine verdankten die Howaldtswerke ein weiteres Ausnahmeschiff: das Polarforschungsschiff GAUSS. Die Barkentine mit Hilfsmotor wurde nach den Entwürfen des Marine-Oberbaurats Otto Kretschmer speziell für die

Ein Ausnahmeschiff: Das Polarforschungsschiff GAUSS im Bau bei den Howaldtswerken.
Stadtarchiv Kiel

deutsche Antarktisexpedition von 1901-1903 unter Erich von Drygalski gebaut. Dabei gingen in den Entwurf des Schiffs ausländische Erfahrungen ein. Vor allem der für starke Eispressungen geeignete und daher im Unterwasserbereich runde, sehr stark gebaute Rumpf wurde der berühmten norwegischen FRAM entlehnt. Seinen Namen erhielt das Schiff zu Ehren von Carl Friedrich Gauß, der als Erster die Bedeutung des Südpols für die erdmagnetische Forschung erkannt und die Lage des magnetischen Südpols durch Berechnungen ermittelt hatte. Die Südpol-Expedition war ein Projekt des Deutschen Reiches und wurde vom Innenministerium organisiert.

Im August 1901 lief die GAUSS zu ihrer Südpolarfahrt aus und begann bereits auf der Fahrt in den Süden mit umfangreichen Forschungsarbeiten. Im Februar 1902 sichtete sie südlich der Kerguelen einen bisher unbekannten Küstenstreifen. Bei dem Versuch, näher an das Land heranzukommen, wurde sie vom Eis ein Jahr eingeschlossen, das die Wissenschaftler an Bord intensiv für ihre Forschungen nutzten und weite Expeditionen mit dem Hundeschlitten unternahmen. Im November 1903 kehrte die GAUSS mit reicher wissenschaftlicher Ausbeute nach Deutschland zurück. Da sie das Schiff nicht mehr benötigte, verkaufte die Marine es 1904 nach Kanada, wo sie unter dem Namen ARCTIC die nordkanadische

Die im Eis eingeschlossene GAUSS am 29. März 1902. Dieses aus einem Fesselballon aufgenommene Foto ist die erste Luftaufnahme in der Antarktis. Archiv NOAA

Inselwelt erforschte und später unter anderem als Versorgungsschiff eingesetzt wurde. 1926 wurde sie, alt geworden, auf Abbruch verkauft. Jedoch gelang es dem Abwracker nicht, die unverändert starke Konstitution des Schiffes zu zerstören. Und so ließ man das Schiff langsam verrotten.

DIOGENES und SOKRATES an der Kette 1891 im Kieler Hafen, sichergestellt vor der Kaiserlichen Werft. Archiv HDW

Trotzdem entstanden einige wenige Kriegsschiffe in Dietrichsdorf. Über einen Hamburger Zwischenhändler erteilte die chinesische Regierung den Auftrag zum Bau von zwei Korvetten, NAN THIN und NAN SHUI, die 1884 abgeliefert wurden. Zur Groteske geriet der Bau zweier Handelsschiffe – DIOGENES und SOKRATES –, die 1879/80 als Passagier-, Vieh- und Postdampfer von einem geheimnisvollen Auftraggeber bestellt wurden, über den sich Georg Howaldt beharrlich ausschwieg. 1891 lagen die Schiffe fertiggestellt vor der Werft, als ein Kommando der Kaiserlichen Marine die Schiffe an die Kette legte. Tatsächlich hatte die ungewöhnliche Konstruktion der beiden Dampfer ihren Verdacht erregt, und ein Gutachten der Marine und der Kieler Polizei, das nach dem unerfreulichen Besuch an Bord geschrieben wurde, stellte fest, dass die Dampfer durchaus geeignet waren, als Kriegsschiffe zu dienen. Offensichtlich steckte die peruanische Marine hinter dem Auftrag, denn Peru und Chile waren gerade in den sogenannten „Salpeterkrieg" verwickelt. Zwar gab es, anders als heute, im Kaiserreich keine Beschränkungen für den Export von Kriegswaffen, aber es wollte sich neutral verhalten und fürchtete nicht zuletzt Regressansprüche für die Schäden, die diese Schiffe anrichten könnten. Denn gerade hatte die britische Regierung nach dem amerikanischen Bürgerkrieg Millionensummen an die USA zahlen müssen, weil in England getarnte Kriegsschiffe für die Südstaaten gebaut worden waren, die während des Krieges den Handel der Nordstaaten massiv geschädigt hatten. DIOGENES und SOKRATES blieben also erst einmal in Kiel, bis es gelang, sie zu verkaufen. DIOGENES ging an die US Navy, die daraus das Kanonenboot USS TOPEKA machte, und SOKRATES gelangte doch noch nach Peru – aber erst lange nach dem „Salpeterkrieg".

Und schließlich: Ein Auftrag der russischen Marine hätte den Howaldtswerken fast das Genick gebrochen: OKEAN, ein Schulschiff mit diversen unterschiedlichen Kessel- und Maschinenanlagen für angehende Schiffsingenieure. An dem Schiff gab es nichts auszusetzen. Allerdings zahlten die Russen lange nicht, und das belastete die Bilanzen der Werft, die damals ohnehin in der Krise stand, über Jahre hinaus. Mit Marineschiffen hatten die Howaldts einfach kein Glück. Die Zeitumstände waren gegen sie. Das Blatt wendete sich erst unter dem neuen Eigner – er kam zur richtigen Zeit.

OKEAN auf Probefahrt, 1902 (oben), der Kapitänssalon und dessen Dreifachexpansionsmaschinen in der Maschinenbauhalle in Dietrichsdorf (unten). Archiv HDW

Dock- und Hebeschiff VULKAN mit einem U-Boot längsseits, 1908. Archiv HDW

ke begannen die Arbeiten an einem *„Bauplatz für die größeren Schiffe"*. Neue Helgen, Hallen und Werkstätten stampften Heerscharen von Arbeitern aus dem Boden. Neue Maschinen wurden angeschafft, das werfteigene Elektrizitätswerk wurde vergrößert und über die Gründung einer eigenen kleinen Eisenbahngesellschaft verschaffte sich die Werft Anschluss an die Kiel-Schönberger Kleinbahn, sogar mit einem eigenen *Bahnhof Howaldtswerke*. Zum neuen Wahrzeichen der Werft wurde ein Kran, der 150 Tonnen heben konnte. Dieser Kran war auch der ganze Stolz der Herstellerfirma, der Benrather Maschinenfabrik AG, die ihn in Anzeigen forsch als *„Größter Kran der Welt. 150 t Tragkraft für Howaldtswerke Kiel"* anpries. Das wiederum ließ die Krupp Germaniawerft nicht ruhen. Kurz darauf schafften sie sich einen Zwilling des howaldtschen Prachtstückes an.

Die hohen Investitionen in den Ausbau der Werft geschahen nicht nur unter dem Gesichtspunkt, einen Schiffbauplatz anzulegen, auf dem die immer größer werdenden Dampfer gebaut werden konnten, sondern ebenso mit Blick auf den Marineschiffbau. Sie bewährten sich schon beim Bau des Kleinen Kreuzers UNDINE und des Schulschiffs OKEAN. Und sie sollten sich beim Bau der künftigen Kreuzer bewähren. Die schweren Stahlarmierungen und Panzertürme wären mit den alten Anlagen nicht zu bewältigen gewesen. Und die neuen großen Hellinge von 180 Metern Länge, die sich bei Bedarf auf 250 Meter verlängern ließen, waren auch für den Bau Großer Kreuzer und Linienschiffe geeignet.

Der Stolz der Werft: der 150-Tonnen-Kran. Archiv HDW

Die rege Bautätigkeit auf der Werft zog schnell Geschäftsleute aller Art an, die an dem Ausbau der Werft partizipierten. Neben vielen Handwerkern gründeten Kaufleute zahlreiche Läden, die den alteingesessenen Krämern Konkurrenz machten und ihnen den Rang abliefen. So lästerten sie über die vielen Ladengeschäfte am Heikendorfer Weg und bezeichneten sie als „neu aufgemachten Ramschbazar". Zugleich wuchs auch die Bevölkerung in Dietrichsdorf und Neumühlen rasant. Die ehemals bäuerliche Gesellschaft wurde nun von Schiffbauern beherrscht.

Als die neuen Eigentümer die Howaldtswerke übernahmen, hatte deren Vorstand gerade konstatiert, dass der Ausbau der Werft, der, obwohl unumgänglich, die

Das half allerdings 1911 gar nichts. Der Verlust der Werft war diesmal noch horrender als in den vorhergehenden Geschäftsjahren. So kam es zu einem neuen Sanierungsanlauf, denn der Konkurs drohte. Der wäre nach Ansicht des Hauptaktionärs, Walter Boveri, eigentlich schon 1908 fällig gewesen. Aber er sagte: *„Vielleicht war es ein Fehler, dass wir den Konkurs vermieden haben. Aber man lässt nicht gern ein Unternehmen, das Tausende von Arbeitern beschäftigt und einen großen Stab von Beamten hat, in Konkurs gehen."* Und er drohte den widerborstigen Stammaktionären, die bei der geplanten Sanierung Federn lassen mussten, unverhohlen damit, dass er diesmal Ernst machen würde. Und so gelang nach zwei Generalversammlungen, bei denen es hoch herging und einige Aktionäre wegen ihrer nicht zimperlichen Wortwahl gerügt werden mussten, der Sanierungsplan.

Erste Erfolge zeigten sich im Jahr darauf in Form eines, wenn auch sehr bescheidenen Gewinns und mit verbesserten Aussichten für die folgenden Geschäftsjahre. Und der Geschäftsbericht 1912/13 gab einen etwas optimistischeren Ausblick für die kommende Zeit: *„Für das Geschäftsjahr 1913/14 sind unsere Werke voll beschäftigt. Falls nicht unvorhergesehene Ereignisse eintreten, darf ein günstiges Resultat erwartet werden."* Tatsächlich verbesserte sich der – wenn auch nicht üppige – Gewinn, begünstigt durch die anziehende Schiffbaukonjunktur. Die Howaldtswerke hatten das Tal der Tränen letztlich doch erfolgreich durchschritten.

Um diese Zeit beschäftigten die Howaldtswerke rund 3.500 Mitarbeiter, und sie waren die siebtgrößte Werft in Deutschland, also schon eine Großwerft. Im heimischen Kiel waren sie dennoch nicht die Nr. 1. Das war ganz unbestritten die Kaiserliche Werft, die etwa 9-10.000 Mitarbeiter zählte. Die Krupp Germania-Werft hatte etwa die gleiche Anzahl auf ihrer Lohnliste. Die Arbeiter der Howaldtswerke bauten Schiffe auf einer Werft, die in den letzten 20 Jahren im großen Stil ausgebaut worden war. Bereits kurz nach der Gründung der Howaldtswer-

Walter Boveri übernahm 1910 die Aktienmehrheit an der Howaldtswerke AG. Archiv HDW

Brown Boveri: Dicke Pötte, Turbinen und Schwimmdocks

SANIERUNG UND MÜHSAMER AUFSCHWUNG Das Jahr 1910 war ein Schicksalsjahr für die Howaldtswerke und, das sei am Rande vermerkt, es sollte im Lauf der Werftgeschichte nicht das letzte bleiben. Zunächst aber ging es darum, das Unternehmen über die Untiefen zu steuern, denen es gefährlich nahe gekommen war. Wie schlimm es um die Howaldtswerke tatsächlich stand, ergibt sich aus der Tatsache, dass die neuen Eigentümer die neuen Aktien nach der Kapitalerhöhung nur zum Nennwert übernommen hatten. Das lässt darauf schließen, dass der Unternehmenswert gegen Null tendierte. Andernfalls hätten die neuen Eigentümer mehr dafür bezahlen müssen.

Sie hatten aber, wie schon erwähnt, ein starkes Interesse an der Werft, und das auch auf längere Sicht. Das bedeutete aber auch, dass sie als Erstes die Aufgabe hatten, die finanzielle Schieflage der Werft zu beenden und das Unternehmen zu reorganisieren. Das zog sich allerdings eine Weile hin. Begünstigt wurde das ehrgeizige Unterfangen dadurch, dass sich die Konjunktur für den Schiffbau 1910 langsam erholte und ab dem Folgejahr an Fahrt gewann. So entwickelte sich der Auftragsbestand der Werft dank steigender Frachtraten 1911 deutlich besser. Und 1912 konnte der Geschäftsbericht bereits von einer Hochkonjunktur im Schiffbau sprechen, die auch für eine gute Beschäftigung der Werft sorgte.

Aber die finanziellen Sorgen blieben und wurden sogar noch größer. Denn der gleiche Geschäftsbericht fuhr nach Schilderung der guten Konjunktur mit dem Klagelied über die Finanzen fort: *„Trotzdem ist das rechnerische Ergebnis ein ungünstiges und die noch von den Vorjahren bestehende Unterbilanz in unserer Rechnung hat neuerdings eine wesentliche Steigerung erfahren."* Die Gründe dafür wurden gleich mitgeliefert: Zum einen sorgte die gute Schiffbaukonjunktur zugleich für steigende Materialpreise, ein Streik tat sein Übriges und führte zu höheren Lohnkosten, und der Einstieg in den Marineschiffbau verlief nicht so erfolgreich wie erhofft. Schließlich belastete die laxe Zahlungsmoral der russischen Marine die Kasse der Werft.

Zusätzlich belastet wurde die Kasse der Werft durch den Bankrott eines Stahl- und Walzwerks in Rendsburg, an dem die Howaldtswerke sich 1900 beteiligt hatten, um sich *„vorzugsweise Bedienung und Unabhängigkeit von dem in jeder Hochkonjunktur versagenden Ausland und Rheinlande"* zu sichern. Statt die erhoffte gute Rendite abzuwerfen, machte das Werk Verlust. Wenigstens aber konnte es Materialengpässe auf der Werft vermeiden helfen. Das aber reichte nicht. So kam es 1910 zur Liquidation des Stahlwerks und ein Jahr später zum Konkurs, und die Howaldtswerke mussten ihre Beteiligung und Bürgschaften abschreiben. Erst nachdem es Howaldt gelang, das Werk anschließend zu ersteigern und 1911 in eine Auffanglösung in Gestalt der Eisenhütte Holstein AG einzubringen, arbeitete es in den späteren Jahren erfreulich profitabel.

KOMMUNA ex-VOLKHOV, 2010 im Hafen von Sewastopol. Archiv Rohweder

Tankdampfer im Bau um 1912.
Archiv HDW

Bilanz naturgemäß sehr stark belastet hatte, im Großen und Ganzen abgeschlossen war. Aber der Ausbau ging weiter. Die größte Investition war der Bau einer neuen Schiffbauhalle im Jahr 1912 als die Linienschiffe HELGOLAND und KAISERIN im Bau waren. Zur Begründung schrieb der Vorstand: *„Die großen Anforderungen, die der Bau von Kriegsschiffen an unsere Werft stellt, haben es erforderlich gemacht, die bisher bestehenden Einrichtungen bedeutend zu verbessern und zu ergänzen. Trotz dieser Verbesserungen sind die geschaffenen Einrichtungen aber nicht ausreichend, um auch noch Handelsschiffe den heutigen Anforderungen entsprechend rasch genug zu bauen. Wir haben uns daher entschlossen, eine neue Schiffbauhalle quer vor den Hellingen zu errichten…".* Und ein Jahr später konnte der Vorstand zufrieden feststellen: *„Die sämtlichen Neueinrichtungen unserer Werft, speziell die neuen Schiffbauanlagen (Hellinge, Turmkrane, Schiffbauhalle etc.) haben sich in jeder Beziehung als gut und praktisch bewährt…".* Damit war die Werft technisch gut gerüstet, finanziell aus dem Gröbsten heraus und schaute zuversichtlich in die Zukunft.

DER ERSTE WELTKRIEG BRICHT AUS Mit dem Attentat auf den österreichischen Thronfolger Erzherzog Franz Ferdinand am 28. Juni 1914 im serbischen Sarajewo nahm das Verhängnis seinen Lauf. Es war der Auftakt für den ersten Weltkrieg, den die Historiker heute als die Urkatastrophe des 20. Jahrhunderts sehen. Es war der erste nahezu totale Krieg, geführt mit modernen Massenvernichtungswaffen, die 17 Millionen Menschen das Leben kosteten. Daran beteiligten sich rund 40 Staaten mit etwa 70 Millionen Soldaten in Europa, dem Nahen Osten, in Afrika, in Ostasien und auf allen Weltmeeren. Wie Schlafwandler stolperten die führenden Staatsmänner in den Krieg. Geprägt vom Denken des vorherigen Jahrhunderts waren sie unfähig, die Komplexität der chronischen Probleme Europas zu begreifen, einer vielpoligen, gebrochenen, multikulturellen Welt von Leitbildern und Zielen, die sich gegenseitig ausschlossen: Nationalismus, Imperialismus, Militarismus, Terrorismus. Und diese Welt führte eine beachtlich ineffektive Schar von Politikern, die sich für rational und modern denkend hielten und doch von Krise zu Krise taumelten, bis sie glaubten, dass Krieg die einzige Antwort war. Sie alle waren der Überzeugung, dass dieser Krieg ein Kabinettskrieg alter Art und schon in kurzer Zeit beendet sein würde. Sie hatten sich getäuscht. Es war der falsche Krieg – und danach war nichts mehr, wie es früher war. Im Kontrast zu der schwelenden Krise Europas im Sommer 1914 stand ein Artikel der Zeitschrift „Schiffbau", in dem es hieß, dass *„die Ruhe am Frachtenmarkt für die Schiffbauanstalten auch ihr Gutes im Gefolge"* habe. Denn es werde, *„da die augenblicklichen Frachten den Reedereien nicht den gewünschten Nutzen lassen, bei den Werften nicht in dem Maße auf Ablieferungen gedrängt, wie es im vergangenen Jahr der Fall war, so dass ein ruhiges und rationelles Arbeiten ermöglicht wird."* Es sollte anders kommen.

Am 1. August 1914 machte das Kaiserreich mobil. Die Deutschen zogen freudig bewegt in den Krieg und wähnten ihn schon gewonnen. Sie ahnten ebenso wenig wie ihre Gegner, was sie erwartete: vier Jahre Stellungs- und Grabenkrieg und danach die Kapitulation. An der Front verbluteten die Soldaten, und zuhause hungerte die Bevölkerung.

Die deutsche Handelsschifffahrt war bei Kriegsbeginn schlagartig bedeutungslos geworden. Deutsche Schiffe wurden auf See früher oder später von den Kriegsschiffen der Gegner gestellt, aufgebracht oder versenkt. Einige konnten sich in neutrale Häfen retten. Der Rest lag arbeitslos in den deutschen Häfen. Die deutsche Hochseeflotte wurde von den überlegenen Kräften der Royal Navy in der Nordsee eingeschlossen und war mehr oder weniger nutzlos. Daran änderte auch die Skagerrakschlacht im Jahr 1916 nichts, die für beide Seiten praktisch ergebnislos endete, wenn auch beide Seiten einen Sieg für sich reklamierten. Daher trugen, wie später im Zweiten Weltkrieg, die U-Boote die Hauptlast des Seekrieges. So erfolgreich sie auch immer wieder waren, am Ausgang des Krieges konnten sie nichts ändern. Und schlimmer noch: Das Ausrufen des uneingeschränkten U-Bootkrieges trieb die USA mit ihrer ungeheuren wirtschaftlichen Macht endgültig in die Arme der Gegner Deutschlands. Wenn auch ungewollt, ist die einzige Leistung der Kaiserlichen Marine von historischer Bedeutung – wie böse Zungen mit einigem Recht behaupten – der Kieler Matrosenaufstand im Jahr 1918, denn mit der Novemberrevolution gab er das Zeichen zum Aufbruch in eine neue politische Ordnung Deutschlands, die schlussendlich zur Weimarer Republik führte.

Das Ende des Ersten Weltkrieges war das Ende der alten Weltordnung des 19. Jahrhunderts. In Deutschland ging das Kaiserreich unter und wurde von der instabilen Weimarer Republik ersetzt. Die russische Revolution beendete das Zarentum und begründete den Aufstieg des Sowjetstaates. Österreich-Ungarn und das Osmanische Reich zerfielen und in Europa entstanden 20 neue Staaten. Die USA hatten ihre Isolation aufgegeben und entwickelten sich zur westlichen Führungsmacht. Aber die Sieger konnten sich ihres Sieges nicht freuen, denn sie waren erschöpft und ausgelaugt. Eine neue Welt war aufgetaucht, aber sie bot keine Sicherheit. Denn das Ende des Ersten Weltkrieges schuf keine Ruhe. Im Gegenteil: Es war die entscheidende Voraussetzung für das Aufkommen von Faschismus und Nationalsozialismus und damit für den Zweiten Weltkrieg. Es war der Ausgangspunkt für eine Epoche globaler Veränderungen, die wir bis heute spüren.

DIE HOWALDTSWERKE IM KRIEG Da die deutsche Handelsflotte nach Beginn des Krieges kaum noch beschäftigt werden konnte oder unerreichbar in fremden Häfen auf das Ende des Krieges wartete und in gegnerischen Häfen beschlagnahmt wurde, brach den Reedern vom einen Tag auf den anderen das Geschäft weg. Das musste auf Dauer auch die Werften treffen, die zunächst noch Neubauaufträge aus der Zeit von vor dem Krieg abarbeiten konnten. Schiffsneubau für neutrale Staaten war keine rechte Alternative, zumal Berlin dies 1916 verbot. So ruhten alle Hoffnungen der Werften auf den Aufträgen der Kaiserlichen Marine, die zu ihrem Hauptauftraggeber avancierte. Das galt auch für die Howaldtswerke, die sich zudem auf dem Weg zur finanziellen Gesundung befanden. Sie hatten bis 1914 eine Reihe von Handelsschiffen abgeliefert und bauten nun hauptsächlich für die Marine. Das bekam der Bilanz nicht schlecht. Vom Geschäftsjahr 1914/15 auf das folgende Geschäftsjahr stieg zum Beispiel der Gewinn von rund 260.000 Mark auf über eine Million Mark. Ebenso erfolgreich war das Geschäftsjahr 1916/17. Erst das letzte Geschäftsjahr verlief schlechter. Der Gewinn halbierte sich fast, vor allem aber auch, weil die Materialbeschaffung schwierig geworden war und wegen des Verschleißes der hoch beanspruchten Werftanlagen hohe Abschreibungen gemacht werden mussten. Zugleich hatten die Howaldtswerke weiter in die Modernisierung der Anlagen investiert, weil sie auf einen Auftragsboom durch den Wiederaufbau der deutschen Handelsflotte nach dem Krieg spekulierten.

Für die Zeit im Krieg sprechen die Geschäftsberichte von Vollbeschäftigung. Auf der Werft arbeiteten zwischen 1914 und 1918 bis zu 4.700 Menschen. Selbst im Revolutionsjahr 1918 waren es noch 3.800. Viele Mitarbeiter wurden zu Anfang des Krieges zum Militärdienst eingezogen. So kam es zu Personalengpässen, die durch den Einsatz von Frauen und Kriegsgefangenen ausgeglichen wurden. Dazu schreibt der Geschäftsbericht im Jahr 1918: *„Die Beschäftigung von Kriegsgefangenen und Frauen, welche etwa 25% unserer gesamten Arbeiterschaft ausmachte, wirkte wenig fördernd, denn die Gefangenen arbeiteten überwiegend mit Unlust und die Frauenarbeit bewährte sich wenig im Werftbetrieb."* Nachzutragen ist, dass Frauen damals für die gleiche Arbeit nicht einmal halb so viel verdienten.

Auf ihren Verdienst waren die Frauen und Männer auf der Werft bitter angewiesen. Denn kurz nach Kriegsausbruch stiegen die Lebensmittelpreise beträchtlich um über 30 Prozent an. Eine staatliche Preiskontrolle war wenig effektiv, denn sie führte nur dazu, dass sich das Angebot verknappte und die Schwarzmarktpreise in gigantische Höhen schossen. Das konnte sich ein Arbeiter nicht leisten. Deshalb waren die Werftarbeiter auf Überstunden, die sie allerdings auch mehr als reichlich leisten mussten und auf Akkordzuschläge, die bis auf über 50 Prozent des Stundenlohns stiegen, angewiesen. Besonders gut besoldet waren die Mitarbeiter in der Rüstungsindustrie, die auch noch zusätzlich besondere Lebensmittelzuteilungen bekamen. Arm dran waren dagegen die „Beamten" auf der Werft. Diese Büroangestellten leisteten keine körperliche Arbeit und bekamen daher auch nur den normalen Lohn.

Zu Beginn des Krieges hatten die Gewerkschaften und die Sozialdemokratie mit Regierung und Arbeitgebern einen Burgfrieden geschlossen und trugen die Politik des Kaiserreiches mit. Als Gegenleistung erhielten sie in den Betrieben mehr Mitbestimmungsrechte, die zur Einrichtung von Arbeiterausschüssen führten. Dieser Frieden hielt solange, bis der Hunger in Deutschland regierte. Nach dem berüchtigten „Steckrübenwinter" kam es überall in Deutschland zu Streiks, die auch Kiel nicht verschonten. So streikten im März 1917 auf allen drei Werften in Kiel und in der Torpedowerkstatt in Friedrichsort 17.000 Arbeiter, und die ersten politischen Parolen wurden laut. Tatsächlich waren Kohlen und Kartoffeln mehr als knapp geworden, und die Qualität der Lebensmittel war miserabel. Darüber berichtete das städtische Dezernat für Lebensmittelversorgung: *„Die als Ersatz für die fehlenden Kartoffeln zugeteilten Steckrüben mussten in letzter Zeit zum Teil in einem wenig genießbaren Zustande abgegeben werden, weil sie gefroren waren und infolgedessen leicht in Fäulnis übergingen."* Im Januar 1918 folgte ein weiterer Streik, dem sich rund 30.000 Arbeiter anschlossen. Diesmal war es nicht nur die Lebensmittelknappheit, sondern die USPD versuchte politische Forderungen nach einem Kriegsende und einer Wahlrechtsreform durchzusetzen. Beide Streiks endeten jedoch fruchtlos, weil die Gewerkschaften und die SPD ihnen ihre Unterstützung versagten und sich von den Streiks distanzierten.

Matrosen vom Linienschiff PRINZREGENT LUITPOLD an Deck des Schiffes mit Tafel „Soldatenrat Kriegsschiff PRINZREGENT LUITPOLD. Es lebe die sozialistische Republik". Bundesarchiv

Den Schlusspunkt des Krieges in Kiel setzte der Matrosenaufstand im November 1918 während sich die deutsche Heeresleitung um einen Waffenstillstand mit den Alliierten bemühte. Während das Heer in realistischer Einschätzung der Lage keine Möglichkeit mehr sah, den Krieg fortzusetzen, wollte die Marineleitung in Eigenregie noch eine letzte entscheidende Schlacht gegen die Grand Fleet wagen. Das war völlig sinnlos, und so kam es zu massiven Befehlsverweigerungen, die in Kiel zum Matrosenaufstand führten. Wie die übrige deutsche Gesellschaft waren die Besatzungen, die jahrelang in der untätigen Flotte stumpfsinnigen Dienst bei schlechter Behandlung geleistet hatten, kriegsmüde und hatten nicht die geringste Neigung, sich für das Säbelrasseln verblendeter Admirale opfern zu lassen.

Dem Kieler Aufstand schlossen sich die Arbeiter aller Werften an, und am 5. November hatten Soldaten- und Arbeiterräte die Stadt fest in der Hand. Die gesamte Arbeiterschaft Kiels legte die Arbeit am gleichen Tag nieder. Tatsächlich aber sorgten die Räte nicht für Anarchie und Chaos – das blieb seltenen Einzelfällen vorbehalten – sondern sie hielten vielmehr die öffentliche Ordnung aufrecht. Sie übernahmen die Lebensmittelversorgung, regelten den Verkehr und kommandierten die Polizei. Wenige Tage später wurde in Kiel wieder gearbeitet, und die rote Flagge war von den Kriegsschiffen verschwunden und durch die alte Kriegsflagge ersetzt. Vor allem der SPD-Politiker Gustav Noske, der später Reichswehrminister wurde, beruhigte die Lage. Er ließ sich umgehend zum Vorsitzenden des Arbeiter- und Soldatenrates wählen, isolierte radikale Kräfte und setzte auf Ausgleich zwischen allen Beteiligten.

Das Kriegsende traf Kiel hart. Nicht wegen des Matrosenaufstandes, sondern durch den Versailler Vertrag, der die deutsche Marine drastisch verkleinerte. Kiel war mit der Marine groß geworden, und seine Wirtschaft war völlig von ihr abhängig. Mit dem Verlust der Kriegsflotte brach die wirtschaftliche Basis des ehemaligen Reichskriegshafens weg, und Kiel stand praktisch vor dem Nichts. Die Stadt musste sich neu orientieren. Aber es gelang ihr auch während der Weimarer Republik und selbst Jahre nach dem Zweiten Weltkrieg nicht, sich aus der totalen Abhängigkeit von Schiffbau, Schifffahrt und Hafenwirtschaft zu lösen.

Matrosenaufstand: Die Soldaten ziehen durch Kiel (oben), Demonstration auf dem Wilhelmsplatz (unten). Stadtarchiv Kiel

Auch die deutschen Reedereien hatten durch den Krieg schwer gelitten. Wie schon beschrieben dümpelten ihre Schiffe arbeitslos in den Häfen herum, lagen unerreichbar im Ausland oder waren beschlagnahmt. Das kostete die Schiffseigner etwa 70 bis 80 Prozent ihres Vorkriegskapitals, und die Rufe nach staatlicher Hilfe wurden laut und letztlich auch erfolgreich. Hinzu kam, dass Deutschland nach den Bestimmungen des Versailler Vertrages alle Schiffe über 1.600 BRT, die Hälfte aller Schiffe zwischen 1.000 und 1.600 BRT und ein Viertel der Fischdampferflotte an die Sieger abliefern musste. Dazu gehörten auch Schiffe, die sich noch im Bau befanden. Darüber hinaus sollten die deutschen Werften in den kommenden fünf Jahren noch eine Flotte von 200.000 BRT als Reparation für die Alliierten bauen.

Die Subventionen des Staates sorgten denn auch dafür, dass die deutschen Werften trotz des Stopps aller Marineaufträge im Jahr 1920 Arbeit hatten. Sie lieferten über 300 Schiffe ab, die ganz überwiegend an deutsche Reedereien gingen, denn bis 1923 war es ihnen noch verboten, für ausländische Rechnung zu bauen. Das bescherte dem Schiffbau eine Sonderkonjunktur, die auch in den Jahren danach noch für Aufträge sorgte. Natürlich verloren auch die Howaldtswerke alle Aufträge der Marine, die sie in den Auftragsbüchern hatte. Wenigstens konnten sie das Material, das für den Bau neuer Kriegsschiffe schon auf der Werft lagerte, behalten und für andere Zwecke nutzen, anscheinend auch für den Bau von Schiffen, die auf Kosten der deutschen Regierung als Reparation abgeliefert werden mussten. Daneben lief das Reparaturgeschäft an, vor allem an ausländischen Schiffen, die „wertvolle Devisen" brachten. Weiter erschloss sich die Werft neue Geschäftsfelder: die Reparatur und Instandsetzung von Lokomotiven und Eisenbahnwaggons. So konnten Entlassungen in größerem Umfang vermieden werden.

Problematisch war der Mangel an Kohlen und Schiffbaustahl. Er zwang die Werft immer wieder, Betriebsteile wie die Stahlpresse und die Gießerei stillzulegen und über die Weihnachtstage 1919/20 sogar die ganze Werft. Auch die Kieler Elektrizitätswerke lieferten nicht genügend Kraftstrom. Der Kohlenmangel war so stark, dass die Werft sich teilweise auf Holz- und Ölfeuerung umstellte. Sie gründete sogar eine GmbH, die Torfmoore im Kreis Kehdingen ausbeuten sollte, und feuerte einen Teil der Kessel mit Torf. Trotz aller Schwierigkeiten waren die Howaldtswerke in den Jahren 1920 bis 1922 gut ausgelastet und verdienten zufriedenstellend. Trotz zweier Streiks im Frühjahr und im Spätherbst 1920, die die Werft tagelang lahmlegten, gelang es doch in diesem Jahr vier Schiffe abzuliefern, darunter zwei Frachter, die aus den Rümpfen nicht fertiggestellter Torpedoboote hergestellt wurden. Im Jahr darauf hatten sich die Verhältnisse beruhigt, und weitere acht Schiffe verließen die

Abgeliefert in Zeiten der galoppierenden Inflation: Passagierfrachter WESTPHALIA 1923. Archiv HDW

Werft. Weil aber die klamme Berliner Regierung ihre Beihilfen nur teilweise zahlen konnte, mussten die Howaldtswerke Neubauaufträge sogar ablehnen. 1923 konnten zehn Schiffe abgeliefert werden. Als zunehmend problematisch erwiesen sich jedoch die Herstellkosten. Vor allem die galoppierende Inflation machte den Howaldtswerken das Leben schwer. Der Auftragsbestand schmolz dahin und zahlreiche Arbeiter mussten gehen. Der Gewinn am Ende des Geschäftsjahres 1922/23 war nur auf den ersten Blick gigantisch: 236 836 932 855,26 Papiermark! Und die waren nicht einmal das Papier nicht wert, auf dem sie gedruckt waren. Noch phantastischer war aber der Verlust am Ende des Geschäftsjahres 1923/24: 564 304 850 054 267 092,64 Papiermark. Das war ebenso unglaubwürdig.

Die Währungsumstellung auf die Rentenmark brachte die Werft endgültig in Seenot. Die Banken vergaben kaum Kredite, und so blieben die Aufträge für neue Schiffe aus. Die Werft hatte nichts zu tun, viele Arbeiter wurden entlassen, und einen Schiedsspruch, der die Arbeitszeit verlängerte, beantworteten die Arbeiter mit einem dreimonatigen Streik. Die Scheinblüte der Werft war beendet. Krieg, Inflation, das Ende des Kriegsschiffbaus, kaum neue Aufträge, dafür aber neue Werften als starke Konkurrenz in Ländern, die früher zu den besten Kunden der Howaldtswerke zählten – all das hatte die Fundamente des Unternehmens erschüttert. Und so waren die die Aussichten trübe. Dazu schrieb der Vorstand am Ende des Geschäftsjahres 1923/24: *„Das Geschäftsjahr begann in der Zeit größter Geldentwertung und allgemeinen Wirrwarrs. Eine einigermaßen zuverlässige Unterlage für die Kalkulation war nicht gegeben."* In dieser Situation verkaufte im Jahr 1924 Walter Boveri seine Aktienmehrheit an einen Konzern der Montanindustrie, die Rombacher Hüttenwerke in Koblenz.

DER SCHIFFBAU IN DER BROWN BOVERI-ÄRA Mit dem Frachter MONTE PENEDO feierten die Howaldtswerke 1911 einen großen technischen Erfolg. Für die Hamburg-Südamerikanische-Dampfschifffahrtsgesellschaft bestimmt, war er das erste deutsche hochseegängige Dieselschiff und das zweite der Welt. Dabei hatten die dänischen Kollegen von Burmester & Wain in Kopenhagen die Howaldtswerke nur knapp geschlagen. Ihre SELANDIA lief nur kurz zuvor vom Stapel. Versuche, Dieselmotoren in Schiffe einzubauen, hatte es schon früher gegeben. Zuerst wurden sie in Leichter eingebaut, wo sie recht zuverlässig arbeiteten. Bei see-

MONTE PENEDO – der erste deutsche Frachter mit Dieselantrieb und der zweite der Welt. Archiv HDW

gängigen Schiffen hatte es allerdings immer wieder Probleme gegeben und gab es noch, so dass etwa die Hapag ihren 1912 bei der AG Weser gebauten Frachter PRIMUS zwei Jahre später entnervt wieder in einen Dampfer umbauen ließen. Die beiden Zweitakt-Sulzer-Diesel der MONTE PENEDO mit zusammen 1.700 PS erwiesen sich dagegen als außerordentlich zuverlässig. So hieß es 1912 in einem Bericht über die Jungfernreise nach Brasilien: *„Die Sulzermotoren arbeiteten während der zeitweise recht stürmischen Fahrt ohne Tadel."* Und die Fachpresse urteilte, dass der Sulzer-Zweitaktdiesel gegenüber dem Viertaktdiesel der Dänen *„eine große Verbesserung"* sei. Das Schiff erregte internationales Aufsehen, und es spricht für die Weitsicht der Howaldtswerke, dass sie sehr früh erkannt hatten, dass dem zuverlässigen Diesel die Zukunft auf See gehörte. Und klug sicherten sie sich auch gleich die Lizenz für den Einbau von Sulzer-Dieseln. Der Durst der Welt auf Erdöl schlug sich auch in den Auftragsbüchern der Werft nieder: Bis zum Ende des Ersten Weltkrieges lieferten die Howaldtswerke immerhin 16 Tanker ab. Einer von ihnen, HANS TECHELBORN,

Parsons TURBINIA mit „Full speed ahead". Archiv HDW

war das letzte Handelsschiff, das vor Beginn des Ersten Weltkrieges abgeliefert wurde.

Eine weitere Neuerung der Antriebstechnik: Schon vor dem Einstieg von Brown Boveri hatten die Howaldtswerke erste Versuche mit einem Turbinenschiff gemacht. Der Engländer Charles A. Parsons hatte die Dampfturbine in den 1880er Jahren zur Serienreife entwickelt, zuerst landfest, und sie dann in ein Schnellboot, die TURBINIA, eingebaut, mit der er kurzerhand vor Spithead quer durch eine feierliche Flottenparade fuhr und mit 30 Knoten die Wachboote, die ihn jagten, mühelos abhängte. Das war überzeugend und die Turbine hielt Einzug in die Seeschifffahrt.

Das blieb auch den Howaldtswerken nicht verborgen. 1904 bauten sie im Auftrag eines Konsortiums einen Versuchsturbinendampfer mit deutschen Turbinen nach dem System Zoelly, der allerdings zum Albtraum geriet. So sehr die Fachpresse durchaus anerkennend über das Schiff – übrigens das erste deutsche Turbinenschiff – berichtete, so wenig brachte es geschäftlichen Erfolg. Aus welchen Gründen auch immer – das Konsortium trat von dem Auftrag zurück, und die Baunummer 392 fuhr acht Jahre lang als Versuchsboot über die Kieler Förde und lag der Werft auf der Tasche. Schließlich gelang es, den Dampfer als Seebäderschiff an

Links: Höhepunkt des Tankerbaus bei den Howaldtswerken: der 17.000 t Tanker JUPITER im Jahr 1913. Archiv HDW

die Hapag zu verkaufen – nach Einbau einer konventionellen Dampfmaschine. Und wenigsten bekam das Schiff jetzt einen Namen: ADLER. Das Reichsmarineamt und die Kaiserliche Werft hatten sich das Schiff gründlich angesehen, weil sie die Anwendung von Turbinen auf künftigen Kriegsschiffen studieren wollten. Tatsächlich zeigte

Versuchturbinendampfer ADLER – noch mit aufgemalter Baunummer. Archiv HDW

verdient. Während die UNDINE noch mit einer konventionellen Dampfmaschine angetrieben wurde, wartete die VULKAN mit technischer Raffinesse auf: Sie besaß einen turbo-elektrischen Antrieb, bei dem zwei Zoelly-Turbinen per Generator zwei elektrische Propellermotoren in Bewegung setzten.

der namenslose Dampfer auch gute Ergebnisse, aber die Marine setzte lieber auf das englische Parsons-System und das anderer deutscher Hersteller, anstatt auf Zoellys Patent. Festzuhalten ist aber, dass die Howaldtswerke in der Antriebstechnik an der Spitze des Fortschritts marschierten. Denn sowohl der Diesel als auch die Dampfturbine sollten in Zukunft jahrzehntelang gleichberechtigt in der Seeschifffahrt nebeneinander zuverlässig existieren.

Umsonst aber waren die schmerzhaften Erfahrungen mit der Nummer 392 nicht. Denn nach 1910 wurde die Kaiserliche Marine der wichtigste Kunde der Werft. Und diesmal war es nicht der Schmalhans mit Prähmen, Schleppern und Pontons, sondern die Tirpitzsche Flottenrüstung, die zu Dickschiff-Aufträgen führte. Davon hatte, wie schon berichtet, die Werft mit dem Kleinen Kreuzer UNDINE und dem U-Boot Dock- und Bergeschiff VULKAN profitiert. Mit beiden Schiffen hatte sich die Weft bei der Marine Anerkennung erworben und damit das Eintrittsbillet für weitere Aufträge

Mit einer „Linienschiffhelling" und einer „Kriegsschiffhelling" hatten sich die Howaldtswerke rechtzeitig auf den Bau der Dickschiffe vorbereitet. Mit der HMS DREADNOUGHT hatte die Royal Navy 1906 Furore gemacht, denn dieses moderne turbinengetriebene Linienschiff war an Feuerkraft und Geschwindigkeit allen anderen zeitgenössischen Großkampfschiffen überlegen. Alle anderen Marinen zogen daher mit vergleichbaren Bauten nach. So auch die Kaiserliche Marine, beginnend mit der NASSAU-Klasse. Nun waren im Rahmen der Flottenausbaupläne weitere Schlachtschiffe gefragt, und die Marine schrieb einen Neubau – „Ersatz SIEGFRIED" – aus. Zum Erstaunen der Fachwelt setzten sich die Howaldtswerke, die bisher außer der UNDINE keine Kampfschiffe gebaut hatten, gegen die Konkurrenz erfahrener Großwerften durch. Sehr zur Erleichterung der Geschäftsführung, die 1908 in ihrem Geschäftsbericht schrieb: *„In dem soeben abgelaufenen Geschäftsjahr haben wir nun auch den Auftrag auf den Bau des großen Linienschiffes „Ersatz SIEGFRIED" erhalten. Wir geben uns der Hoffnung hin, dass wir,* *angesichts der Anstrengungen, welche auf die sorgfältigste und prompte Ausführung dieses Baus verwandt werden, mit weiteren Aufträgen seitens der Deutschen Marine werden beehrt werden".*

Tatsächlich ging der Bau flott voran, und die Werft konnte das Schiff pünktlich vom Stapel laufen lassen. Sie hätte auch den Ablieferungstermin pünktlich eingehalten, wäre nicht ein zweieinhalbmonatiger Streik dazwischengekommen. Das verzögerte die Indienststellung des Schlachtschiffs unter dem Namen SMS HELGOLAND 1911 um vier Wochen, und im Großen und Ganzen war die Marine mit dem Schiff zufrieden. Daher erhielt sie einen weiteren Auftrag für das Linienschiff KAISERIN. Die Taufe am 11. November 1911 vollzog sich mit großem Pomp, denn der Kaiser besuchte die Howaldtswerke zum ersten Mal. Nicht ohne Grund: seine einzige Tochter, der Backfisch Prinzessin Victoria Luise, sollte das Schiff taufen. Und weil es so praktisch war, weihte Kaiser Wilhelm auch gleich das neue Kieler Rathaus

Linienschiff SMS BAYERN, 1916. Man beachte die qualmenden Schornsteine, die sich nur für den Fotografen gut machten. Tatsächlich musste im Einsatz rauchlos gefahren werden, denn der Qualm war auf See natürlich meilenweit zu sehen und verriet das Schiff dem Gegner. Archiv HDW

ein und vereidigte in Kiel auch noch die Herbstrekruten. 1913 konnte die Marine das Schiff in Dienst stellen. Die KAISERIN war auch das erste Howaldt-Kriegsschiff, das mit einem Turbinenantrieb ausgerüstet wurde, denn die Werft hatte erreicht, dass die „Turbinia" als Unterlieferant Turbinen nach dem Parsons'schen System erhalten sollte, das die Kaiserliche Marine ohnehin bevorzugte. Weitere Aufträge folgten: Noch vor der Taufe der KAISERIN setzte sich Howaldt gegen andere Werften durch und erhielt den Auftrag zum Bau des Kleinen Kreuzers ROSTOCK, der kurz vor Kriegsbeginn 1914 abgeliefert werden konnte. Im Anschluss daran konnten die Howaldtswerke ein Linienschiff ergattern: SMS BAYERN, das 1916 abgeliefert wurde. 1917 folgten der Kleine Kreuzer NÜRNBERG und 1918 die beiden Kleinen Kreuzer DRESDEN und MAGDEBURG. Um das Kriegsende herum konnten die Howaldtswerke auch noch drei große Torpedoboote an die Kaiserliche Marine übergeben.

SMS HELGOLAND bei der Probefahrt 1911. Archiv HDW

DOCKS BIS NACH AFRIKA Eine Spezialität der Howaldtswerke wurden ihre Docks. Schon 1876 hatte Howaldt an einem Dock der Kieler Firma Seibel mitgearbeitet, und 1884 hatten die Gebrüder Howaldt für die Swentine-Dockgesellschaft ein gemeinsames – ihr erstes – Dock angeschafft. Georg Howaldt widmete sich dem Thema liebevoll – und aus kühler kaufmännischer Berechnung. Denn ein Schwimmdock kostete erheblich weniger als ein Trockendock. Howaldt: *„Also schon die größeren Baukosten der festen Docks, die das Zwei- bis Dreifache betragen, werden jeden Privaten hindern, feste Docks zu bauen..."*, wie er in einem Vortrag 1902 ausführte. Das war nicht zuletzt ein Seitenhieb auf die Kaiserliche Werft, die sich das mit Staatsmitteln leicht leisten konnte. Zudem hatte er sich mit der Technik der Schwimmdocks intensiv auseinandergesetzt. Darüber hinaus hielt er die Betriebskosten für Schwimmdocks für niedriger. Er sprach aus Erfahrung, denn nach dem ersten Dock für sein Unternehmen hatten die Howaldtswerke bis zur Jahrhundertwende drei weitere für den Eigenbedarf, zwei für die rumänischen Eisenbahnen gebaut, die zur gleichen Zeit zwei Dampfer aus Kiel erhielten, und noch zwei Docks gingen nach Riga.

Darüber hinaus war es Georg Howaldt auch gelungen, einen staatlichen Auftraggeber zu gewinnen: das Auswärtige Amt. Dessen Kolonialabteilung benötigte ein Schwimmdock für den Hafen Dar-es-Salaam, und so wurde es erst in Kiel zusammengebaut, besichtigt und anschließend wieder zerlegt, als Stückgut auf dem Dampfer INDIA nach Dar-es-Salaam transportiert und dort von Howaldt-Mitarbeitern wieder zusammengesetzt. Dort sollte es neben Handelsschiffen

Linienschiff SMS KAISERIN im 40.000-Tonnen-Schwimmdock. Archiv HDW

auch die Kleinen Kreuzer der Kaiserlichen Marine docken und war darauf eingerichtet, für die Dockung größerer Kreuzer verlängert zu werden. Das Pech wollte es, dass bei der ersten Probedockung einer der Pontons des Docks wegen einer fehlerhaften Pumpe volllief und das Dock im Hafen versank. Nur noch der Flaggenstock und die Schornsteine ragten aus dem Wasser. Da es in Dar-es-Salaam an Hebevorrichtungen fehlte, musste ein Hebedampfer gechartert werden, der das Dock fünf Monate später aus dem Wasser zog. Das war eine peinliche Angelegenheit und kostete die Werft fast die gesamte Garantiesumme. Letztlich aber zeigte es sich, dass das gehobene Dock doch zur Zufriedenheit des Auftraggebers arbeitete, und Howaldt war seine Sorgen los.

Einen weiteren Auftrag für ein Schwimmdock der Marine in Tsingtau mussten sich die Howaldtswerke zu ihrem Leidwesen mit der Gutehoffnungshütte teilen, aber die folgenden Aufträge privater Auftraggeber wickelte die Werft wieder allein ab. Mit einem Schwimmdock für die Reparatur von Torpedobooten bekam Howaldt den Fuß in die Tür zur Kaiserlichen Werft in Kiel. Ihm folgten zwei weitere für die Kaiserliche Werft in Wilhelmshaven. Die Kaiserlichen Werften waren natürlich auch bei der Konkurrenz gesuchte Kunden, und sie spielte mit harten Bandagen. So mussten sich die Howaldtswerke 1909 bei einer neuen Ausschreibung von Docks gegen anonyme Beschuldigungen wehren, die ihnen vorwarfen, unzulängliche

Ende gut – alles gut: Das Schwimmdock in Dar-es Salaam mit einem englischen Dampfer. Archiv HDW

Docks zu bauen. Tatsächlich bekamen die Kieler diesen Auftrag nicht. Dafür aber zogen sie einen ganz großen Fisch an Land: Denn im gleichen Jahr hatte die Kaiserliche Werft in Kiel ein Riesendock mit einer Hebekraft von 40.000 Tonnen ausgeschrieben, und die Howaldtswerke setzten sich erfolgreich gegen die Konkurrenz durch. Diesmal musste sich aber die Marine rechtfertigen. Admiral Tirpitz als Staatssekretär des Reichsmarineamtes musste der Budgetkommission des Reichstages begründen, warum er einem Schwimmdock an Stelle eines Trockendocks den Vorzug gegeben hatte. Er hielt den Parlamentariern vor, dass zwar das Schwimmdock nur wenig billiger sei als ein vergleichbar großes Trockendock, dass aber das Schwimmdock doppelt so leistungsfähig sei. Und das sei ein großer Unterschied.

Insgesamt haben die Howaldtswerke bis zum Beginn des Ersten Weltkrieges fast 40 Docks gebaut, und 1916 konnten sie ein weiteres 40.000-Tonnen-Dock an die Kaiserliche Werft in Kiel abliefern. In der Zeit danach bis heute baute die Werft nur noch wenige Docks und fast nur für den Eigenbedarf.

Mit dem Schwimmdock rechts bekamen die Howaldtswerke den Fuß in die Tür bei der Kaiserlichen Werft. Archiv HDW

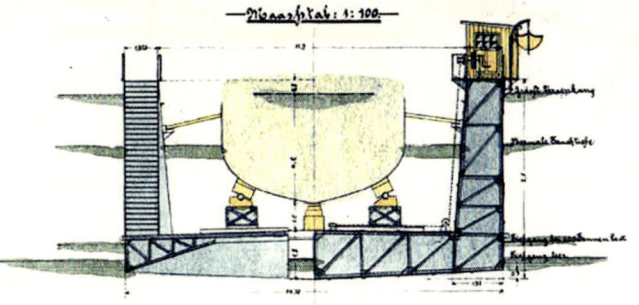
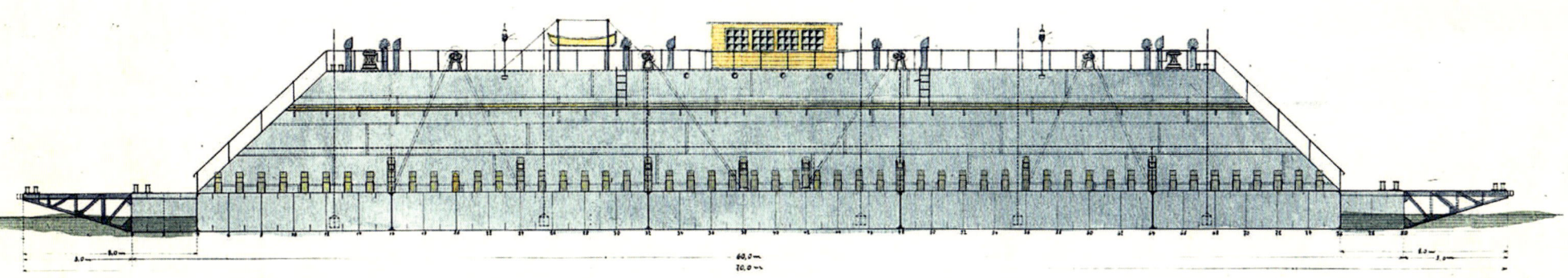
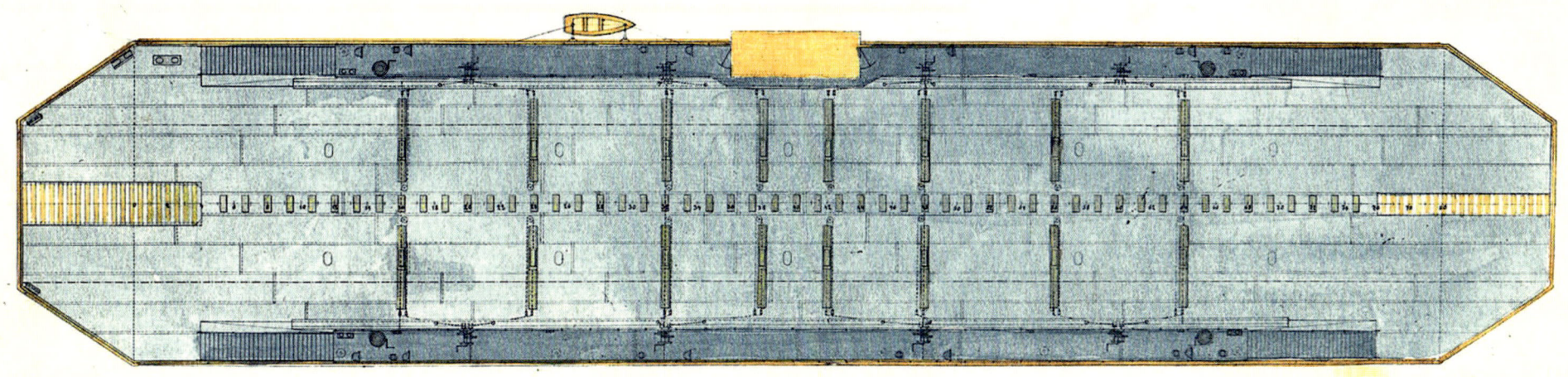

Schwere Zeiten, eine Fast-Katastrophe und ein Neuanfang

DER MONTANKONZERN ROMBACH-SPAETER ALS WERFTEIGENTÜMER Mit dem Konzern Rombach-Spaeter war nun ein Unternehmen der Montanindustrie Eigentümer. Über die Beweggründe Walter Boveris, seine Beteiligung an den Howaldtswerken aufzugeben, kann man nur spekulieren. Da er aber zugleich auch seine Beteiligung an der „Turbinia" aufgab, scheint es nicht allein die schlechte Lage der Werft gewesen zu sein, die ihn zu diesem Schritt veranlasste, sondern eher die Aufgabe eines Geschäftsfeldes, das für Brown Boveri uninteressant geworden war. So erhebt sich die Frage, was ein Montan-Unternehmen dazu brachte, sich ausgerechnet in eine schlechtgehende Werft einzukaufen. Der Konzern hatte nach dem Ende des Ersten Weltkrieges seine Anlagen in Lothringen verloren und war von der Reichsregierung dafür zumindest teilweise entschädigt worden. Das Geld legte er im Reichsgebiet wieder an und kaufte unter anderem ein Stahlwerk in Bochum und 1921

das Rendsburger Stahlwerk, dessen Haupteigentümer die Howaldtswerke waren. So war der Blick auf die Küste frei geworden. Ein wesentlicher Grund für das Interesse an der Werft lag wohl auch darin, dass die Stahlindustrie nach Absatzmärkten suchte. Da kam ihr der Schiffbau gerade recht. Aus dem gleichen Grund hatte sich auch August Thyssen beim Bremer Vulkan eingekauft.

Allerdings waren die Zeiten für die deutschen Werften alles andere als rosig. Zwar hatte sich in den Jahren nach dem Kriegsende in Deutschland ein Aufschwung eingestellt und mit ihm als Folge die „Goldenen Zwanziger Jahre". Die aber gingen an den Werften spurlos vorbei. Denn die Aufträge wurden spürbar weniger. Entlassungen waren an der Tagesordnung, und abgesehen von einem kurzen Zwischenhoch 1927/28, stagnierte das Werftgeschäft. Und der Vorsitzende des Vereins Deutscher Schiffswerften urteilte kategorisch, dass die Hälfte aller Werftkapazitäten in Deutschland überflüssig sei.

Tatsächlich war das Jahr 1924 eines der schlechtesten Schiffbaujahre überhaupt. Nachdem der Streik der Werftarbeiter 1924 die Industrie für drei Monate nahezu lahmgelegt hatte, drohte dem renommierten Stettiner Vulkan im Frühjahr 1925 die Stilllegung, und die Hamburger Reiherstiegwerft stellte ihren Betrieb komplett ein. Subventionen der Reichsregierung an die Reeder brachten auch kaum Hilfe, weil die Reeder trotzdem Bankkredite benötigten, für die sie horrende Zinsen bezahlen sollten. So kam es zu einer Reihe von Werftzusammenschlüssen, wie etwa dem Zusammenschluss aus den Werften Tecklenborg mit dem Hamburger Vulkan zur Deutschen Schiffs- und Maschinenbau AG – kurz Deschimag, zu dem sich später der Stettiner Vulkan und weitere Werften gesellten. Daraus wurde der größte Werftenverbund in Deutschland. Die Hamburger Reiherstiegwerft dagegen schlüpfte unter das Dach der Deutschen Werft.

Die Howaldtswerke im Jahr 1925. Im Vordergrund rechts die Werft von Stocks & Kolbe, die in den Zwanziger Jahren wegen der verheerenden wirtschaftlichen Lage aufgeben musste. Archiv HDW

Auch in Kiel ordneten sich die Werftverhältnisse neu: Neben der Germaniawerft und den Howaldtswerken etablierten sich 1920 die Deutschen Werke – privat geführt, aber im Staatsbesitz. Sie waren aus der Kaiserlichen Werft hervorgegangen und mussten 1926 daher auch prompt vom Staat gerettet werden. Daneben existierte das Arsenal, das sich bereits 1919 aus der Kaiserlichen Werft abgespalten hatte.

Als Rombach-Spaeter die Howaldtswerke übernahm, befand sie sich in keiner guten Lage; sie war eher ein Problemfall. Denn die Einführung der Rentenmark hatte sie in große finanzielle Schwierigkeiten gebracht, und der große Werftarbeiterstreik hatte es eine Zeitlang unmöglich gemacht, Neubauaufträge zu akquirieren. 1925 allerdings konnte sie unter anderem fünf Tanker unter Vertrag nehmen, allerdings zu *„stark gedrückten"* Festpreisen. Alle Hoffnungen, diese Aufträge wenigstens kostendeckend abzuwickeln, schmolzen dahin. Galoppierende Materialpreise und steigende Lohnkosten sorgten dafür, dass sich die Aufträge *„außerordentlich verlustreich"* gestalteten. Das konnte auch nicht mit den bescheidenen Gewinnen des übrigen „Kleinviehs" an Baggerschuten und Schleppkähnen aufgefangen werden. Am Ende des Geschäftsjahres war die Hälfte des Grundkapitals der Werft verloren.

Rombach-Spaeter hatte zwar die Werft anfänglich noch unterstützt, war dann aber selbst in die Krise geraten und damit keine Hilfe mehr. Alle Hoffnungen auf die öffentliche Hand waren vergebens, obwohl *„andere Werftunternehmungen in weitestgehendem Maße Unterstützung gefunden haben",* wie die Werftleitung süffisant in ihrem Geschäftsbericht bemerkte. Und auch der Hinweis darauf, dass die Schließung der Werft für die Arbeiter in Kiel verheerende Folgen haben würde, verfing nicht. Die preußische Staatsbank rückte keinen Pfennig heraus. Besonders erbitterte den Vorstand die Tatsache, dass, wie er behauptete, die staatlich subventionierte Konkurrenz alle Preise für neue Schiffe unterbot. Und so sah er Anfang 1926 kaum noch eine Möglichkeit, die Liquidation des Unternehmens zu vermeiden.

Die Werft befand sich damit in ihrer zweiten großen Krise, die auch die Mitarbeiter der Howaldtswerke empfindlich traf. Noch im Jahr 1925 stellte die Werft neue Mitarbeiter ein und zählte im September 3.200 Köpfe. Doch im September 1926 waren es nur noch 400!

HEINRICH DIEDERICHSEN RETTET DIE WERFT Am 15. September 1926, als keine neuen Aufträge in Sicht waren, beschloss eine außerordentliche Generalversammlung tatsächlich die Liquidation der Werft. Aus formalen Gründen wurde sie in „Dietrichsdorfer Werft AG" umgetauft mit dem Ziel, Gebäude und Anlagen zu verkaufen und damit die Gläubiger zufrieden zu stellen. In dieser Situation nahte als „weißer Ritter" Heinrich Diederichsen.

Mit ihm nahm ein Mann das Ruder in die Hand, der, anders als die beiden Konzerne, die die Howaldtswerke vorwiegend im Eigeninteresse rund 15 Jahre lang geführt hatten, ein enges Verhältnis zu Kiel und über die familiären Verbindungen mit der Familie Howaldt auch zu der Werft hatte. Der gebürtige Kieler hatte die

Gelehrtenschule besucht und nach einer Kaufmannslehre und Wehrdienst im Ausland seine ersten Sporen als tüchtiger Kaufmann verdient. 1885 wurde er in Kiel Juniorchef im väterlichen Unternehmen. Über das Kohlegeschäft der Familienfirma kam er zur Reederei – bereits 1890 bereederte er fünf Schiffe, die alle bei Howaldt gebaut und gewartet wurden. Und danach ließ er jedes Jahr ein neues Schiff bei seiner Verwandtschaft bauen.

Er engagierte sich im Ostasienhandel, nach dem Ersten Weltkrieg im Kaffeegeschäft in Brasilien und wurde unter anderem Aufsichtsratsvorsitzender der Hamburg-Süd. Sein immenses kaufmännisches Geschick und seine Flexibilität in allen Unternehmungen verschafften ihm weltweite Verbindungen und mit Sicherheit ein stolzes Vermögen. Als 1926 die Howaldtswerke in Seenot gerieten, residierte er zwar als Großkaufmann und Konsul in Hamburg, aber mit den Verhältnissen in Kiel bestens vertraut, machte er sich mit großem Geschick an die Rettung der Werft.

Diederichsen bildete ein Konsortium, mit dem er die formal unabhängige Swentine-Dockgesellschaft rückwirkend zum 1. September 1926 erwarb. Die wiederum kaufte alle Werftanlagen der Howaldtswerke und gründete daraus eine neu orga-

Heinrich Diederichsen (1865–1942) rettete die Werft.
Archiv HDW

nisierte Howaldtswerke AG. Die Küste orakelte natürlich über seine Beweggründe. Während einige Auguren dem frisch aufgestellten Unternehmen, das noch nicht einmal von einem Werftmann erworben wurde, keine gute Zukunft prophezeiten, sahen andere Diederichsens Einsatz als kaufmännischen Coup an. Sie hatten Recht: Denn er hatte die Werft natürlich zu einem Spottpreis bekommen und konnte damit rechnen, dass sich die Flaute im Schiffbau in absehbarer Zeit bessern dürfte.

Und so war es auch. Zwar machte die Werft im ersten Jahr noch Verlust, konnte aber im Folgejahr bereits einen Gewinn ausweisen und sogar Dividende zahlen. Denn das Neubau- und das Reparaturgeschäft florierten, obwohl der Vorstand in seinem Geschäftsbericht die steigenden Sozialabgaben und Steuern beklagte, da sie im Verhältnis zur ausländischen Konkurrenz zu hoch seien.

Dennoch: Die Howaldtswerke expandierten. Im Januar 1929, also noch vor dem „Schwarzen Freitag", der die Weltwirtschaftskrise einläutete, übernahmen sie in Hamburg die marode „Schiffswerft & Maschinenfabrik (vormals Janssen & Schmilinsky)" und tauften sie im März in „Howaldtswerke Hamburg" um. Noch

im gleichen Jahr erwarben die Howaldtswerke von der Deschimag die ehemalige Vulcan-Werft in Hamburg zum 1. Januar 1930 und vereinigten die beiden Neuerwerbungen unter dem Namen „Howaldtswerke Hamburg". Beide Werftstandorte wurden vor allem mit Reparaturaufträgen beschäftigt.

Schiffstaufe in Kiel noch vor dem großen Crash: Der Frachter PHRYGIA der Hamburg-Amerika Linie 1928. Archiv HDW

DER „SCHWARZE FREITAG" UND DIE FOLGEN Die Howaldtswerke waren also auf dem besten Weg zur Gesundung, aber da schlug wie ein Blitz aus heiterem Himmel der „Schwarze Freitag" in die Weltwirtschaft ein. An der New Yorker Wallstreet platzte am 24. Oktober 1929 eine Spekulationsblase, die in den vergangenen Jahren die amerikanische Wirtschaft ungesund aufgebläht hatte, und die Aktienkurse sausten in den tiefsten Keller. Mit einem Schlag verdampften große Vermögen ins Nichts, Bankhäuser brachen zusammen, Firmen gingen Konkurs und die Massenarbeitslosigkeit griff um sich. Doch die Krise traf nicht allein die USA, sondern sie schwappte mit einiger Verzögerung über den Großen Teich nach Europa. Denn die klammen amerikanischen Banken riefen die Kredite zurück, die sie nach Europa vergeben hatten. Sie traf vor allem Deutschland, das noch auf einem großen Schuldenberg aus dem Ersten Weltkrieg saß und zugleich die teuren Reparationen aus dem Versailler Vertrag zahlen musste. Von der Inflation gerade einigermaßen genesen, sah es sich jetzt einer noch größeren Krise ausgesetzt. Die Regierung Brüning setzte auf eine rigide Sparpolitik, die die Lage in Deutschland nur noch verschlimmerte. So stieg bis 1933 die Zahl der Arbeitslosen auf bis zu 30 Prozent an – die Arbeitslosigkeit in Deutschland war damit höher als in den USA. Erst danach besserten sich die Verhältnisse, und die Arbeitslosigkeit ging langsam zurück. Die Weltwirtschaftskrise hatte jedoch nicht nur verheerende soziale Folgen, sondern aus ihnen erwuchsen ebenso politische Folgen, weil sie der Nährboden war, auf dem extremistische Parteien ihre Saat ausstreuten. So gelang es der NSDAP Adolf Hitlers im Jahr 1932 bei der Reichstagswahl, mit 37,3 Prozent die stärkste Partei zu werden, während die demokratischen Parteien an Boden verloren.

Natürlich war die Krise auch für die Werften in Deutschland ein harter Schlag. Denn ihre Kundschaft, die Reeder, litt unter miserablen Frachtraten, Überkapazitäten und Kreditmangel. Zahlreiche Schiffe mussten aufgelegt werden, und die Häfen boten ein trauriges Bild. Das taten daher auch die Werften, denen die Aufträge ausgingen. Einige mussten Konkurs anmelden, andere überlebten mühsam und verordneten

Ein Bild aus den guten Zeiten beim Hamburger Vulcan: Der Passagierdampfer CAP TRAFALGAR dockt 1914 ein. Archiv HDW

ihren Mitarbeitern Kurzarbeit. Und nicht nur das: Die Deflationspolitik Brünings ließ ihre Löhne sinken. Doch viel zu viele von ihnen traf das Los der Arbeitslosigkeit. So halbierte sich in Kiel die Zahl der Werftbeschäftigten von 9.000 im Jahr 1929 auf 4.100 im Jahr 1932.

So sehr bei den Howaldtswerken 1929 die Zeichen auf Expansion und beginnende Erträge gestanden hatten, so sehr wurden auch sie von der Weltwirtschaftskrise getroffen, und der Optimismus des Neubeginns war fürs Erste dahin. Immerhin konnten sich die Werften in Kiel und Hamburg mit Reparaturaufträgen einigermaßen über Wasser halten und für die Geschäftsjahre 1929/30 und 1930/31 noch einen sehr bescheidenen Gewinn ausweisen. Aber danach wurde die Lage schwierig: *„Im neuen Jahr ist es uns nicht gelungen, irgend welche Aufträge auf Neubauten zu erhalten. Das Reparaturgeschäft litt unter der ungünstigen Lage der Seeschiffahrt und die Reedereien sahen sich veranlaßt, nur absolut notwendige Reparatur-Aufträge zu erteilen"*, schrieb der Geschäftsbericht für 1930/31. In diesem Geschäftsjahr erzielte die Werft wenigstens noch einen Mini-Gewinn. Das folgende Jahr sollte verheerend

URANIA – einer der fünf Tanker für die Baltisch-Amerikanische Petroleum-Import-Gesellschaft in Danzig, die die Howaldtswerke 1929 an den Rand des Ruins brachten. Archiv HDW

werden: *"Der Geschäftsgang des abgelaufenen Jahres litt unter einem Tiefstand der Wirtschaft, wie er bisher noch nicht zu verzeichnen war. Neubau-Aufträge waren nicht erhältlich und auch das Reparaturgeschäft wurde stark beeinträchtigt durch das Darniederliegen der Schiffahrt."* Aus der schwarzen Null des Vorjahres war ein Verlust von über einer Million geworden. Die Werft musste sich schwer verschulden und war gezwungen, Grundstücke und Anlagen an die Kreditgeber zu verpfänden.

Schwere Zeiten auch für die Mitarbeiter der Werft: Sie mussten 1931 auf 10 Prozent ihres Lohnes verzichten. Dem hatte auch die Gewerkschaft zugestimmt. Zugleich wollten sich die Howaldtswerke von der 48-Stunden-Woche trennen – bei entsprechend geringerem Lohn. Damit beabsichtigte sie, 20 Prozent mehr Mitarbeiter zu beschäftigen. Dies war möglich geworden, weil sie 10 Motortrawler für die UdSSR in Auftrag bekommen hatte und sich dabei verpflichten musste, 600 Wohlfahrtsempfänger zu beschäftigen. Tatsächlich stellte die Werft im März 1931 schon 350 Arbeitslose ein. Als aber nach drei Monaten unter der Belegschaft über die Einführung der 40-Stunden-Woche abgestimmt wurde, stimmten 779 Mitarbeiter für das neue Modell, allerdings 783 dagegen, und so blieb alles beim Alten, und die 350 neuen Mitarbeiter verloren ihre Arbeit. Hier regierte nicht die schiere Unvernunft der Mitarbeiter, es ging vielmehr um Politik. Es berichteten sogar ausländische Zeitungen, dass über 90 Prozent der Mitarbeiter durchaus für das Modell der Arbeitszeitverkürzung waren, wenn es dadurch zu Neueinstellungen kam. Der kommunistisch beherrschte Betriebsrat lehnte es dagegen strikt ab und verhinderte es. So kam es im Herbst wieder zu Kurzarbeit und Entlassungen.

MAGERER SCHIFFBAU IN SCHWEREN JAHREN Ein Bild der Werft aus dem Jahr 1925 – also kurz nach dem Einstieg des Rombach-Spaeter Konzerns – erweckt den Anschein großer Geschäftigkeit auf der Werft. Aber wir haben ja gesehen, dass es die wahre Lage des Unternehmens verschleiert. Tatsächlich waren die Howaldtswerke zu der Zeit gut beschäftigt, aber das bittere Ende nahte. Abgesehen von den finanziellen Problemen boomte jedoch der Tankerbau. Nachdem die Werft mit der PHOEBUS ihren ersten Motortanker 1923 abgeliefert hatte, dem das Schwesterschiff PROMETHEUS auf dem Fuße folgte, gelang es, die schon erwähnten fünf Motortanker für eine Danziger Gesellschaft, PENELOPE, LEDA, THALIA, URANIA und CALLIOPE unter Vertrag zu nehmen. Das beschäftigte die Werft gut, hob ihr Renommee, aber wie bekannt, endete der Ausflug in die griechische Mythologie finanziell grausam.

Der neue Mutterkonzern Rombach-Spaeter beschäftigte die Howaldtswerke auch so gut er konnte und sorgte für Aufträge aus dem Binnenland. Für seine Binnenschiffreederei Paul H. Disch in Duisburg baute die Werft an der Förde 1925 einen Rheinschlepper, mehrere Schleppkähne und Schuten. Daneben entstanden auf den Hellingen noch zwei Frachter, die nach Flensburg und Dänemark gingen. Doch im Jahr darauf, als die Howaldtswerke liquidiert und neu aufgestellt wurden, gab es gar keine Ablieferungen.

Erst ab 1927 liefen wieder Schiffe vom Stapel. Unter den Kunden war wiederum die Reederei Jebsen aus dem jetzt dänischen Apenrade – Stammkundschaft! Die

1927 orderte die Hamburg-Süd, in deren Aufsichtsrat Heinrich Diederichsen saß, den großen Hafenschlepper GIGANTE, der im Hafen von Buenos Aires eingesetzt wurde. Archiv HDW

Fischdampfer für die Sowjetunion: SOJUSRYBA „RT-47", 1931. Archiv HDW

Hamburg-Süd bestellte zwei starke Schlepper für den Hafendienst in Buenos Aires, und die Hamburg-Amerika-Linie ließ zwei große Frachter bauen. 1929 erhielt die französische Reederei Ch. Schiaffino & Co. aus Algier zwei Frachter, und 1930 folgte ein weiterer, der bei der ehemaligen Werft Janssen & Schmilinsky in Tollerort gebaut wurde, um den neu übernommenen Betrieb besser auszulasten. Die beiden neu hinzugekommenen Werften arbeiteten zunächst den Auftragsbestand ab, den sie mit in die neue Ehe gebracht hatten. Das aber reichte sicher nicht. Neben der CATHÉRINE SCHIAFFINO leitete der Kieler Mutterbetrieb auch einen Fischdampferauftrag nach Tollerort um. Für den Hamburger Vulcan, der 1930 von den Howaldtswerken übernommen worden war, sorgte Kiel auch. Denn sein Auftragsbestand reichte nicht weit für eine so große Werft. Neben etwas Kleinvieh aus Kiel bekam er von dort auch den Auftrag zum Bau eines Motortankers, der für die Anglo-Saxon Petroleum Company in London bestimmt war. Ironie der Geschichte: Die CIRCE SHELL wurde in Deutschland gebaut und von dem deutschen U-Boot U-161 am 21. Februar 1942 nördlich vor Venezuela auf 11.30N, 62.03W versenkt. Von den 58 Besatzungsmitgliedern kam einer ums Leben, die übrigen fischte ein britischer Schlepper auf und brachte sie in Port of Spain auf Trinidad an Land.

Eine besondere Rolle sollte die Sowjetunion für den Kieler Schiffbau spielen. Nach dem Vertrag von Rapallo, bei dem Deutschland und die Sowjetunion vereinbarten, die diplomatischen Beziehungen wieder aufzunehmen und die Handelskontakte zu vertiefen, kam es 1926 zu einem Freundschafts- und Neutralitätspakt. Und ein Kreditabkommen verschaffte der Sowjetunion einen Spielraum von 300 Millionen

Reichsmark zum Einkauf von Industriegütern in Deutschland. So undenkbar war die gegenseitige Anlehnung der beiden anscheinend unvereinbaren Staatsformen nicht. Denn nach dem Ende des Ersten Weltkrieges standen sie isoliert mit leeren Händen da. Und die Führer der Sowjetunion hatten nicht vergessen, dass es die Schatulle des Kaiserreiches gewesen war, mit deren Hilfe Lenin nach Russland kommen und dort seine Revolution erfolgreich anzetteln konnte. So hatte Anfang der zwanziger Jahre Lenin persönlich dafür gesorgt, dass die Reichswehr heimlich in Russland neue Flugzeuge und Panzer testen konnte, die die Siegermächte Deutschland im Versailler Vertrag verboten hatten.

Von dieser Zweckfreundschaft profitierten wie viele andere deutsche Werften auch die Howaldtswerke, da die dezimierte russische Handelsflotte wieder aufgebaut werden musste. Sie bekamen 1930 den Auftrag über fünf Hafenschlepper aus einer Serie von 22, die sich über mehrere deutsche Werften verteilte. Das war erst der Anfang. Denn den Schleppern folgte der Auftrag zum Bau von zehn Fischtrawlern, die 1931 abgeliefert wur-

Die CIRCE SHELL beim Verlassen der Seeschleuse des Manchester Ship Canals in Eastham, Großbritannien, um 1937.
Archiv HDW

den. Danach aber herrschte fürs Erste Stillstand auf der Werft. So zeichnet auch der Jubiläumsband, den die Howaldtswerke zu ihrem 100. Jubiläum herausgegeben hatten, ein düsteres Bild der Wirtschaft und der Werften zu Anfang der dreißiger Jahre: *„Der Abschluss des Jahres 1930/31 lässt nach Abschreibungen keinen Verdienst; das Aktienkapital wird, weil bisher zu schmal, auf vier Millionen Reichsmark erhöht. Die Lage der deutschen Wirtschaft wird aber so ungünstig wie nie zuvor; erst jetzt zeigt sich, wie vollständig der verlorene Krieg, Inflation und Reparationen ihr Mark aufgezehrt haben. Besonders hart sind Schiffahrt und Schiffbau betroffen.*

Die Abwertung der englischen Währung verursacht außerordentliche Verluste, die nur durch Herabsetzung des Aktienkapitals um eine Million Reichsmark ausgeglichen werden können.

Die Werften liegen still, die Werksangehörigen sind der bittersten Not preisgegeben. Große Zusammenbrüche vernichten das letzte Vertrauen; Arbeitslosigkeit überall. Die Regierung meistert die Lage nicht mehr."

Die für die Sowjetunion bestimmten Fischdampfer im Bau. Seit einigen Jahren prangte auf den Hellingen der Werft ihr Name, nachdem die Stadt Kiel es erlaubt hatte. Archiv HDW

Die Howaldtswerke auf dem Weg in den Krieg

WIRTSCHAFT UND NATIONALSOZIALISMUS *„Da reißt der Führer das deutsche Volk aus seiner hoffnungslosen Lage; die Tatkraft der neuen Regierung wird nur noch übertroffen von dem Vertrauen, das man ihr entgegenbringt."* So beschreibt der Historiograf der Howaldtswerke in dem Buch zum 100jährigen Jubiläum der Werft das Jahr der Machtergreifung durch die Nationalsozialisten. Zu Ehren des Autors Hermann Josef Held muss jedoch gesagt werden, dass die Verbeugung, die er und damit die Werft pflichtschuldigst vor Adolf Hitler und seinen Nationalsozialisten machte, eher der Pflicht und den Zeitläufen 1938 geschuldet war, denn weitere Hymnen auf die braunen Horden fehlen in dem Band auffällig. Aber richtig ist auch, dass es in Deutschland langsam aber sicher nach 1933 wirtschaftlich bergauf ging.

Hintergrund für die zunehmende wirtschaftliche Erholung in Deutschland war die Politik der Nationalsozialisten, Deutschland wieder aufzurüsten. Wer Adolf Hitlers Buch „Mein Kampf" aufmerksam gelesen hatte – das waren allerdings trotz der Millionenauflage, die übrigens den angeblich asketischen Führer reich machte, die wenigsten –, wusste, wohin er steuerte. Sein Hauptziel war es, neuen Lebensraum im Osten zu erobern. Und er verfolgte es beharrlich, auch wenn er es immer wieder geschickt verbarg und seine Zeitgenossen lange Zeit über seine wahren Ziele täuschte. Das bedeutete Krieg in absehbarer Zeit, und Hitler wollte ihn. Die Voraussetzung dafür war, Deutschland zur Großmacht aufzurüsten. Diesem brutalen Ziel unterwarfen die Nationalsozialisten das gesamte Wirtschaftsleben. Die Rüstungsanstrengungen, verbunden mit den Anstrengungen der neuen Machthaber, Deutschland wirtschaftlich möglichst autark und kriegsfähig zu machen, führten nach und nach bis Ende der dreißiger Jahre zur Vollbeschäftigung. Schon im Jahr 1933, vor allem aber mit der Einführung der allgemeinen Wehrpflicht im Mai 1935 und dem deutsch-englischen Flottenabkommen im Juni 1935, entwickelte die Aufrüstung ihre volle Dynamik.

Kiel war politisch den neuen Machthabern ziemlich widerstandslos in die Hände gefallen. Bis 1933 wuchs die Anhängerschaft der NSDAP, bis sie fast die Hälfte der Wahlstimmen auf sich vereinen konnte. Und so gab es auch kaum Gegenwehr, als im März 1933 die „Kampffront Schwarz-Weiß-Rot" – tatsächlich aber die NSDAP – die Stadtverwaltung übernahm und flugs den altgedienten Oberbürgermeister, der der DVP angehörte, absetzte und ihn gegen den Kreisleiter der NSDAP austauschte. Mit dem alten Bürgermeister mussten gleich noch 300 städtische Beamte gehen, weil sie den neuen Machthabern politisch missfielen. Schließlich dauerte es nur ein paar Wochen, bis Hitler, wie in vielen anderen Städten auch, zum Ehrenbürger der Stadt ernannt wurde.

Die Repressionen der Nazis griffen um sich. Die SA besetzte das Gewerkschaftshaus in der Legienstraße, noch bevor die freien Arbeitnehmerverbände im Mai

1933 zerschlagen wurden. In Kiel wurden von den neuen Machthabern missliebige Bücher verbrannt, und die Kieler Universität, an der der Nationalsozialistische Studentenbund längst eine beherrschende Rolle gespielt hatte, wurde gleichgeschaltet. Besonders die juristische Fakultät war hier die Speerspitze der Bewegung. Vor politischen Morden schreckten die Nazis nicht zurück, und die kleine jüdische Gemeinde bekam schnell den Terror der Nationalsozialisten zu spüren. Es begann mit dem Aufruf zum Boykott der Geschäfte und endete in Verfolgung und Deportation in die Gaskammern der Konzentrationslager. Ihre Synagoge wurde in dem Pogrom, das die Nazis höhnisch die „Reichskristallnacht" nannten, im November 1938 verbrannt und zerstört. Von den Kieler Juden hat kaum einer den Krieg überlebt. Und so hat sich nach 1945 in Kiel keine jüdische Gemeinde mehr etabliert.

Oben: Adolf Hitler spricht in Kiel, 1933 wurde er Ehrenbürger der Stadt. Stadtarchiv Kiel
Unten: 1933: „Machtübernahme" an der Kieler Universität. Besonders die juristische Fakultät war Speerspitze des Nationalsozialismus. Ferdinand Urbahns

Wirtschaftlich erholte sich die Landeshauptstadt wieder. Für Kiel und seine Umgebung wurde die Marine bestimmend. Kiel wurde wieder die „Reichsmarinestadt", in der die Kriegsmarine, die Marinebehörden, die Werften mit ihrem Kriegsschiffbau und der Marinehafen die Wirtschaft und das soziale Leben der Einwohner bestimmten. Da es praktisch nicht gelang, daneben eine nennenswerte zivile Wirtschaft aufzubauen, wurde wie im Kaiserreich die – jetzt – Kriegsmarine zum ausschlaggebenden Faktor und Hauptauftraggeber für die Unternehmen, vor allem natürlich die Werften und ihre Zulieferbetriebe. Das bedeutete allerdings nicht, dass die Unternehmen frei schalten und walten konnten. Die Unterordnung der Wirtschaft unter das große Ziel der Aufrüstung bedeutete staatlichen Dirigismus bis hin zur Planwirtschaft. So stellte der Staat 1934 den Devisenverkehr unter Kontrolle, und 1936 erließ er einen „Vierjahresplan" unter der Ägide Hermann Görings, der sich, eitel und ämtersüchtig wie er war, flugs zum „Beauftragten für den Vierjahresplan" küren ließ. Allerdings so planvoll war die staatliche Planung gar nicht. Im Apparat knirschte es gewaltig, denn unter den maßgeblichen Behörden gab es keine klaren Kompetenzverteilungen – und noch schlimmer: sie rivalisierten heftig unter- und vielmehr gegeneinander. Es war ja gerade das Bezeichnende an der nationalsozialistischen Regierungsform, dass es keine klaren Strukturen und Kompetenzen gab – die Hitler auch nicht wollte. Einmal, weil er von Organisation herzlich wenig verstand, und zum anderen blieb er bei dem allgemeinen Kompetenzwirrwarr und den daraus entstehenden Rivalitäten seiner Vasallen immer derjenige, der die letzte Entscheidung traf, der zugleich Gunst und Ungunst nach Gutdünken verteilen konnte. Er war der unbestrittene „Führer", um dessen Gunst alle buhlten.

Im Rahmen des „Vierjahresplans" entstanden nicht nur die „Reichswerke Hermann Göring", sondern unter anderem auch die reichseigene „Salzgitter AG", deren Namen später nach dem Krieg lange Jahre auf dem großen Portalkran der HDW zu lesen war. Peinlich am Rande: Neben dem Namenszug der Salzgitter AG prangte bis Ende der achtziger Jahre in aller Unschuld auch das Logo der Salz-

Die Howaldtswerke 1934. Archiv HDW

gitter AG, bis jemand in Salzgitter in den alten Werkszeitungen aus der Zeit des Dritten Reiches blätterte und den Aufsatz las: „Wie ich das Zeichen der Salzgitter AG erfand". Da kam es heraus: Das Logo symbolisierte den Siegelring Hermann Görings. Kurz darauf verschwand es klammheimlich vom großen Kran.

BEI DEN HOWALDTSWERKEN GEHT ES LANGSAM BERGAUF Im Jubiläumsband der Howaldtswerke heißt es weiter: *„Zwar ermöglicht die eigene finanzielle Lage es den Reedereien erst langsam, mit Aufträgen herauszukommen, auch sind die Ergebnisse bei harter Konkurrenz noch verlustreich; aber es können wenigstens bald Neueinstellungen vorgenommen werden."* Und so spricht auch der Geschäftsbericht im Jahr 1934 davon, dass sich das Geschäft belebt. Zwar schrieb die Werft immer noch rote Zahlen, aber wenigstens konnten in Kiel und Hamburg drei kleine Neubauten abgeliefert und für die Werft in Hamburg ein Seebäderschiff und ein Tanker in Auftrag genommen werden. Vor allem aber hatte sich das Geschäft mit Reparaturen und Umbauten belebt. Trotzdem sah der Vorstand im folgenden Geschäftsjahr noch kein Licht am Ende des Tunnels. Denn die Auftragslage und Auslastung der Howaldtswerke in Kiel und Hamburg waren trotz der wirtschaftlichen Belebung in Deutschland nicht annähernd befriedigend, und die finanziellen Lasten auf Docks und Anlagen blieben bestehen. Erst langsam kamen die Werften wieder in Fahrt. Zwar verdienten sie noch immer kein Geld, sondern machten auch wegen der Altlasten noch Jahr für Jahr Verluste, doch die Zahl der Aufträge und Ablieferungen nahm stetig zu, und die Anlagen waren immer besser ausgelastet. So schrieb der Vorstand 1937 nach einem Jahr, das wieder Verlust gebracht hatte: *„Die Aussichten für das neue Geschäftsjahr sind günstiger zu beurteilen, weil durch erhöhte Beschäftigung eine bessere Ausnutzung des Gesamtbetriebes erzielt wird."* Und hier waren alle Bereiche – Schiffbau, Gießerei, Maschinenbau und Tankbau – fast voll ausgelastet. Er beklagte allerdings auch, dass im letzten Jahr die Preise, die die Werft für die abgelieferten Schiffe erzielte, in keinem Verhältnis zu den Herstellkosten stünden. Vor allem aber beklagte er den Mangel an Facharbeitern und Konstrukteuren. Doch letztlich standen alle Zeichen auf Gesundung.

1937: DIEDERICHSEN VERKAUFT DIE HOWALDTSWERKE AN DEN STAAT
1926 hatte Heinrich Diederichsen die Werft gerettet, ihr über zehn Jahre lang fest zur Seite gestanden, und er hatte alle seine Möglichkeiten eingesetzt, den Howaldtswerken zu helfen. Doch im Jahr 1937 war es genug: Er verkaufte die Howaldtswerke an die reichseigenen Deutschen Werke in Kiel. Damit war die Werft ein Staatsbetrieb geworden, und sie blieb es bis 1991. Über seine Beweggründe kann man nur spekulieren, da er anscheinend über die Hintergründe des Verkaufs keine Aufzeichnungen hinterlassen hat. Möglicherweise spielten dabei die ständigen Verluste der Werft eine Rolle, auch wenn sie sich zu einem leistungsfähigen Unternehmen entwickelt hatte und auch finanziell in eine bessere Zukunft steuerte. Sicher ist aber, dass das Reich großes Interesse daran hatte, die Howaldtswerke zu erwerben und mit den Deutschen Werken zusammenzuschließen. Denn für seine Aufrüstung zur See benötigte es in Kiel Werftkapazitäten, um Kriegsschiffe zu bauen und zu reparieren.

Mit dem neuen Besitzer wendete sich das Blatt. Denn die Aussichten für die Werft wurden deutlich günstiger. Deutschland erlebte einen Schiffbauboom sondergleichen, verursacht durch die massiven Rüstungsanstrengungen des Dritten Reiches. Selbst längst stillgelegte Werften wurden wieder reaktiviert, und die vorhandenen Anlagen auf den deutschen Werften mussten ausgebaut werden. So verzeichneten auch die Howaldtswerke so viele Neuaufträge, dass die Beschäftigung langfristig gesichert war und endlich auch die bislang schwache Kasse sich füllte. Tatsächlich machten die Howaldtswerke schon im kommenden Geschäftsjahr 1938/39 einen Gewinn, der die Million deutlich überstieg. Und zufrieden konstatierte der Vorstand, dass sich die finanziellen Verhältnisse deutlich gebessert hatten. Der Verlust war „beseitigt", und die flüssigen Mittel waren gestiegen. Und: Die Werft war gut beschäftigt, denn sie hatte neun Schiffe abgeliefert, und alle Bereiche der Werft waren voll ausgelastet.

1938 konnten die Howaldtswerke ihr 100jähriges Jubiläum feiern. Doch nur wenige Monate nach der Jubelfeier war es mit der Kieler Freiheit vorbei. Das Werk in Dietrichsdorf wurde aus den Deutschen Werken herausgelöst, zum 1. Januar 1939 mit dem Kriegsmarinearsenal zusammengelegt und in „Kriegsmarinewerft" umgetauft. So trug nur noch das Hamburger Werk die Bezeichnung „Howaldtswerke". Folglich wechselte auch der Sitz des Unternehmens in die Hansestadt. Das ging nicht ohne Schwierigkeiten vonstatten, denn Hamburg besaß weder eine Konstruktions- noch eine kaufmännische Abteilung. Das musste in Zeiten des Personalmangels neu aufgebaut werden. Damit stand in Kiel die Rüstung im Vordergrund des Schiffbaus. Allein, die Zwangsehe mit dem Arsenal währte nicht lange. Nach nur dreieinhalb Jahren kauften die Howaldtswerke ihren Kieler Betrieb 1943 zurück. Offensichtlich funktionierte die Zusammenarbeit der Beamten im Arsenal und der Marine mit den Mitarbeitern einer an die Privatwirtschaft gewöhnten Werft nicht. Das war kaum zu übersehen, und so hatte es schon 1940 in Hamburg Stimmen gegeben, die eine Reprivatisierung für das Sinnvollste hielten. Das sah sogar die Marine ein und gab die Howaldtswerke frei. Sitz des Unternehmens blieb jedoch Hamburg. Dabei hatte man die Verwaltungen in Hamburg und Kiel nicht wieder vollständig zusammengeführt, um beide Werke unabhängig voneinander arbeiten lassen zu können, da Kriegsschäden – die Alliierten hatten längst begonnen, Kiel und Hamburg zu bombardieren – damit kompensiert werden konnten.

Eine wesentliche Rolle bei den Bestrebungen, den Kieler Betrieb autonom zu führen, spielte der tatkräftige kaufmännische Leiter Adolf Westphal, der hier zum ersten Mal in der Geschichte der Werft ins Rampenlicht gerät. Er sollte nach dem Krieg der Mann der Stunde werden, dem die Howaldtswerke ihren Wiederaufstieg aus Ruinen verdanken.

1943 erhielten die Howaldtswerke die Anfrage, ob sie bereit seien, im besetzten Dänemark die Kopenhagener Orlogsværft für die Kriegsmarine privatwirtschaftlich zu führen. Dazu erklärten sie sich bereit und reparierten dort in erster Linie Handelsschiffe. Ebenso übernahmen sie die Aufgabe, in Griechenland eine Werft in

Piräus zu führen, die sogar Schiffsneubau betrieb. Aus Sicht der Werft verlief die Zusammenarbeit mit beiden Werften störungsfrei – es ist aber sehr fraglich, ob die besetzten Betriebe das ebenso sahen. Zumindest in Dänemark verweigerten nämlich die beamteten Mitarbeiter der Orlogsværft aus Protest gegen die deutsche Besetzung jede Mitarbeit.

Die letzten Kriegsjahre waren von zwei Dingen gekennzeichnet: dem U-Boot-Bau in Kiel und Hamburg und dem Bombenkrieg über beiden Städten, der immer mehr Anlagen der Werft zerstörte. Nur unter großen Mühen gelang es, die Produktion bis zum bitteren Ende aufrecht zu erhalten. Und als der Krieg mit der bedingungslosen Kapitulation Deutschlands endete, lagen nicht nur die Howaldtswerke fast vollkommen in Schutt und Asche, sondern auch die Städte Kiel und Hamburg.

DIE WERFT UNTER DEM HAKENKREUZ Die Frage nach Schuld, Unschuld, Verstrickung der Werftverantwortlichen und auch der Mitarbeiter in das NS-Regime, seine Politik und seine Verbrechen lässt sich für die Howaldtswerke schwer beantworten, weil sich dafür bisher praktisch keine Belege und Quellen finden lassen. Waren sie Täter, Mitläufer oder einfach Opportunisten? Versuchten sie im Rahmen der Umstände, das Schlimmste zu verhüten? Sicher haben die Verantwortlichen der Werft in ihren öffentlichen Auftritten und Publikationen den Nationalsozialismus eher sehr zurückhaltend behandelt, aber

Erster Lichtblick für die Hamburger Howaldtswerke 1934: KÖNIGIN LUISE. Archiv HDW

was taten sie im täglichen Leben auf der Werft und im Umgang mit ihren Auftraggebern? Wir wissen es nicht und sind auf Vermutungen angewiesen. Aber um einen Kotau vor den Machthabern kamen sie mit Sicherheit nicht herum. Natürlich griff der Staat intensiv in das Leben aller Bürger ein und so auch in die kriegswichtige Wirtschaft. Offener Widerstand war unmöglich, wenn auch die Wirtschaft sich nicht allen Anordnungen fügte. Das aber betraf eher technische Fragen. Gegen die generellen Vorgaben aus Berlin aber gab es keinen Widerspruch.

Die Frage ist auch, wie die Mitarbeiter der Werft zum Nationalsozialismus standen. Sie waren als Bürger des Staates nichts anderes als ein Spiegelbild der gesamten Gesellschaft. Tatsächlich lehnte die breite Masse der Deutschen das Regime nicht ab. Immerhin hatte es in den Augen der Bürger nach 1933 nicht nur einen wirtschaftlichen Aufschwung mit sich gebracht, sondern auch Deutschlands internationale Stellung aufgewertet und damit das Trauma aus dem Ergebnis der Versailler Verträge, die als „Schmachfrieden" gebrandmarkt waren, gemildert.

Kieler Howaldtswerke 1935: Tanker ANDINO. Archiv HDW

Deutschland war wieder wer. Und darauf waren die Deutschen stolz. Trotzdem: Ein großer Teil der Deutschen verschloss die Augen vor der nationalsozialistischen brutalen Wirklichkeit, die eigentlich nicht zu übersehen war. Er machte begeistert mit und feierte den „Führer" und seine fragwürdigen Erfolge stürmisch. In seiner großartigen Hitler-Biografie zeigt der britische Historiker Ian Kershaw anhand zahlreicher Belege, wie sehr es den Deutschen darauf ankam, „dem Führer entgegen zu arbeiten", wo immer es möglich war. Er hütet sich aber davor, sie alle in einen Topf zu werfen. Waren die Deutschen nur Verführte? Der amerikanische Historiker Daniel Jonah Goldhagen spricht von „Hitlers willigen Vollstreckern", eine These, die sogar namhafte jüdische Historiker nicht akzeptiert haben. So wird über eine Kollektivschuld der Deutschen weiter heftig gestritten werden. Ein abschließendes Urteil darüber haben die Historiker nicht, und es wird immer schwer, wenn nicht unmöglich sein, eines zu fällen.

Aber unschuldig waren die Deutschen nicht. Beispiel Kiel: Wer sehen wollte, wusste, dass Juden drangsaliert und deportiert wurden. Er wusste, dass in allen Betrieben, die in der Stadt arbeiteten, Fremd-, Zwangsarbeiter und Kriegsgefangene beschäftigt waren. Er wusste, dass es in und um Kiel Arbeiterlager und KZ-Außenstellen gab. Dafür gibt es genug Belege. Zwar ist die Quellenlage zur Zwangsarbeit in Kiel recht dürftig, aber es ist mit Sicherheit davon auszugehen, dass auf den Werften Fremd- und Zwangsarbeiter beschäftigt waren – also auch bei den Howaldtswerken.

DER SCHIFFBAU IN DEN DREISSIGER JAHREN UND IM ZWEITEN WELTKRIEG

Nach den schwierigen Jahren kam der Schiffbau der Howaldtswerke wieder in Schwung. Der erste Lichtblick war der Auftrag über das Seebäderschiff KÖNIGIN LUISE, mit dem die Hapag ihren Seebäderdienst zwischen Hamburg und Helgoland

Kieler Howaldtswerke 1936: Fischdampfer FRISIA. Archiv HDW

1939: KdF-Schiff ROBERT LEY auf der Jungfernfahrt. Archiv HDW

mit der Möglichkeit nach Sylt weiterzuschippern, verstärkte. Der weiße Dampfer, der in Hamburg in nur sieben Monaten entstand, war das erste große Seebäderschiff mit Dieselantrieb, denn alle Vorgänger liefen noch mit Dampfturbinen. Die beiden Hauptmaschinen lieferte die Nachbarwerft Blohm & Voss, obwohl sie auch von der Kieler Motorenfertigung hätten kommen können. Aber das Ziel der Auftraggeber war wohl, eine weitere notleidende Hamburger Werft zu unterstützen.

Das Renommierstück des Passagierschiffbaus der Hamburger Howaldtswerke wurde 1939 die ROBERT LEY. Die Deutsche Arbeitsfront beauftragte für ihre Bewegung „Kraft durch Freude" zuerst Blohm & Voss mit einem Passagierschiff, mit dem die deutschen Parteigenossen in Urlaub fahren durften – die WILHELM GUSTLOFF, die nach einem ermordeten Schweizer Nationalsozialisten benannt wurde. Die ROBERT LEY, in deren Namen sich der Reichsleiter der NSDAP und Leiter der Deutschen Arbeitsfront höchstselbst verewigte, wurde als verbesserte Version des Schwesterschiffs gebaut. Vor allem erhielt es im Gegensatz zur WILHELM GUSTLOFF, die von einem herkömmlichen Diesel mit mechanischem Getriebe vorangetrieben wurde, einen dieselelektrischen Antrieb. Diesmal kamen die Dieselmotoren aus Kiel und die Elektromotoren von Siemens in Berlin.

Die Einrichtung des wohl größten dieselelektrischen Schiffes der Welt entsprach zwar nicht dem höchsten Standard der Kreuzschifffahrt, aber man hatte sich um Komfort und schlichte Eleganz bemüht, bei der die Hakenkreuze – wenn auch dezent – nicht fehlen durften. Reichsleiter Ley ließ es sich nicht nehmen, bei der Kiellegung am 1. Mai 1938 die erste Niete publikumswirksam einzuschlagen, aber den Stapellauf im März 1938 beehrte der „Führer" persönlich. Er nahm sogar an einer mehrtägigen „Führerfahrt" des fertiggestellten Schiffes teil, obwohl er Schiffe nicht leiden konnte und sie nach Möglichkeit mied, nachdem er auf einer Tour mit seiner Staatsyacht, dem Avis GRILLE, seekrank geworden war.

Dieselelektrische Antriebsanlage der ROBERT LEY. Archiv HDW

Ab 1936 bekamen die Werften in Kiel und Hamburg viel zu tun. Sie lieferten an zivile Reedereien wie auch an die Kriegsmarine Frachter, Tanker, Fischdampfer, Schlepper, Hafendampfer, U-Boot-Begleitschiffe ab. Für die Deutsche Lufthansa bauten die Kieler Howaldtswerke zwei völlig ungewöhnliche Schiffe. Die Katapultschiffe waren für den Kurierdienst der Lufthansa bestimmt und sollten für deren

Flugboote auf dem Meer als Zwischenstation zwischen den Kontinenten dienen. Damit hatte die Fluggesellschaft bereits Erfahrungen gesammelt. Sie hatte den Dienst zunächst über den Südatlantik begonnen und dafür zwei Frachter umgebaut. Um ihren Dienst zu verstärken, bestellte sie die FRIESENLAND und die größere OSTMARK. Letztlich war dieser Dienst, der sehr erfolgreich bis zum Ausbruch des Zweiten Weltkrieges arbeitete, doch nur ein Zwischenstadium. Denn nachdem 1938 eine Fokke-Wulf „Condor" die Strecke Berlin-New York im Nonstop-Flug bewältigte, war abzusehen, dass die Arbeit der Flugsicherungsboote, wie sie hießen, nur eine Episode im Luftverkehr bleiben würde. Nach Ausbruch des Krieges übernahm die Luftwaffe beide Schiffe und setzte sie als Katapultschiffe für ihre Fernaufklärer ein. Die FRIESENLAND überlebte den Krieg mehr oder weniger beschädigt und wurde von der Royal Air Force als Depot für Wasserflugzeuge genutzt. 1949 wurde sie verkauft und kehrte nach Hamburg zurück, wo die Deutsche Werft sie zum Kühlschiff umbaute. Nach mehrfachem Besitzerwechsel endete die FRIESENLAND 1969 auf einer englischen Abwrackwerft. Die OSTMARK dagegen überlebte den Krieg nicht. Die Luftwaffe hatte auch sie übernommen und ebenfalls für ihre Fernaufklärer eingesetzt. Ihre Laufbahn war allerdings kurz, denn das englische U-Boot HMS TUNA versenkte sie schon im September 1940 vor der französischen Atlantikküste.

Links: Stapellauf Flugsicherungsschiff und Probefahrt der OSTMARK, 1936. Historisches Marinearchiv/Seeflieger AG *Rechts: FRIESENLAND bei der Aufnahme eines Schwimmflugzeuges.* Archiv HDW

FRIESENLAND bei der Aufnahme eines Schwimmflugzeuges. Historisches Marinearchiv/Seeflieger AG

Nach dem Ende des Ersten Weltkrieges hatten die Howaldtswerke mit Ausnahme von einigen unbedeutenden Aufträgen der Reichsmarine keine Schiffe mehr für das Militär gebaut. Das änderte sich ab 1935. Zunächst bauten die Howaldtswerke in Kiel zwei kleine Schlepper für die Marinewerft in Wilhelmshaven. Doch anschließend nach dem Bau weiterer Schlepper und eines Schwimmkranes erhielten die Dietrichsdorfer den Auftrag zum Bau eines großen Trossschiffes, der ALTMARK, und lieferten sie 1938 ab. Das Schiff gehörte zu einer Serie schneller Tankschiffe, die dafür bestimmt waren, Kriegsschiffe auf See zu versorgen. Die ALTMARK gelangte zur Berühmtheit, als sie im Februar 1940 nach der Überfahrt aus dem Südatlantik mit 303 englischen Kriegsgefangenen an Bord in den Hoheitsgewässern des damals noch neutralen Norwegen von dem britischen Zerstörer HMS COSSACK geentert wurde. Bei dem Handstreich im Jøssingfjord befreite der Zerstörer die Gefangenen, und bei einem Schusswechsel kamen sieben deutsche Seeleute ums Leben.

Da Norwegen sich gegenüber der englischen Regierung nur mit einem schwachen Protest begnügte, begann die Reichsregierung an der Neutralität Norwegens zu zweifeln, und diese Zweifel endeten schließlich im April 1940 im deutschen Überfall auf Norwegen und Dänemark. Die ALTMARK kehrte nach dem Zwischenfall nach Deutschland zurück und wurde in UCKERMARK umgetauft. Ihr Ende fand sie im

Links: Trossschiff ALTMARK im norwegischen Jøssingfjord. Royal Navy Rechts: U-Boot-Begleitschiff WALDEMAR KOPHAMEL 1937 während der Ausrüstung in Kiel. Archiv HDW

November 1942 in Yokohama. In einer großen Explosion, die vermutlich durch Schweißarbeiten in der Nähe der mit 5.500 Tonnen Benzin gefüllten Tanks ausgelöst wurde, flog die UCKERMARK in die Luft und versenkte auch noch den in der Nähe ankernden Hilfskreuzer THOR und ein von der THOR gekapertes australisches Passagierschiff.

Daneben bauten die Howaldtswerke in Kiel zwischen 1937 und 1940 weitere Hilfsschiffe: die U-Boot-Begleitschiffe WILHELM BAUER und WALDEMAR KOPHAMEL. Zwei weitere Schwesterschiffe hatte die Kriegsmarine zwar geplant, aber die Aufträge annulliert. Zum Bau eines weiteren, größeren U-Boot-Begleitschiffes kam es doch noch. Die OTTO WÜNSCHE konnte nach einer extrem langen Bauzeit von 1938 bis 1943 endlich in Dienst gestellt werden. Bei den Kollegen in Hamburg kam der Bau für die Kriegsmarine dagegen nur schleppend in Gang. Er begann wie in Kiel mit dem Bau einiger kleiner Schlepper und dem Umbau von zwei Fischereischutzbooten. Aber die Pläne der Marine, hier größere Kampfschiffe bis hin zu Schlachtschiffen zu bauen, blieben nur Pläne. So beschäftigte sich die Werft nach Kriegsausbruch mit dem Umbau von Seebäderschiffen – darunter die KÖNIGIN LUISE – zu Minenschiffen, dem Umbau von Fischdampfern zu Vorpostenbooten und schließlich dem Umbau von Frachtern zu verschiedenen militärischen

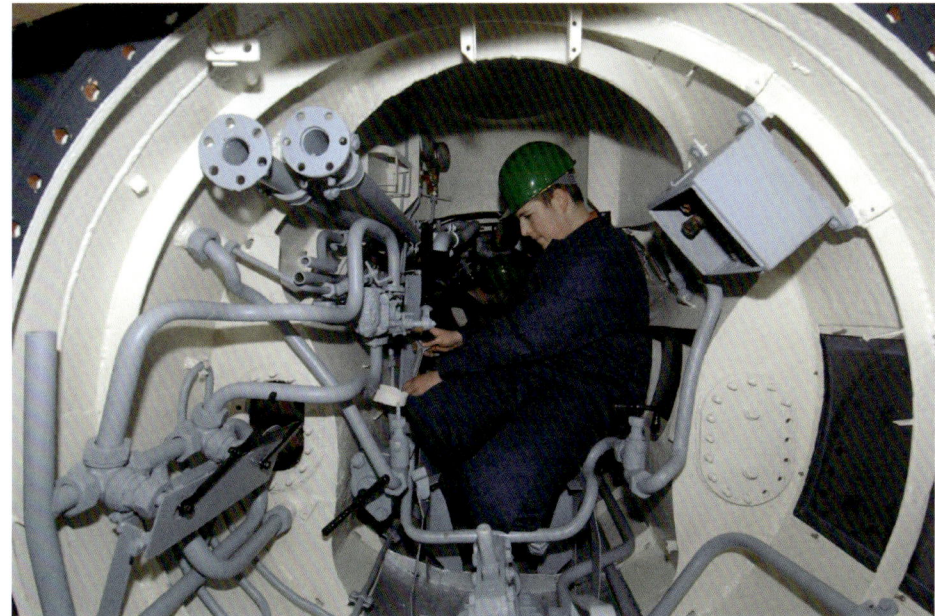

Kleinst-U-Boot Typ XXVII (Seehund). Dieser unbekannte Seehund wurde von Auszubildenden der HDW im Rahmen ihrer Ausbildung restauriert und steht heute im Internationalen Maritimen Museum in Hamburg. HDW / Rothaug

Howaldtswerke Kiel: 800-Tonnen-Schmiedepresse. Archiv HDW

Verwendungen, die vom Mutterschiff für Minenräumboote bis hin zum Blockadebrecher reichten.

Besondere Bedeutung erlangte im Krieg der Bau von U-Booten in Kiel und Hamburg. Beide Werften bauten ausschließlich den U-Boot-Typ VII in verschiedenen Versionen. Von den insgesamt 116 Booten, die zwischen 1941 und Kriegsende abgeliefert werden konnten, stammten 67 aus Kiel und 49 aus Hamburg. An den spektakulären Neuentwicklungen, den revolutionären U-Boot-Typen XXI und XXIII, waren sie nur als Zulieferer von Sektionen für den Bau des U-Boot-Typs XXI an andere Werften beteiligt. Der U-Boot-Bau war nun gerade keine Urdomäne der Howaldtswerke, denn ihn teilten sich an Nord- und Ostsee 12 Werften. Dabei hatte die Germaniawerft mit ihrer langen Erfahrung in U-Boot-Konstruktion und U-Boot-Bau die Vorreiterrolle. Die traditionell im Handelsschiffbau groß gewordenen Howaldtswerke waren wie alle anderen Werften auch eine reine Nachbauwerft.

Nur bei einem weiteren neuartigen U-Boot-Typ war sie die Erste: Sie baute im Sommer 1944 die Prototypen für das Kleinst-U-Boot „Seehund" – Typ XXVII. Dieser U-Boot-Typ verdrängte 17 Tonnen, hatte eine Besatzung von 2 Mann und trug außen zwei Torpedos. Er hatte eine Reichweite von maximal gut 150 Seemeilen (300 km), die sich bei späteren Typen durch Zusatztanks auf rund 300 Seemeilen (550 km) vergrößerte. Er erreichte über Wasser eine Geschwindigkeit von 8 Knoten und getaucht von 6 Knoten. In der kurzen Zeit vom Spätsommer 1944 bis zum Kriegsende wurden 285 Boote fertiggestellt, und 60 von ihnen kamen noch zum Einsatz.

Die Arbeitswelt in den Kieler Howaldtswerken um 1938: Schiffbauhalle mit Magnetkran, Tischlerei, Maschinenbau. Archiv HDW

Howaldtswerke Kiel 1938. Archiv HDW

BOMBEN, SCHUTT UND ASCHE Nach dem Tiefpunkt der Beschäftigung am Anfang der dreißiger Jahre mit etwa 660 Mitarbeitern bei den Howaldtswerken in Kiel zeigte der Aufschwung Wirkung: Am Ende des Jahres 1935 zählte die Werft schon rund 1.800 Mitarbeiter, und sie hatte inzwischen Schwierigkeiten, qualifiziertes Personal zu finden. Daher stellte sie an tüchtigen Mitarbeitern ein, wen immer sie bekommen konnte. Das ärgerte die Kieler Gestapo ziemlich. So schrieb sie 1936 in einem Bericht, *„dass die Rüstungsbetriebe nicht auf die Einstellung marxistischer Funktionäre verzichten könne. Häufig werden diese – und zwar meist nicht zu Unrecht – dann als die besten Arbeiter des Betriebes bezeichnet"*. Dabei ist anzumerken, dass die Nazis unter „marxistischen Funktionären" jeden verstanden, der nicht stramm braun war.

Mit dem zunehmenden Arbeitsumfang stiegen die Beschäftigungszahlen in den Folgejahren kräftig weiter, auch wenn der Vorstand ständig den Mangel an qualifizierten Kräften beklagte. Aber ein umfangreiches Programm zur Umschulung und Ausbildung geeigneter Mitarbeiter zeigte Erfolge und wurde verstärkt fortgesetzt. Und 1939 arbeiteten in der inzwischen mit dem Arsenal zusammengelegten Kriegsmarinewerft über 13.000 Menschen. Ähnliche Verhältnisse herrschten auch in Hamburg. Dort arbeiteten 1938 schon 3.000 Mitarbeiter, und die Werft plante, noch einmal 1.000 einzustellen. Das geschah auch. 1942 arbeiteten in Dietrichsdorf rund 6.900 Mitarbeiter und in Hamburg rund 4.200, die bis 1943 noch einmal um gut 800 verstärkt wurden. Dazu trug bei, dass Admiral Dönitz als neuer Oberbefehlshaber der Marine 1943 durchsetzte, dass alle für den forcierten U-Boot-Bau benötigten Arbeiter vom Kriegsdienst freigestellt wurden. Und nun arbeiteten verstärkt auch Frauen auf den Werften. Ihr Anteil lag im Durchschnitt der deutschen Werften bei etwa 20 Prozent. Die Kieler Howaldtswerke beschäftigten etwa 15 bis 20 Prozent, und in Hamburg waren es 10 Prozent. Mehr wurden es aus ideologischen Gründen nicht, denn nach Ansicht der Nationalsozialisten hatten die Frauen an Heim und Herd zu wirtschaften und dem Führer viele Kinder zu gebären.

Auch die Bezahlung der Werftarbeiter besserte sich nach der Krise. Noch Mitte der dreißiger Jahre reichte das Einkommen ihrer Familien kaum für das Nötigste. Die vorgeschriebene Wochenarbeitszeit betrug 48 Stunden. Dazu kamen noch Überstunden. Aber ohne sie hätten die Familien hungern müssen. Und auch so war die Ernährung noch mangelhaft genug. Erst um 1937 hatten die Arbeiter wieder den Standard von 1928 erreicht. Nach Kriegsbeginn wurde die Arbeitszeit zu einem 10-Stunden-Tag verlängert, konnte aber auch auf 12 Stunden ausgedehnt werden. Wenigstens stieg auch die Entlohnung, wenn auch nur leicht. Und das war kaum eine Entschädigung für die Heimsuchungen des Krieges unter der Zivilbevölkerung.

Die Werksanlagen veränderten sich während des Krieges kaum. In Kiel kamen einige Werkstatt-, Lager- und Wohngebäude hinzu, während der Ausbau in Hamburg umfangreicher geriet. Die Hamburger Howaldtswerke mieteten 1937 vom Hamburger Senat 45.000 Quadratmeter Gelände zurück – ein altes Vulcan-Gelände, das sie

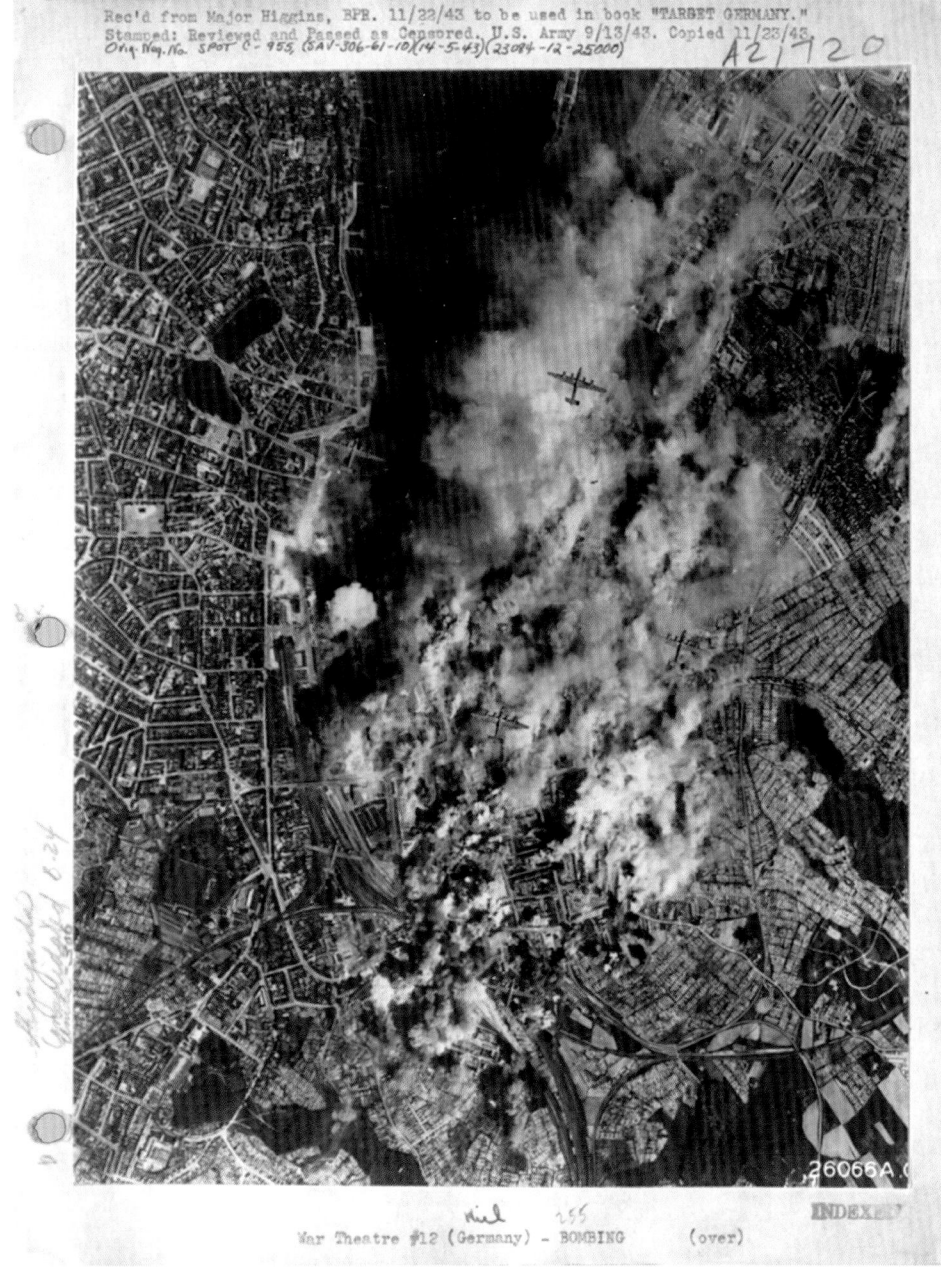

Alliierte Bomber über Kiel. Royal Air Force

1930 an die Stadt Hamburg verkauft hatten. Dort errichteten sie ein Großmotorenwerk. Und die Abtrennung von den Kieler Howaldtswerken wegen der Zusammenlegung zur Kriegsmarinewerft führte zu weiteren umfangreichen Bauvorhaben und auch dazu, dass ein aufgegebener Helgen der ehemaligen Vulcanwerft reaktiviert wurde. So verbaute die Werft bis 1943 10 Millionen Mark.

Doch was mühsam aufgebaut worden war, fiel nur kurze Zeit darauf in Schutt und Asche. Schon 1940 fielen die ersten Bomben über Kiel. Wegen ihrer massierten Anzahl an kriegswichtigen Werften und Rüstungsbetrieben gehörte die Stadt mit zu den frühen Zielen der alliierten Bomberflotten. Die ersten Angriffe richteten 1940 kaum Schaden an. Aber ab April 1941 erfolgten schwere Großangriffe, die sich ab 1943 und vor allem 1944 noch verstärken sollten. Am Ende des Kriegs war Kiel eine Wüste. Die Bombenangriffe forderten fast 2.900 Todesopfer und unzählige Verwundete und Verschüttete. Drei Viertel aller Häuser waren zerstört oder schwer beschädigt, und auf dem Ostufer waren auf einem breiten Streifen von der Hörn bis nach Mönkeberg vor allem die Werften und die angrenzenden Wohnbezirke zerbombt.

So wie Kiel griffen die alliierten Bomberverbände frühzeitig auch Hamburg an. Auch hier begannen die Angriffe schon 1940. Zum Inferno wurde der britische Großangriff in der Nacht vom 24. auf den 25. Juli 1943. Der „Hamburger Feuersturm" kostete über 40.000 Menschen das Leben, verletzte über 130.000 Menschen und verwüstete vor allem die Hamburger Innenstadt. 60 Prozent des

Hamburger Wohnraums – 41.000 Häuser und 275.000 Wohnungen – waren zerstört oder unbewohnbar. Ebenso hart traf es die Industrie, vor allem die Werften, die Lebensmittelindustrie, die pharmazeutische Industrie und das Druckgewerbe. Doch damit war es nicht genug. Die Angriffe hielten bis zum Kriegsende an – Hamburg wurde systematisch zerstört.

Die Terrorangriffe aus der Luft hatten Methode – auf beiden Seiten. Denn auch die deutsche Luftwaffe – etwa mit ihren Angriffen auf London und Coventry – folgte der perversen Logik von Theorien des Luftkampfes, die während und nach dem Ende des Ersten Weltkriegs entwickelt und schon Anfang der zwanziger Jahre von allen Militärstrategen Europas vertreten wurden. Sie zielten darauf ab, mit Flugzeugen den Feind in die Niederlage zu bomben, seine Städte zu zerstören und die Moral der Zivilbevölkerung zu brechen. Wie wir heute wissen, ist das eine unmenschliche Illusion, die ohne Nutzen namenloses Leid über die Zivilbevölkerung bringt.

Als Reaktion auf die Luftangriffe, die den eminent wichtigen U-Boot-Bau bedrohten, baute die Marine eine Reihe von U-Boot-Bunkern in Deutschland und im besetzten Ausland, in denen die Boote gebaut oder gewartet werden konnten. So entstand auf dem Gelände der Howaldtswerke der Bunker „Kilian", der allen Kieler Werften zur Verfügung stand, und auf dem Gelände der Deutschen Werke der Bunker „Konrad". Zum Bau wurden vor allem polnische Zwangsarbeiter eingesetzt.

Bei Kriegsende war die Werft Dietrichsdorf weitgehend zerstört: 80 Prozent der Gebäude und 60 Prozent des Maschinenparks waren zerstört oder nicht einsatzfähig, und sämtliche Docks waren unbrauchbar. Auch die Hamburger Werft bot ein Bild der Verwüstung: Bis auf ein Dock waren alle gesunken, die Hellinge schwer beschädigt, und die meisten Gebäude hatten zahlreiche Bombentreffer erhalten. Alles in allem waren etwa 36 Prozent der Gebäude, 12 Prozent der Maschinen und über 20 Prozent der Betriebsanlagen total zerstört oder schwer in Mitleidenschaft gezogen.

Am 10. Mai 1945, zwei Tage nach der bedingungslosen Kapitulation der deutschen Wehrmacht, schwiegen in Europa endlich alle Waffen, und die Menschen atmeten auf. Begeistert begrüßte die Bevölkerung in den Gebieten, die Deutschland besetzt, überfallen und unterdrückt hatte, ihre Befreier. Erleichtert, weil der Krieg

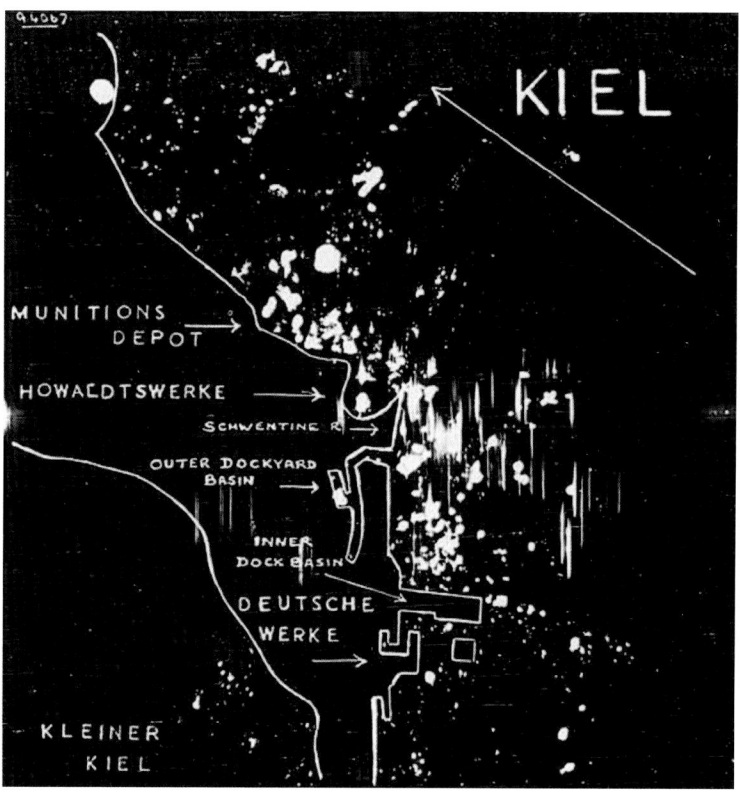

Großangriff auf Kiel am 26. und 27. August 1944. Archiv HDW

Deutsche Werke in Kiel 1945 bei Kriegsende. Links vorn im Bild der U-Boot-Bunker „Konrad". Im Hintergrund Panzerschiff SCHEER, das nach Bombentreffern an der Pier gekentert war. Archiv HDW

endlich vorbei war, begrüßten aber auch die Deutschen zumindest die Soldaten der Westalliierten. Im Laufe des Krieges hatten viele von ihnen begriffen, dass Hitler und seine Scharen Deutschland nur Unglück gebracht hatten. Und wenn es im Howaldtschen Jubiläumsband 1938 heißt: *„Da reißt der Führer das deutsche Volk aus seiner hoffnungslosen Lage"*, dann mussten sie erkennen, dass derselbe, einst so messianisch verehrte Hitler das deutsche Volk nach zwölf Jahren in einer anscheinend hoffnungslosen Lage zurückgelassen hatte.

Doch das täuschte. Denn die Allianz der Alliierten war längst brüchig geworden. Tatsächlich herrschte längst Misstrauen zwischen ihnen, das die Potsdamer Konferenz nur mühsam übertünchte. Denn eine neue Weltordnung deutete sich bereits an, in der der Westen gegen Stalin stand. Das war in den letzten Kriegsmonaten der deutschen Führung nicht entgangen, die ihre Hoffnung

Zerbombtes Kiel mit Howaldtswerken, Arsenal und Deutschen Werken im Mai 1945. Stadtarchiv Kiel

Totalverlust: Panzerschiff ADMIRAL SCHEER. Archiv HDW

darauf richtete, nach einer ehrenhaften Kapitulation gemeinsam mit Amerikanern und Briten gegen die Russen zu ziehen. Das war zwar ein Irrglaube, aber spätestens der Koreakrieg, der 1950 zwischen Nord- und Südkorea begann, machte die Konfrontation zwischen den großen Blöcken deutlich: Er wurde zum Stellvertreterkrieg zwischen den USA und Russland. Der Kalte Krieg hatte schon vorher begonnen, und er endete erst mit dem Zusammenbruch der UdSSR im Jahr 1991. Das Ende Sowjetrusslands konnten die Mitarbeiter der HDW im Sommer jenes Jahres symbolisch erleben, als fleißige Maler am Heck des russischen Fährschiffs ANNA KARENINA, das die Route Kiel-Leningrad befuhr, gegenüber der Werft dem Heimathafen des Schiffes wieder seinen alten Namen gaben: St. Petersburg.

Und so war 1945 nicht das Ende aller Dinge für die Howaldtswerke und für ganz Deutschland. Es war die Chance für einen Neubeginn.

Von der „Stunde Null" zum Schiffbauboom

DER START IN DER „STUNDE NULL" Der Beginn der Nachkriegszeit war für Deutschland alles andere als ermutigend. Das Land lag in Trümmern, und die Zukunft war ungewiss. Wie sollte es weitergehen? Zwar hatte 1944 der amerikanische Finanzminister Henry Morgenthau einen Plan entwickelt, der Deutschland nach dem Sieg der Alliierten zu einem reinen Agrarstaat machen sollte, von dem nie wieder ein Angriffskrieg ausgehen konnte. Als seine Vorstellungen durch eine gezielte Indiskretion bekannt wurden, stießen sie jedoch auf einhellige Ablehnung. Präsident Roosevelt distanzierte sich von ihnen, Churchill lehnte sie ab und das US-Außenministerium brachte die Haltung der amerikanischen Regierung noch im gleichen Jahr auf den Punkt: *„Die Vereinigten Staaten haben seit ihrem Bestehen an der Grundüberzeugung festgehalten, dass alle Menschen das Recht haben, als freie Individuen zu leben und nach ihrem eigenen Glück zu streben. Nach der Atlantik-Charta sind Sieger und Besiegte gleichermaßen zu wirtschaftlichem Wohlstand berechtigt. Die vorgeschlagene Behandlung Deutschlands würde jedoch, falls sie überhaupt durchführbar wäre, ganz bewusst viele Millionen Menschen des Rechtes auf Freiheit von Not und Freiheit von Furcht berauben. Alle anderen Völker der Welt würden dadurch in ihrem Vertrauen zu unseren Grundsätzen erschüttert werden und an der Wirksamkeit unserer wirtschaftlichen und politischen Maßnahmen gegenüber den Besiegten zu zweifeln beginnen".*

Dies änderte zwar nichts daran, dass die Alliierten nach sechs Jahren Krieg und hohen Verlusten das deutsche Rüstungspotential zerstören und Deutschland Angriffskriege unmöglich machen wollten, aber sie wollten Deutschland nicht in eine Wüste verwandeln – auch weil sie es brauchten.

Für den deutschen Schiffbau und die deutsche Schifffahrt sah es zunächst jedoch düster aus. Denn das Potsdamer Abkommen, auf dem am 2. August 1945 unter anderem die politische und geografische Neuordnung Deutschlands, seine Entmilitarisierung, die von Deutschland zu entrichtenden Reparationen und der Umgang mit deutschen Kriegsverbrechern von den USA, Großbritannien und der Sowjetunion verhandelt und festgeschrieben war, verhängte nicht nur *„die Ausschaltung der gesamten deutschen Industrie, welche für eine Kriegsproduktion benutzt werden kann"*, sondern auch ein absolutes Schiffbauverbot, und sah die Auslieferung der gesamten deutschen Handelsflotte vor. So hieß es unter Punkt III in der etwas holprigen deutschen Fassung:

B. Wirtschaftliche Grundsätze.
11. Mit dem Ziele der Vernichtung des deutschen Kriegspotentials ist die Produktion von Waffen, Kriegsausrüstung und Kriegsmitteln, ebenso die Herstellung aller Typen von Flugzeugen und Seeschiffen zu verbieten und zu unterbinden. Die Herstellung von Metallen und Chemikalien, der Maschinenbau und die Herstellung anderer Gegenstände, die unmittelbar für die Kriegswirtschaft notwendig sind, ist

streng zu überwachen und zu beschränken, entsprechend dem genehmigten Stand der friedlichen Nachkriegsbedürfnisse Deutschlands, um die in dem Punkt 15 angeführten Ziele zu befriedigen. Die Produktionskapazität, entbehrlich für die Industrie, welche erlaubt sein wird, ist entsprechend dem Reparationsplan, empfohlen durch die interalliierte Reparationskommission und bestätigt durch die beteiligten Regierungen, entweder zu entfernen oder, falls sie nicht entfernt werden kann, zu vernichten.

Und über die deutsche Kriegs- und Handelsflotte bestimmte das Abkommen unter Punkt V: *Die deutsche Kriegs- und Handelsmarine.* Die Konferenz erzielte im Prinzip eine Einigung hinsichtlich der Maßnahmen über die Ausnutzung und die Verfügung über die ausgelieferte deutsche Flotte und die Handelsschiffe. Es wurde beschlossen, daß die drei Regierungen Sachverständige bestellen, um gemeinsam detaillierte Pläne zur Verwirklichung der vereinbarten Grundsätze auszuarbeiten. Eine weitere gemeinsame Erklärung wird von den drei Regierungen gleichzeitig zu gegebener Zeit veröffentlicht werden.

Oben: Riesiger Reparaturbedarf 1945 - Schiffswracks im Kieler Hafen.
Unten: Die „Stunde Null" im Kieler Hafen – zerstörte Schiffe und zerbombte Werften.
Archiv WLB Suttgart

Daraus folgte später, dass die Handelsflotte, die bereits an die drei Mächte ausgeliefert war, unter ihnen gleichmäßig aufgeteilt werden sollte.

„*Entbehrliche Produktionskapazität vernichten*": Das bedeutete im Klartext die Demontage von Industrieanlagen, die die Alliierten für entbehrlich beziehungsweise für rüstungsrelevant hielten. Sie sollten entweder als Reparation an die Siegermächte abgegeben oder gesprengt werden. Damit wollten die Alliierten sicherstellen, dass Deutschland keine Möglichkeit mehr haben sollte, eine

100

Alliierte Fotos vom Kriegsende in Kiel: Wracks im Kieler Hafen (links), zerstörte Werftanlagen der Deutschen Werke (oben) und Trümmerlandschaft auf dem Ostufer (unten).
Archiv Karl-Heinz Hildebrandt

Kriegsproduktion zu unterhalten und einen neuen Angriffskrieg zu beginnen. Ganz zerschlagen wollten sie jedoch die Wirtschaft des besiegten Deutschland nicht. Schon das Potsdamer Abkommen ging davon aus, dass dem deutschen Volk ein mittlerer Lebensstandard zu gewähren sei. Dazu heißt es im Abkommen: *„Die Alliierten wollen dem deutschen Volk die Möglichkeit geben, sich darauf vorzubereiten, sein Leben auf einer demokratischen und friedlichen Grundlage von neuem wiederaufzubauen".* In den folgenden Jahren nach dem Kriegsende ging es den Amerikanern und Briten in ihren Zonen darum, die Rüstungsindustrie schnell zu zerschlagen und die Demontagen zu beenden, um den Wiederaufbau Deutschlands als Bollwerk gegen den Kommunismus zu fördern.

Denn bei Kriegsende 1945 waren die Gegensätze zwischen den Westmächten und der Sowjetunion unübersehbar. Die gewandelte Haltung lässt sich gut in einem Papier ablesen, das der Vereinigte Generalstab Großbritanniens 1946 an die britische Regierung richtete. Darin ging es eigentlich um die Frage, ob der Nord-Ostsee-Kanal zerstört werden sollte. Tatsächlich aber spielte die große Politik mit. In Fragen des NOK sprach sich der Generalstab gegen den ursprünglichen Plan der Zerstörung aus und empfahl, ihn nach dem Ende der Besetzung Deutschlands wieder unter deutscher Kontrolle zu belassen. Die Begründung für die Empfehlung gibt aber einen tiefen Einblick in das tiefe Zerwürfnis zwischen den West- und den Ostmächten: *„Wir müssen jetzt die russische Haltung zu ihren Alliierten in Betracht ziehen, ihre Obstruktionspolitik in internationalen Gremien und ihre offensichtliche Entschlossenheit, ihre strategischen Forderungen ohne Rücksicht auf internationale Verträge oder Abkommen durchzusetzen. Unsere Politik zielt nun darauf ab, vorwärtige oder schützende Regionen zu schaffen, in denen wir sicherstellen müssen, dass kein potentieller Gegner eine dominante Position erhält.*

Nordwesteuropa ist eine dieser Schutzregionen. Eine derartige Politik führt natür-

Premierminister Winston Churchill, Präsident Harry S. Truman und Generalissimus Josef Stalin im Garten des Potsdamer Schlosses Cecilienhof vor Beginn der Potsdamer Konferenz am 25. Juli 1945. Truman Library

lich zu einer Änderung unserer lange verfolgten Politik gegenüber Deutschland. Wir sind uns einig darin, dass wir jetzt vollständig in Betracht ziehen müssen, dass Russland ein sehr viel gefährlicheres Potential darstellt als Deutschland. Es ist daher wichtig, dass wir jede Anstrengung unternehmen müssen, Westdeutschland frei von sowjetischem Einfluß zu halten...".

In der Vergangenheit, so der Generalstab, sei es die Politik gewesen, Deutschland dort aufzubauen, wo es nötig sei, so dass man auf effektive deutsche Unterstützung rechnen könnte, falls es zu einem Konflikt mit Russland käme. Es sei aber auch vorrangig darum gegangen, das deutsche Kriegspotential zu verringern.

„Heute jedoch *„sind wir der Auffassung, dass wir Nordwesteuropa inklusive Westdeutschlands als Schutzregion für Großbritannien gegen die Möglichkeit sowjetischer Aggression aufbauen müssen".*

Hier kündigte sich ein politischer Wandel an, der 1948 in den Marshall-Plan zum Aufbau Europas und Deutschlands münden sollte und ohne den das spätere deutsche Wirtschaftswunder undenkbar ist. In der „Stunde Null" war davon für die Deutschen noch nicht viel zu spüren. Sie hatten genug damit zu tun, ihr Überleben zu organisieren. Trotz Auslieferung der Handelsflotte, trotz der geplanten Demontage von Industrieunternehmen waren die Deutschen nicht total entmündigt. Die Siegermächte brauchten sie für den Aufbau einer zivilen Verwaltung – das sah das Potsdamer Abkommen geradezu vor, für die Versorgung der Bevölkerung und natürlich auch an der Küste und auf See. Um die Ernährung der Menschen sicherzustellen, waren Fischerei und Seetransport notwendig. Der wiederum erforderte Lotsen, Seezeichen, Seenotrettung, Schlepper, Eisbrecher und Bergeschiffe für die zahllosen Wracks in den deutschen Häfen und vor der Küste. Die Häfen mussten instand gesetzt werden und nicht zuletzt mussten Nord- und Ostsee von Minen gesäubert werden. Das übernahm eine Truppe aus ehemaligen Marinesoldaten unter britischer Aufsicht, die „German Minesweeping Administration" (GMSA). Ehemalige deutsche Mariner erledigten für die alliierten Geheimdienste auch pikante Aufgaben. Schnellbootfahrer fuhren mit ihren Booten waghalsige Spionageaufträge in der russischen Ostsee.

Die Handelsflotte, soweit sie von Deutschen betrieben wurde, durfte keine Nationalflagge führen, sondern sie musste den Doppelstander C aus dem internationalen Flaggenbuch am Heck hissen. Diese Bestimmung des Alliierten Kontrollrates hielt sich bis zum Februar 1952. Erst danach durften deutsche

Zerstörte Werfthallen. Archiv HDW

Schiffe unter Schwarz-Rot-Gold zur See fahren. Im Übrigen war nach Kriegsende mit den Schiffen, die noch mit deutschen Eignern fahren durften, kein Staat zu machen. Es waren uralte, miserable und zum Teil seeuntüchtige „never-come-back-liner", die sich oft nur mit Mühe über Wasser hielten, wie Zeugen berichten. Aber sie fuhren.

Die mehr oder weniger zerstörten Werften mussten, soweit sie nicht zur Demontage bestimmt waren, in dieser Zeit zusehen, wie sie über die Runden kamen. Neubau war ihnen ja zunächst verwehrt, die Schiffsreparatur aber nicht. Und es gab einen riesigen Bedarf an Schiffsreparaturen. Dort, wo die Anlagen es trotz der Zerstörungen zuließen, bauten sie Vorpostenboote und Kriegsfischkutter wieder zu zivilen Fischkuttern um; sie reparierten die alten Handelsschiffe und in Ausnahmefällen durften sie im Krieg begonnene Neubauten zu Ende bauen und abliefern – natürlich an Reeder im westlichen Ausland. Und schließlich hatten auch die Alliierten erheblichen Reparaturbedarf.

Neubau von Schiffen erlaubten die Ausführungsbestimmungen des Potsdamer Abkommens nur in sehr engen Grenzen. Erlaubt waren Fischdampfer: 34 Stück von höchstens 400 BRT, einer Maximalgeschwindigkeit von 12 Knoten und angetrieben von kohlegefeuerten Dampfmaschinen. Diese eigentlich unwirtschaftlichen Schiffe – die übliche Größe von Fischdampfern lag damals bei 500 BRT – bewährten sich überraschenderweise besser als erwartet. Dennoch kamen nur wenige der „Potsdam-Fischdampfer" in Fahrt, weil der Mangel an Material zu groß war. Der Bau von Handelsschiffen kam langsamer in Gang. Erst mit der Jahreswende 1947/48 erlaubten die Alliierten den Bau von Frachtschiffen für den Küstenverkehr mit Einschränkungen: Sie durften nicht größer als 1.500 BRT sein, maximal zwölf Knoten laufen, kein Schwergutgeschirr besitzen, und als Antrieb war wieder nur die kohlegefeuerte Dampfmaschine erlaubt. Trotzdem gelang es mit einigen Vermessungstricks, diese „Potsdam-Frachter" wirtschaftlich betreiben zu können. Im November 1949 gestattete dann das „Petersburger Abkommen" den Bau von Trockenfrachtern bis 2.700 BRT, von Tankern bis zu 7.200 BRT und von Fischdampfern bis zu 650 BRT. An der Geschwindigkeitsbegrenzung hielten die Alliierten allerdings fest.

Das änderte sich im Zeichen der immer kritischer werdenden Lage der Weltpolitik. Im Juni 1950 brach der Koreakrieg aus und zog für den Welthandel den „Korea-Boom" nach sich. Und damit kam eine Welle an Neubau-Aufträgen auf die deutschen Werften zu. In dieser Situation setzten sich die Bundesregierung und die Küstenländer intensiv bei dem alliierten Hochkommissar für die Werften in Deutschland ein. So fiel 1950 das generelle Exportverbot für die deutschen Werften, und ein Jahr später durfte Deutschland wieder Schiffe ohne jede Größen- und Geschwindigkeitsbeschränkung bauen. Zwar war es noch verboten, Fahrgast- und Kriegsschiffe zu bauen, und auch die Werftkapazitäten durften nicht vergrößert werden, aber auch diese Beschränkungen fielen in den folgenden Jahren Stück für Stück, bis 1955 nur noch das Verbot für den Bau von Kriegsschiffen über 6.000 Tonnen für ausländische Marinen bestehen blieb.

DIE DEMONTAGE DER GROSSWERFTEN Während die kleinen und mittleren Werften meist glimpflich davonkamen, setzten die Alliierten ihr Ziel bei den großen Werften, ganz wie es das Potsdamer Abkommen vorsah, rigoros durch. Die Demontage betraf vor allem die Deschimag/AG „Weser" in Bremen, Blohm & Voss in Hamburg, und in Kiel waren die Germaniawerft und die Deutschen Werke betroffen. Die Anlagen der Deschimag wurden abmontiert und in die Sowjetunion verschifft. Blohm & Voss traf es hart: Dort hatte man im September 1945 begonnen, zwei Vorpostenboote wieder in Fischdampfer zu verwandeln, und erste Reparaturaufträge angenommen. Aber Anfang 1946 wurde jegliche Arbeit verboten und das Werftgelände zum Sperrgebiet erklärt. Im Mai rückten die Pioniere an und sprengten die Helgen. Alle Proteste von Hamburgs Bürgermeister, der Hamburger Bürgerschaft und der Hamburger Bevölkerung waren vergebens. Allerdings nicht ganz, denn die geplanten Sprengungen bei der Deutschen Werft, den Hamburger Howaldtswerken und der Stülcken-Werft unterblieben.

In Kiel schloss die britische Besatzungsmacht umgehend die Germaniawerft und die Deutschen Werke, um sie zur späteren Demontage vorzubereiten. Sie bestanden zwar noch auf dem Papier weiter, durften aber keinen Schiffbau mehr betreiben. Nur die Howaldtswerke sollten als Reparaturbetrieb weiter aufrechterhalten bleiben. Zuerst traf es den U-Boot-Bunker „Kilian" vor dem Gelände der Howaldtswerke, der bereits 1946 gesprengt wurde. Auch der Bunker „Konrad" auf dem Gelände der Deutschen Werke flog alsbald in die Luft. Die Pläne der Alliierten trafen von Anfang an auf den Widerstand und Protest der Kieler, da sie für die Fördestadt mit ihrer Basis in der maritimen Industrie absolut existenz-

Sprengung des U-Boot-Bunkers „Kilian" vor den Kieler Howaldtswerken 1946. Archiv HDW

Adolf Westphal (1910–1971) bei einer Taufrede. Archiv HDW

bedrohend waren. Die Bevölkerung demonstrierte schon 1946 gegen die Demontage der Germaniawerft. Allerdings mit wenig Erfolg.

Im Oktober 1948 gab die Militärregierung dann die Demontagepläne für das Ostufer bekannt. Von 264 noch vorhandenen Werkhallen sollten 152 vernichtet werden. Die Kieler, allen voran Oberbürgermeister Gayk, protestierten viele Male gegen diese Absichten. Sie befürworteten zwar die Demontage und den Aufbau einer Friedensindustrie, verurteilten jedoch die sinnlose Zerstörung von Betrieben, die einem friedlichen Aufbau dienen könnten. Diese Zerstörungen müssten zwangsläufig zur Massenarbeitslosigkeit und zur Gefährdung des demokratischen Prozesses führen. Es war vergebens. Trotz dieser Mahnungen begannen am 28. Februar 1949 auf dem Ostufer die Sprengungen, deren Detonationen die Stadt täglich ab 15.00 Uhr erschütterten. Die Proteste erreichten nur, dass 18 Gebäude aus dem Zerstörungsplan herausgenommen wurden. Am 5. Mai 1950 fanden die Sprengungen ein Ende. Am 11. September wurden in der britischen Zone die Demontagen und Entmilitarisierungsarbeiten eingestellt und das Ostufer freigegeben. Oberbürgermeister Gayk urteilte 1953: *„Die Gründlichkeit, mit der die Werkstätten und Industrieanlagen demontiert und zerstört wurden, finden kaum ihresgleichen im Bundesgebiet"*. Durch Krieg, Demontage und Entmilitarisierung waren in Kiel insgesamt 60.000 Arbeitsplätze vernichtet worden.

Die Umstellung des Ostufers auf die Friedenswirtschaft mit Betrieben, die zivile Güter herstellten auf dem demontierten Gelände der beiden Großwerften, wurde allerdings nicht zum Erfolg. Zum einen begann sie zu spät, so dass sich Großbetriebe, die sich gern in Kiel angesiedelt hätten, längst anderswo niedergelassen hatten. Und zum anderen siedelten sich zumeist kapitalschwache Flüchtlingsbetriebe an. Ihre Produktion reichte von Möbeln, Registrierkassen, Fernseh- und Radargeräten bis zu Garnen, Textilien, Strümpfen, Dosen, Marmelade und Marzipan. Aus Geldmangel und wegen fehlender Absatzmöglichkeiten scheiterten die meisten von ihnen allerdings über kurz oder lang.

HOWALDTSWERKE KIEL: DIE STUNDE VON ADOLF WESTPHAL Allein die Howaldtswerke hatten in Kiel überlebt und konnten weiter arbeiten. Ihre Belegschaft betrug 1945 rund 2.000 Mitarbeiter, für die Arbeit zu beschaffen war. Das war die Stunde von Adolf Westphal. Er hatte 1943 die kaufmännische Leitung der Werft übernommen und ergriff nun tatkräftig und geschickt die Gunst der Stunde. Ihm ist es zu verdanken, dass sich der Aufstieg der Howaldtswerke in Kiel nach dem Krieg nahezu kometenhaft gestaltete, und er ist neben Georg Howaldt und Heinrich Diederichsen eine der bedeutendsten Gestalten in der Geschichte der Werft. Der charismatische Gaardener war pragmatisch, liebte eine klare Sprache – und er konnte überzeugen.

So machte er den Engländern klar, dass sie an der Mündung des Nord-Ostsee-Kanals dringend eine Reparaturwerft benötigten. Er konnte damit auch verhindern, dass die Werft gesprengt wurde. Und als Glanzstück erreichte er, dass ihm die Engländer ein 2.700-Tonnen-Schwimmdock der Germaniawerft überließen.

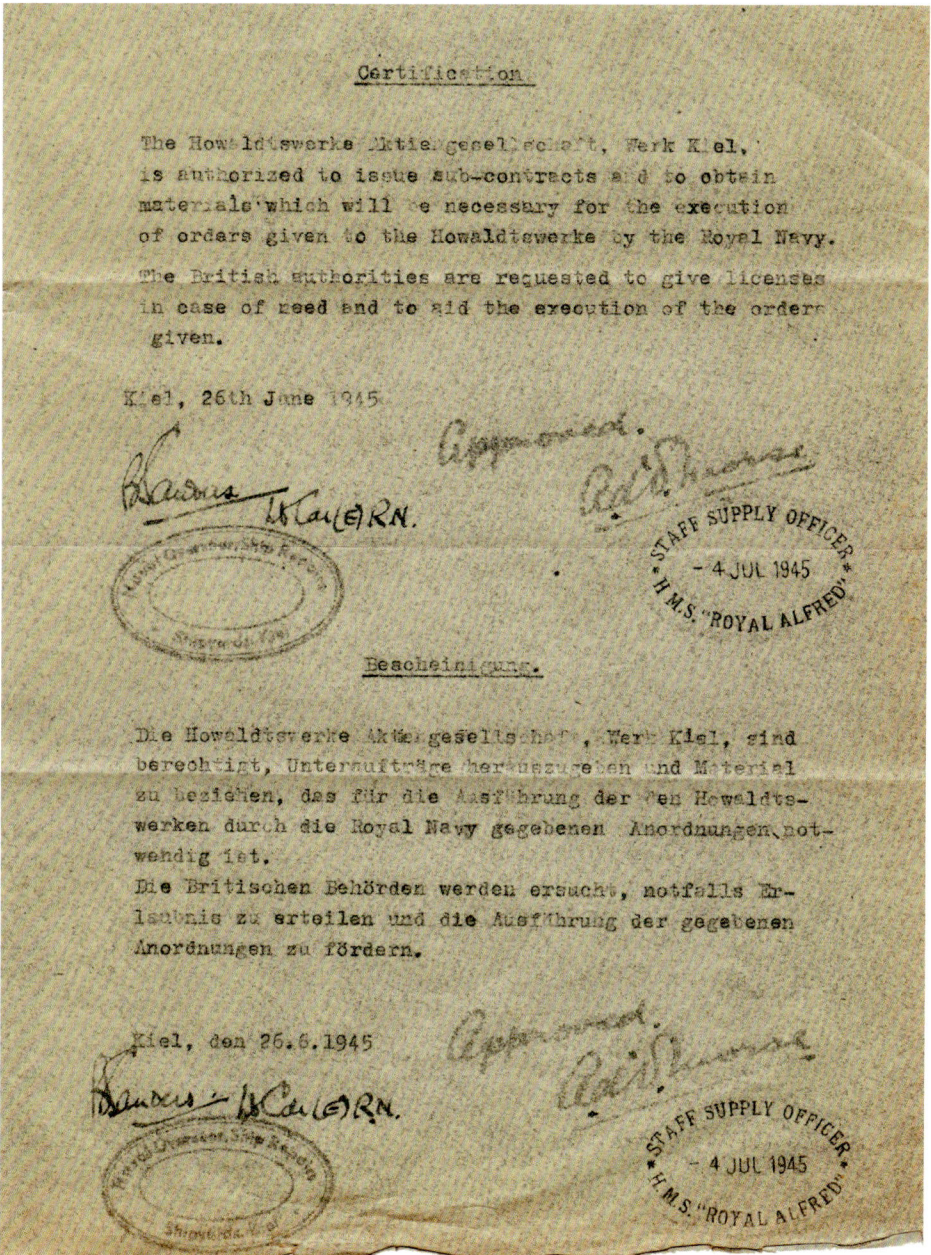

Britische Genehmigung für die Kieler Howaldtswerke, Reparaturen auszuführen, 1945. Archiv HDW

Damit nicht genug: Nach zähen Verhandlungen erreichte er auch, dass ihm vier Schwimmdocks und drei Pontons aus Marinebesitz und die beiden Trockendocks Nr. 5 und 6 der Deutschen Werke zur Verfügung gestellt wurden. Die Trockendocks besaßen zusammen eine Hebekraft von 1.500 bis 6.000 Tonnen, und die Pontons brachten es auf je 1.200 Tonnen. Das war an der gesamten Küste einzigartig. Und die britische Admiralität entschied, dass in Kiel allein die Howaldtswerke Schiffsreparaturen ausführen und daher die Werft entsprechend vorbereiten durften. Damit konnte das Reparaturgeschäft beginnen.

aus Trümmern der zerbombten Stadt Kiel schleppten die Howaldt-Arbeiter verbogene T-Träger an, die sie auf der Esse erhitzten und wieder gerade bogen.

Aber schnell ging es an größere Vorhaben. Das ehemalige deutsche Walfangmutterschiff WALTER RAU sollte zusammen mit drei Fangbooten nach England ausgeliefert werden. Innerhalb von drei Monaten reparierte es die Werft, so dass es unter dem neuen Namen EMPIRE VENTURE schon zur Walfangsaison 1945/46 auslaufen konnte.

Zunächst beschränkte es sich im Auftrag der Royal Navy auf die Reparaturarbeiten an Schiffen der „German Minesweeping Administration". Daneben machte die Werft das gesunkene Walter-U-Boot U 759 für die Überführung nach England schwimmfähig. Aber sie bewies auch Flexibilität. Denn sie fertigte ebenfalls zeittypische Gerätschaften an, die dringend benötigt wurden: Würzbehälter für eine Brauerei, einige hundert Ackerpflüge, Dampfkessel für Zuckerfabriken oder Kohleschütten für eine Bunkerstation. Und

MEHR ARBEIT – MEHR ARBEITER Die Belegschaft der Werft vergrößerte sich bis zum März 1946 schon auf 4.000 Mitarbeiter. Sie hatten viel zu tun. Denn sie hatten viele Schiffe, die als Reparationen an die Siegermächte abgeliefert werden sollten, instandzusetzen. Aber sie mussten auch Schiffe für ihre letzte Fahrt fertig machen. So das Flugsicherungsschiff SCHWABENLAND, das 1925 als Frachter in der Nachbarschaft, den Deutschen Werken, unter dem Namen SCHWARZENFELS vom Stapel gelaufen war. 1934 hatte die Lufthansa

Reparatur des Walfangmutterschiffs WALTER RAU mit drei Fangbooten. Das Schiff wurde unter dem Namen EMPIRE VENTURE 1946 an England ausgeliefert. Archiv HDW

es als Flugsicherungsschiff für ihren Transatlantikdienst umbauen lassen und unter dem Namen SCHWABENLAND in Fahrt gebracht. 1938 hatte sie eine Antarktis-Expedition mitgemacht, bei der das Reich eine geeignete Stelle für eine deutsche Walfangstation suchte. Im Krieg wurde sie beschädigt und diente nach Kriegsende zuletzt der Royal Navy als Wohnhulk im Oslofjord. 1946 erhielten die Howaldtswerke den Auftrag, das Schiff zum Versenken mit Giftgasmunition im Skagerrak fertig zu machen. Ausgerechnet zu Silvester 1946 versenkte die Royal Navy dann die SCHWABENLAND.

Doch die Freude über die viele Arbeit war nicht ungetrübt, denn 1946 kamen Gerüchte auf, dass die Werft geschlossen werden sollte. In dieser Situation wurden für die Howaldtswerke zwei Treuhänder eingesetzt und der Aufsichtsrat neu bestimmt. Der betraute Westphal mit der Leitung des Kieler Werkes. In dieser Phase musste Westphal eine besonders scharfkantige Klippe umschiffen. Zwar hatte die britische Besatzungsmacht der Werft im Frühjahr 1946 die Erlaubnis gegeben, einige Anlagen wieder herzurichten, aber im November setzte sie die Werft wieder auf die Reparationsliste, von der sie bisher ausgenommen war. Westphal konnte jedoch erreichen, dass die Werft wieder ihren Ausnahmestatus erhielt und das Reparaturgeschäft konnte weitergehen. Seit Kriegsende bis Ende 1947 hatte sie bereits 835 Handelsschiffe repariert. Nur eines war ihr nicht gelungen: einen Neubauauftrag für einen der vom Kontrollrat genehmigten Fischdampfer zu erhalten.

Dafür nahm Westphal 1947 aussichtsreiche Kontakte nach Skandinavien auf und brachte Reparaturaufträge aus Norwegen und Dänemark nach Kiel. Und für die norwegische Reederei Skaugen baute die Werft aus einem angefangenen Rumpf der Germaniawerft das Auswandererschiff SKAUGUM, und danach aus einem Frachterrumpf ein weiteres Auswandererschiff, SKAUBRYN. Aus Schweden kam der Auftrag, das 20 Jahre alte Passagierschiff GRIPSHOLM zu modernisieren.

Die Währungsreform im Jahr 1948 brachte einen kurzfristigen Rückschlag, der trotz einiger Reparaturaufträge zu Kurzarbeit und Entlas-

Umbau der im Krieg nicht fertiggestellten OSTMARK zum Auswandererschiff SKAUBRYN, 1951. Archiv HDW

```
H O W A L D T S W E R K E              Kiel, August 29th 1946
    Aktiengesellschaft
    W E R K  K I E L                        212 354/1
```

" Schwabenland "
========================

Airplane service ship

1. Klarmachen des Schiffes zum Versenken   Ship to be made ready for
   mit Gasmunition.   scuttling with gas- ammunition.

L.

Anordnung der Kieler Howaldtswerke, die SCHWABENLAND zur Versenkung vorzubereiten. Archiv HDW

Flugsicherungsschiff SCHWABENLAND vor dem Krieg. Historisches Marinearchiv/Seeflieger AG

sungen führte. Doch das Petersburger Abkommen, das Schiffsneubau erlaubte, brachte eine ganze Auftragswelle an die Förde: Bis Ende 1950 standen vier Fischdampfer, drei Fischereimotorschiffe, vier Frachtdampfer und sechs Motorfrachter in den Auftragsbüchern. In diesem Jahr machte sich auch Bundespräsident Theodor Heuss bei einem Besuch in Kiel ein Bild von der Werft.

Der eigentliche Neubau begann 1950 mit den beiden Fischdampfern SCHLESWIG und FLENSBURG für die Kieler Hochseefischerei. Und das war erst der Anfang. Denn ein Jahr später lag der Auftragsbestand, der vorwiegend ausländischen Reedern zu verdanken war, schon bei 600.000 tdw. Und der Einstieg in den Tankerbau war auch geschafft, denn in den Auftragsbüchern der Werft standen bereits 21 Tanker, die vorwiegend norwegische Reeder bestellt hatten.

In dieser Zeit zog Westphal einen ganz großen Fisch an Land, der für die Howaldtswerke lange Jahre ein treuer Kunde werden sollte, eine schillernde Persönlichkeit: Aristoteles Onassis. Der griechische Großreeder, der im Zweiten Weltkrieg mit Transporten für die Alliierten viel Geld verdient hatte, wollte in den Walfang einsteigen. Und so ließ er 1950 einen ausgedienten T2-Tanker, die HERMAN F. WHITON, zum Walfangmutterschiff OLYMPIC CHALLENGER umbauen und eine kleine Flotte von Fangbooten aus alten kanadischen Korvetten gleich dazu.

AUCH HOWALDT HAMBURG KOMMT IN FAHRT Auch die Howaldtswerke in Hamburg kamen glimpflich davon. Verschont von der Demontage, die die Werft von Blohm & Voss so radikal betroffen hatte, dass sie erst 1954 wieder Schiffe bauen konnte, bekamen sie schon im Mai 1945 eine Betriebsgenehmigung von den Briten. Die Werft hatte unter den Kriegseinwirkungen nicht so stark gelitten wie der Kieler Betrieb, aber es gab auch so genug zu tun. Bis 1946 durften jedoch nach den Anweisungen der Besatzungsmacht keine Gebäude repariert werden, so dass die Arbeiter im strengen Winter 1945/46 ihr dürftiges Mittagessen unter freiem Himmel bei jedem Wetter einnehmen mussten – es war nicht einmal gestattet, das Dach der

Besuch von Bundespräsident Theodor Heuss bei den Kieler Howaldtswerken mit Adolf Westphal (2.v.l.) im Jahr 1950. Archiv HDW

T2-Tanker HERMAN T. WHITON bei seiner Ankunft in Kiel 1950.

Die abgetrennte Brücke wird aufgesetzt.

Neue Dreiflammrohrkessel in der Werkstatt.

... und als Walfangmutterschiff OLYMPIC CHALLENGER. Archiv HDW

Kantine wieder zu decken. Erst danach begannen die Aufräum- und Reparaturarbeiten. Zunächst wurden verschiedene Gebäude wieder instandgesetzt, anschließend wurden gesunkene Docks gehoben und repariert und ein Dock gegen ein größeres ausgetauscht. Immerhin besaß Howaldt Hamburg Ende 1946 vier Schwimmdocks.

Zwar lief das Reparaturgeschäft in Hamburg ziemlich schleppend an, weil die internationale Schifffahrt die Hansestadt noch mied. Dafür konnten die Howaldtswerke 1947 immerhin gleich drei der „Potsdam-Fischdampfer", um die sich alle Werften rissen, in die Orderbücher als Neubauten schreiben. Und Ende 1949 baute die Hamburger Werft ihre Kontakte zu alten Vorkriegskunden wieder auf – gut für das Reparaturgeschäft. Die Werft hatte Arbeit. So beschäftigte sie 1948 insgesamt 2.600 Mitarbeiter, von denen 300 hochqualifizierte Facharbeiter von der geschlossenen Blohm & Voss stammten. Daher übernahmen die Howaldtswerke auch den Maschinenbau, die Turbinenreparatur und auch noch die Reparatur von Hamburger Versorgungseinrichtungen. Auch in Hamburg brachte die Währungsreform

Howaldtswerke Hamburg: Das zerbombte Werkstofflager 1945. Archiv HDW

eine vorübergehende Delle im Geschäft, die hier ebenfalls zu Entlassungen zwang. Die Lockerung der alliierten Schiffbaubestimmungen sorgten aber bald wieder für Arbeit, und vor allem konnte man jetzt daran gehen, die Hellinge, Werkstätten und Hallen wieder vollkommen instand zu setzen, um für die kommenden Jahre gerüstet zu sein. Und sie wurden gut: Große deutsche Reedereien, wie Hapag, Essberger, Hamburg Süd wurden um 1950 wieder zu Kunden für Neubauten. Doch das war erst der Anfang. Es ging weiter bergauf. Der Dieselmotorenbau begann wieder, und der erste Motor wurde 1950 in der SANTA URSULA installiert. 1951 war der Turbinenbau startklar und lieferte die ersten Turbinen nach Kiel. Die nun guten Jahre in Kiel und Hamburg spiegelten sich letztlich auch in der Bilanz der Howaldtswerke: Endlich sprudelten Gewinne nach langen verlustreichen Jahren. Und, wie auch in Kiel, sollte es noch besser kommen.

WERFTARBEIT NACH DEM KRIEG: HARTE ARBEIT – WENIG BROT Eine anschauliche Schilderung der harten Arbeitsbedingungen, die direkt nach dem Krieg auf den Werften herrschten, gibt Cai Boie in seinem Buch „Schiffbau

1950: Der erste Diesel aus Hamburg. Archiv HDW

Den ehemaligen Hilfsflugzeugträger GRANDPOND verwandelten die Hamburger Howaldtswerke 1951 in den Frachter CONDOR für eine englische Reederei. Archiv HDW

Eiswinter 1945/46 in Kiel: Wenig zu essen, wenig zu heizen. Stadtarchiv Kiel

in Deutschland 1945-52". Der Kieler Diplomingenieur absolvierte von 1945 bis 1947 bei den Kieler Howaldtswerken eine Schiffbau-Lehre, und so erzählt er aus eigenem Kieler Erleben: *„Noch schwerwiegender als der Materialmangel wirkten sich die damaligen Arbeitsbedingungen auf die Produktivität aus. Nicht nur, dass die Nahrungsmittelversorgung der gesamten Bevölkerung so unzureichend war, dass die offiziell zugesagten 1.500 Kalorien pro Tag häufig erheblich unterschritten wurden. Auch das Wohnen in teilzerbombten Häusern trug nicht gerade zur Steigerung der Arbeitsfreude bei. Dies hatte zur Folge, dass jedermann sich im Betrieb zunächst einmal dafür interessierte, wie sich der persönliche Lebensstandard „mit Werfthilfe" aufbessern ließ. Da wurden Kaninchenställe und Blockwagen gebaut, aus dicken Stahlplatten Bügeleisen ausgebrannt und vieles andere mehr.*

Die Entdeckung einer früheren Werkzeugausgabe unter den Trümmern eines eingestürzten Gebäudes der Deutschen Werke in Kiel führte zu einem Run auf Hämmer, Meißel, Zangen und Sägen, die alle, die von diesem Geheimnis wussten, gut zu Hause gebrauchen konnten. Aber wie sollten diese Kostbarkeiten an den Torkontrollen vorbeigeschmuggelt werden? Auch da wurde viel Ideenreichtum entwickelt. Die Geschichte von dem Mann, der täglich eine Schubkarre voll Sägespäne durchs Tor schiebt, wobei niemand merkt, dass er Schubkarren schmuggelt, könnte von einer deutschen Werft jener Jahre stammen.

Bei Howaldt in Kiel lag der „Blaue Dampfer" AUGUST in Reparatur. Er gehörte der Reederei, die täglich den sogenannten Arbeiterdampfer von und zur Werft stellte. Das hieß, wenn AUGUST fertig ist, wird er auch als Arbeiterdampfer fahren. Also packte man, was sich am Tor nicht vorbeischmuggeln ließ, unter die Sitzbänke von AUGUST. Nur hatten das so viele Leute getan, dass es auffiel. Die Werksfeuerwehr überholte den Dampfer einen Tag vor der Ablieferung. Die Liste der Fundsachen umfasste vier Schreibmaschinenseiten.

Als dann im Winter 1946/47 zu Hause die Wohnungen aus Kohlenmangel nicht geheizt werden konnten, die Arbeiter auf den Werften in den bombenbeschädigten und auf alliierten Befehl nicht zu reparierenden Werkstätten froren und sich die Nahrungsmittelversorgung weiter verschlechterte, kam es zum sogenannten Maisbrotstreik. Ursache: man hatte das Mehl, aus dem Brot gebacken wurde, mit Mais aus amerikanischen Überschussbeständen gestreckt. Das ergab ein schweres, klebriges und gelb gefärbtes Brot, das sich wahrlich nicht eignete, um einen arbeitenden Menschen satt zu machen. Die Werftarbeiter legten die Arbeit nieder und zogen zum Protest vors Rathaus. Obwohl viele andere Einzelheiten der Arbeitsbedingungen eines Streiks ebenso würdig gewesen wären, blieb es bei dieser einzigen Arbeitsniederlegung – trotz des „abwechslungsreichen" Speisezettels der Werksküche: montags Kohl mit Rüben, dienstags Rüben mit Kohl, mittwochs wieder Kohl mit Rüben usw.; trotz der Widrigkeiten des Arbeitens bei Regen und Kälte auch in den Werkstätten.

In der Schiffbauhalle von Howaldt in Kiel gab es – weil das Glasdach nicht erneuert werden durfte und konnte – eine Arbeitsnummer für Regen, denn das damals übliche Anzeichnen der Platten mit Kreide war ja nur auf trockenem Untergrund möglich. Mängel nicht nur in der Materialversorgung; es gab auch kaum Arbeitskleidung. Selbst bei Kleinigkeiten mangelte es. Wegen Papiermangels konnte man bei Howaldt keine Löhne abrechnen und auszahlen. Bei einem Ecklohn von 1,01 RM pro Stunde allerdings ohnehin kein Salär, das zu mehr als zum Bezug der wenigen auf Lebensmittelkarte zu kaufenden Nahrungsmittel ausreichte.

Die Kältewelle im Winter 1946/47 brachte dann auch noch den Zusammenbruch der Energieversorgung, und die Werften schlossen für etliche Wochen ihre Pforten. Die Mitarbeiter hatten angesichts der tiefen Temperaturen in Montagestellen und Werkstätten ohnehin mehr Zeit vor den improvisierten Koksöfen verbracht – soweit man Koks zum Heizen ergattert oder Zugang zu den Kohlebunkern der Reparaturschiffe gefunden hatte. Bei Howaldt arbeiteten an den kältesten Tagen mit vollem Einsatz nur noch ein paar Mann: Sie richteten die im Eis verbogenen Propellerflügel des Arbeiterdampfers LABOE, mit dem man zu Feierabend wieder nach Hause fahren wollte."

Werkhalle 1946 – Arbeiten unter primitiven Verhältnissen und offenem Dach. Archiv HDW

1953: KIEL UND HAMBURG TRENNEN SICH Adolf Westphal war ein selbstbewusster Mann, der auf Dauer sicher nicht die zweite Geige bei den Howaldtswerken mit ihrem Hamburger Hauptsitz spielen wollte. Hinzu kam, dass er aus der Kieler Werft den beachtlicheren der beiden Betriebe gemacht hatte. Und: Der Kieler Betrieb war mit 8.000 Beschäftigten Anfang der fünfziger Jahre das größte Industrieunternehmen in Schleswig-Holstein, während die Hamburger Howaldtswerke in der Großstadt nur eines von vielen Unternehmen war. Damit hatte der Kieler Betrieb ein ganz anderes politisches Gewicht. So macht es durchaus Sinn, wenn kolportiert wird, dass Westphal schon um 1947 eine Trennung von Hamburg angestrebt haben soll.

Ende 1951 wurde es konkret. Die Presse berichtete über das Interesse einer amerikanisch geführten Investorengruppe, die der Bundesregierung die Kieler Werft abkaufen wollte. Das allerdings scheiterte, weil der Bund umfangreiche Beschäftigungsgarantien verlangte, die die potentiellen Käufer nicht erfüllen konnten oder wollten. Die Bestrebungen, beide Werke zu trennen, waren damit nicht vom Tisch. Es gelang Westphal, die Bonner Beamten davon zu überzeugen, dass die Trennung von Hamburg so oder so überfällig war. Um sie zu bewerkstelligen, kam es mit Zustimmung des Aufsichtsrates zu einem Kunstgriff. Der Bund kaufte eine Tochtergesellschaft der Howaldtswerke, die Kieler Hütte, mit der die Gießerei nach dem Krieg betrieben wurde, und setzte sie als Auffanggesellschaft für den Kieler Betrieb ein. So arbeitete er rückwirkend ab 1. September 1952 auf Rechnung und Risiko der Kieler Hütte, die das Werk am 29. Januar 1953 vom Bund erwarb. Am gleichen Tag fand eine außerordentliche Hauptversammlung statt, die die Kieler Hütte in „Kieler Howaldtswerke AG, Kiel" umtaufte. Der Hamburger Betrieb erhielt den Namen „Howaldtswerke Hamburg AG". Von da an gingen die Kieler und die Hamburger Howaldts getrennte Wege. Für die Kundschaft muss es zu Anfang recht verwirrend gewesen sein, die beiden Unternehmen, die beide den Namen Howaldt trugen, auseinanderzuhalten. Auf Dauer stand das aber dem Fortkommen beider Unternehmen nicht im Wege. Und wie sich zeigen wird, war die Trennung nur von kurzer Dauer.

Werk Dietrichsdorf um 1952. Archiv HDW

Von Howaldt zu HDW

DER NACHKRIEGSBOOM Kaum hatte Adolf Westphal seine Schäfchen in Kiel ins Trockene gebracht, da drohte scheinbar neues Ungemach. Die Deutschen Werke bekamen schließlich doch noch von der britischen Besatzungsmacht die Genehmigung, wenigstens kleine Schiffe bis zu einer Größe von 600 BRT zu bauen und Schiffe zu reparieren. Daraus hätte mehr werden können, und Westphal hätte eine ernsthafte Konkurrenz direkt vor der Haustür gehabt. Da er sich aber rechtzeitig die beiden Trockendocks der Deutschen Werke gesichert und daneben für die Howaldtswerke auch noch diverse Schwimmdocks an Land gezogen und inzwischen ein blühendes Werftgeschäft aufgezogen hatte, war er den Deutschen Werken meilenweit voraus. Und das war letztlich ihr Ende. 1953 kaufte Westphal die beiden Docks in Gaarden, und kurz darauf betrieb er die Verschmelzung beider Kieler Betriebe. Nachdem das Bundesparlament seine Zustimmung gegeben hatte – die Deutschen Werke waren ja Staatseigentum – trat 1955 die Verschmelzung von Dietrichsdorf und Gaarden unter dem Namen „Kieler Howaldtswerke AG" in Kraft. Damit war Westphal unumschränkter Herrscher auf dem Ostufer und trug seinen Spitznamen „King Adolf" zu Recht.

Und die Zeiten für den Kieler Schiffbau waren gut. So stellte der Vorstand der Werft im Geschäftsbericht 1955/56 zufrieden fest: *„Die Nachfrage nach Schiffraum ist trotz der weit hinausgeschobenen Liefertermine unverändert groß"*. Das lag nicht zuletzt an der Nachfrage nach immer größeren Schiffen. So dachte man schon über Tanker nach, die bis zu 10.000 Tonnen Öl tragen konnten. Allerdings brach der Boom als Spätfolge der Suezkrise im Herbst 1956 ab. Die Frachtraten stürzten ab, und dem Tankermarkt drohte Übersättigung. Keine guten Aussichten für den Schiffbau. Das allerdings traf die Howaldtswerke nicht. Im Gegenteil. Geradezu euphorisch notierte der normalerweise eher dröge Geschäftsbericht 1958: *„Eine stattliche Reihe von Aufträgen von 65.000 t-Tankern konnte abgeschlossen werden… Unser Auftragsbestand hat im vergangenen Geschäftsjahr eine in der Geschichte unserer Werft noch nie erreichte Höhe erzielt"*.

Während es mit der internationalen Schifffahrt weiter bergab ging und eine Erholung in weite Ferne gerückt war, konnten sich die Howaldtswerke noch gelassen zurücklehnen. Denn ihre Auftragsdecke reichte immerhin für drei Jahre. Die Aufträge waren lukrativ, weil sie noch zu den hohen Preisen der Hochkonjunktur akquiriert waren. Und endlich hatten sie auch keine Sorgen mehr, ausreichend Stahl zu bekommen. Die Engpässe waren beseitigt und würden auch nicht wieder auftreten, wie der Vorstand bemerkte. Zugleich wurde die Werft 1959 aus der Bonner Bundesbürokratie entlassen. Zwar nicht gerade in die private Freiheit, sondern in die Obhut der bundeseigenen Salzgitter AG. Damit blieb die Werft privatrechtlich geführter Bundesbesitz.

1959 waren die Howaldtswerke Weltspitze: Mit 16 Schiffen und einer Gesamt-

Die Kieler Howaldtswerke, Werk Gaarden in den sechziger Jahren. Archiv HDW

tonnage von etwa 400.000 tdw lieferten sie weltweit den größten Schiffsraum ab. Das nannte der Geschäftsbericht mit hanseatischer Zurückhaltung einen „wirtschaftlichen Erfolg". Die Zurückhaltung kam nicht von ungefähr, denn inzwischen hatte sich die Schiffbauszene merklich verdüstert. Einige Länder, darunter auch EWG-Länder, gewährten inzwischen staatliche Subventionen, der Preisverfall auf dem internationalen Markt betrug bis zu 40 Prozent, und die Überkapazitäten im internationalen Schiffbau drückten die Preise weiter. Die Aufwertung der D-Mark machte die Akquisition von neuen Aufträgen noch schwieriger, und schließlich beklagte der Vorstand unverhältnismäßig angestiegene Lohnkosten und Sozialleistungen. Das sahen die Mitarbeiter und die Gewerkschaft vermutlich anders.

DAS ENDE DER FETTEN JAHRE Wie so oft im Schiffbau folgten auf die sieben fetten Jahre nun wieder die sieben mageren. Zwar noch nicht für die Howaldtswerke, die nach dem Geschäftsjahr 1960/61 einen satten Gewinn von 4 Millionen D-Mark ausweisen konnten. Aber das Umfeld war inzwischen so schwierig geworden, dass auch in Kiel Besorgnis über die kommenden Jahre herrschte, zumal der Auftragsbestand nur noch bis 1964 reichte. So wurde eine Kapitalerhöhung beschlossen, die als Polster für die kommenden mageren Jahre gedacht war. Denn inzwischen vergaben die Reeder Neubauaufträge zu Festpreisen, an denen es nur wenig zu verdienen gab. Und eine weitere Seuche begann zu grassieren: staatliche Beihilfen, die zuerst Frankreich und dann Japan ihren Werften zahlten. Der Subven-

Die VLADIVOSTOK als Opfer des Orkans „Vincinette", der im Februar 1962 ganz Norddeutschland verwüstete. Archiv HDW

tionswettlauf, der schließlich dazu führte, dass sich das Gewicht des Weltschiffbaus von Europa nach Fernost verlagerte, hatte begonnen.

Das Jahr 1962 wurde von einem schweren Unglück auf der Werft überschattet. Der Jahrhundert-Orkan „Vincinette", der in der Nacht vom 16. auf den 17. Februar 1962 die gesamte deutsche Nordseeküste unter Wasser setzte und bei dem der damalige Innensenator Helmut Schmidt als Krisenmanager bundesweite Berühmtheit erlangte, richtete in ganz Norddeutschland verheerende Schäden an und kostete Hunderte Menschenleben. Er verschonte auch die Howaldtswerke nicht. Im Orkan kenterte das kombinierte Wal- und Fischereifabrikschiff VLADIVOSTOK in Dietrichsdorf an der Ausrüstungspier. Dabei verloren zwei Menschen ihr Leben, und es gab mehrere Verletzte. Die Schlagseite, die fast 30 Grad erreichte, ließ zwar das Schiff äußerlich fast unbeschädigt, aber im Inneren polterten Maschinen, Motoren, Ausrüstungsgegenstände und Werkzeug quer durch das Schiff. Auch der Wasserschaden, den die durch ein Montageluk eindringende Ostsee angerichtet hatte, war beträchtlich. Und so konnte das Schiff trotz aller Überstunden nur mit Verspätung abgeliefert werden.

Das Unglück hinterließ schließlich auch eine Delle in der Werftbilanz, die trotz allem noch gerade eben positiv ausfiel. Der Grund für das magere Ergebnis war weniger der Verlust durch die gekenterte VALDIVOSTOK, sondern vielmehr der Druck des verzerrten Wettbewerbs, unter dem der Schiffbau zu leiden hatte. So gelang es zwar 1962/63 *„Neubauaufträge in recht bedeutendem Umfang"* hereinzuholen, die die Grundauslastung bis Mitte 1966 sicherten. Aber dies zu Konditionen, die nicht den geringsten Fehler beim Schiffbau erlaubten und die voraussetzten, dass *„die Bemühungen zur Rationalisierung konsequent durchgeführt werden"*. Das gelang, und so brachten die beiden Geschäftsjahre 1962/63 und 1963/64 noch einmal jeweils über 2 Millionen DM Gewinn. Aber danach rutschten auch die Howaldtswerke, wie schon andere Werften vor ihnen, in die roten Zahlen.

DER WETTLAUF GEGEN FERNOST UM SCHIFFBAUSUBVENTIONEN Und so stimmte der Vorstand in seinem Geschäftsbericht ein Klagelied an, das von nun an bis in das Ende der neunziger Jahre in den unterschiedlichsten Tonarten vor der Bundesregierung und später vor der EU gespielt wurde: *„Wenn es der Bundesregierung nicht gelingt, diese und andere Wettbewerbsverzerrungen durch internationale Vereinbarungen zu beseitigen, bleibt nur der Weg gleichartiger Hilfestellungen für die deutsche Schiffbauindustrie, wenn das hohe Ansehen und das große Vertrauen der Reeder der Welt nicht wertlos werden soll. Der Anteil des deutschen Schiffbaus an der Weltproduktion hat 1964 bereits einen Tiefstand von 8,5% erreicht gegenüber 15% und mehr in früheren Jahren"*.

Das bedeutete nichts anderes, als die Bundesregierung aufzufordern, endlich ebenfalls Schiffbausubventionen zu zahlen, wenn es nicht gelang, die wachsende Konkurrenz in Fernost in die Schranken zu weisen. Tatsächlich hatte Japan in großem Stil begonnen, seinen Werften nicht nur Schiffbauhilfen zu zahlen, sondern es zahlte auch Beihilfen an japanische Reeder, vorausgesetzt, sie orderten Schiffe bei japanischen Werften. Damit konnte die japanische Schiffbauindustrie Schiffe nicht nur zu Dumpingpreisen anbieten, sondern auch ihre Schiffbaukapazitäten bis zum Beginn der 1970er Jahre verzwölffachen. Mit ihrer Förderung des Schiffbaus verfolgte die japanische Regierung ein klares Ziel: Japan stand am Beginn der Industrialisierung. Und gerade der Einstieg in den Schiffbau mit seinen Anstoßeffekten auf andere Industrien ist für Schwellenländer ein probates Mittel, eine Großindustrie aufzubauen. Den gleichen Weg beschritt Anfang der 1990er Jahre Korea. Und Korea folgte ein Jahrzehnt später China.

Schwieriger Schiffbau gegen japanische Wettbewerbsverzerrung: SANKO CREST, 1975. Archiv HDW

Das leidige Thema beschäftigte in den 1970er Jahren immer wieder die norddeutschen Wirtschaftsministerkonferenzen und ebenso die Konferenzen der norddeutschen Wirtschaftsminister mit der Bundesregierung, die sich aber – unabhängig von der gerade regierenden Couleur – lange Zeit eher uneinsichtig zeigte. Als die Bundesregierung und danach die EU zu handeln begannen und angesichts des unverändert verzerrten Wettbewerbs tatsächlich Wettbewerbshilfen zahlten, war es zu spät. Fernost war übermächtig geworden. Und in den 1990er Jahren scheiterten auch alle Bemühungen der EU, zu einem internationalen Abkommen über den Verzicht auf Schiffbausubventionen zu kommen – ironischerweise nicht an Korea und Japan, sondern an den USA. Denn nachdem es endlich gelungen war, die beiden Schiffbauriesen in Fernost auf Kurs zu bringen, preschte Präsident

Clinton mit einer Schiffbauinitiative vor, die horrende Subventionen für die notleidenden amerikanischen Werften vorsah. Daraufhin platzten die mit Japan und Korea nahezu abgeschlossenen Verhandlungen prompt. Die Folgen sind heute auf Europas Werften zu besichtigen.

DER WEG ZU HDW Es blieb in Kiel allerdings nicht beim Klagelied. Tatsächlich hatten die Howaldtswerke rationalisiert und 50 Millionen DM in Großinvestitionen gesteckt, die den Bau von Schiffen bis zu 200.000 tdw erlaubten. Trotzdem wurde es immer enger, denn der Schiffbauboom der fünfziger Jahre war vorbei, und die Schiffspreise waren angesichts des japanischen Preisdumpings nicht mehr auskömmlich. So lag die Idee zu einer Werftenfusion geradezu in der Luft.

Schon Anfang 1966 hatten im Bundesfinanzministerium erste Gespräche über einen Zusammenschluss der Kieler Howaldtswerke, der Howaldtswerke Hamburg und der Deutschen Werft stattgefunden. Im Jahr zuvor hatten die Howaldtswerke Hamburg mit der Stülkenwerft auf Veranlassung von Bundesfinanzminister Dollinger über einen Zusammenschluss verhandelt. Daran wollten sich auch die Deutsche Werft und Blohm & Voss beteiligen. Das hätte eine „Hamburger Lösung" bedeutet, die der Hamburger Senat auch anstrebte. Daraus wurde allerdings nichts. Vielmehr schlossen 1966 die Gutehoffnungshütte und die AEG als Eigentümer der Deut-

Anlagen der Deutschen Werft, Finkenwerder in den 1960er Jahren. Archiv HDW

schen Werft und die Salzgitter AG als Eigentümer der beiden Howaldt-Unternehmen einen Vorvertrag zur Fusion der drei Werften.

Sie passten zusammen: Im Jahr zuvor hatten die drei Werften zusammen immerhin 40 Prozent der deutschen Schiffbauleistung erbracht, und sie besaßen zusammen die größte Reparaturkapazität in der Bundesrepublik. Mit der beabsichtigten Fusion würde eine Werftengruppe entstehen, die auf der Weltrangliste den 3. Platz besetzte – hinter den japanischen Schiffbauriesen Mitsubishi und Ishikawajima Heavy Industries, und noch vor Hitachi und Mitsui. So erklärte nach Vertragsschluss der Aufsichtsratsvorsitzende der Deutschen Werft, Wilhelm von Menges, dass die Fusion nicht weniger, dafür aber sichere und krisenfeste Arbeitsplätze für 22.000 Werftarbeiter bedeuten würde.

Im Januar 1967 beschlossen die Aufsichtsräte der drei Werften, die Fusion noch vor dem ursprünglich geplanten Fusionstermin am 31. Dezember 1968 zu vollziehen. Zum Chef der neuen Werftengruppe ernannten sie Adolf Westphal, der vermutlich hinter den Kulissen die treibende Kraft gewesen sein mag. Dennoch, einfach war der Weg zur Fusion nicht. Denn schwierige Bewertungsfragen verzögerten die Verhandlungen. So einigten sich die Beteiligten auf die Bildung einer Betriebsführungsgesellschaft, die sämtliche Anlagen der drei Werften pachten und einheitlich führen sollte.

Deutsche Werft, Reiherstieg in den sechziger Jahren. Archiv HDW.

Damit gaben sie „Grünes Licht" für die Fusion, die noch zum Ende des Jahres vollzogen werden sollte.

Im September 1968 stand das Konzept für die drei nun fusionierten Werften fest: Der Betrieb Finkenwerder der ehemaligen Deutschen Werft AG sollte nur noch für Neubauten mit hohem Ausrüstungsgrad bis zum Stapellauf benutzt werden. Das Werk Ross der Hamburger Howaldtswerke sollte für die Endausrüstung und für Schiffsumbauten zuständig sein. Der Betrieb Reiherstieg der Deutschen Werft sollte sich mit dem Werk Ross Reparaturaufträge teilen. Die Großhelling der Howaldtswerke Hamburg sollte weitgehend stillgelegt werden. Allerdings könnte man dort schwimmfähige Bodensektionen bauen, die dann von Schleppern nach Kiel gebracht würden. Und Kiel als die modernste Werft von allen würde Schiffsneubau und Reparatur betreiben.

So geschah es: Das war die Geburt der Howaldtswerke-Deutsche Werft AG mit Sitz in Kiel und Hamburg.

DIE HOWALDT-SCHIFFE: „ARI, STELL DICH NICHT AN!" Eine der schillerndsten Gestalten, die je auf dem Gelände der Howaldtswerke gesichtet wurden, war Aristoteles „Ari" Sokrates Homer Onassis. 1906 in Smyrna geboren, in Argentinien aufgewachsen, schlug sich Onassis zunächst als Nacht-Telefonist durch und stieg 1932 ins Reedereigeschäft ein. Im Zweiten Weltkrieg verdiente er ein Vermögen mit dem Seetransport für die Alliierten, und in den fünfziger Jahren besaß er rund 30 Reedereien und über 900 Schiffe, die meisten davon Öltanker. Schlagzeilen machte er aber nicht nur mit seiner Flotte, sondern ebenso mit flotten Frauen. 1946 heiratete er die wohlerzogene 17 Jahre alte Tochter eines griechischen Großreeders, Athina („Tina") Livanos, die sich von ihm scheiden ließ, als seine Affäre mit der Diva Maria Callas bekannt wurde. Seinen größten Coup in der Damenwelt landete er, als er die Witwe Jacqueline Kennedy heiratete – und es danach bitter bereute. Die Ehe mit der zickigen „Jacky" nannte er „meinen größten Fehler".

Umso erfolgreicher war er mit seinen Schiffen, und die Howaldtswerke profi-

1953 noch vereint: Onassis und Ehefrau Christina bei der Taufe der TINA ONASSIS. Archiv HDW

tierten davon. Denn zwischen 1948 und 1956 baute er die weltweit größte private Walfangflotte auf. Nach dem Krieg vergab er über eine flugs in Hamburg gegründete Gesellschaft einen 300-Millionen-Auftrag über 18 Schiffe an die Kieler Howaldtswerke, die Hamburger Howaldtswerke und die AG Weser in Bremen. In diesem Rahmen bauten die Howaldt-Werften 1950 die OLYMPIC CHALLENGER samt dazugehörigen Walfangbooten um, und 1953 begann in Dietrichsdorf der Bau von Großtankern, deren Namen alle mit „Olympic" begannen – 14 Stück bis 1963. Der Schiffbau beruhte auch auf gegenseitigem Vertrauen. Die Schiffe und das gleiche Naturell verbanden die beiden Ausnahmefiguren Westphal und Onassis, die sich so gut verstanden, dass sie sich duzten. So wird berichtet, dass Westphal seinen Kunden Onassis vor die Pressefotografen mit den Worten zerrte: „Ari, stell dich nicht an!"

Daneben bauten die Hamburger Howaldtswerke mit der TINA ONASSIS im Jahr 1954 den ersten Supertanker – für damalige Verhältnisse – der Welt. Tatsächlich hatte Onassis großen Bedarf an Tankern, denn 1954 hatte er in Dschidda mit König Saud einen Vertrag abgeschlossen, der der amerikanischen Aramco, die das saudische Öl förderte und auch transportierte, Schweißperlen auf die Stirn trieb. Denn es war Onassis nicht nur gelungen, das Vorrecht auf den Öltransport

Einer der „Olympic"-Tanker für „Ari" Onassis: OLYMPIC CHALLENGER, 1959.
Archiv HDW

zu bekommen, sondern er wurde auch noch am Verkauf des Öls beteiligt.

Das sprach für sein Genie, und DER SPIEGEL zitierte ihn 1954 so: „Als Grieche gehöre ich zum Westen. Als Schiffseigner gehöre ich zum Kapitalismus. Die Geschäftsziele diktieren die Details. Mein Lieblingsland ist dasjenige, das mir eine maximale Immunität gegen Steuern, gegen Handelsrestriktionen und unvernünftige Maßnahmen garantiert. Unter der Flagge dieses Landes konzentriere ich meine lukrativen Unternehmungen. Ich nenne das Geschäftssinn."

Mit seinem Schwager und Erzrivalen Stavros Niarchos lag Onassis im Dauerclinch um die größten Schiffe: Als Onassis bemerkte, dass sein Schwager in England einen Tanker von knapp 46.000 Tonnen geordert hatte, verlangte er von den Hamburger Howaldtswerken ein noch größeres Schiff. So maß die AL MALIK AL SAUD AWAL, die 1954 bei den Hamburger Howaldtswerken von Stapel lief, knapp 47.000 Tonnen. Immerhin bedachte Niarchos auch die Kieler Howaldtswerke zwischen 1954 und 1957 mit Aufträgen über sechs große Tanker.

Dem Vertrauen in die Schiffbaukünste der Kieler Howaldtswerke setzte Onassis mit dem Umbau der ehemaligen kanadischen Fregatte STORMONT zu seiner

TINA ONASSIS, bei den Howaldtswerken Hamburg für Onassis gebaut, war 1953 der größte Tanker der Welt. Archiv HDW

Privatyacht CHRISTINA die Krone auf. Das elegante und vom Hamburger Architekten Professor Cäsar Pinnau kostbar eingerichtete Schiff nutzte Onassis mehr als sein Büro und betrieb vor allem von dort seine Geschäfte. Nach wie vor gehört die CHRISTINA, auf der viele illustre Gäste mit Onassis zur See fuhren, darunter Winston Churchill und die Kennedys, zu den schönsten Yachten der Welt. Sie ist – behutsam modernisiert – unter dem Namen CHRISTINA O in Fahrt und kann heute von jedem gechartert werden, der das nötige Kleingeld mitbringt.

DIE NORWEGER: ANDERS JAHRE Der Kontakt zu Skandinavien ist für Westphal immer mehr gewesen als reines Geschäft – es war auch eine Herzensangelegenheit. Das drückte sich in dem guten Verhältnis zu den vielen skandinavischen Kunden aus, die nach dem Krieg bei den Howaldtswerken die unterschiedlichsten Schiffe bauen ließen. Unter ihnen ragt eine Persönlichkeit heraus, mit der Westphal besonders und freundschaftlich verbunden war: Anders Jahre aus der traditionsreichen norwegischen Walfänger-

Aus der HMCS STORMONT, einer kanadischen Fregatte (oben), entstand 1954 die Yacht CHRISTINA.
Royal Navy / Archiv HDW

stadt Sandefjord. Er war nach dem Ersten Weltkrieg groß in das Geschäft mit der Walfängerei eingestiegen und hatte sich nach 1934 auch eine große Flotte aus Tankern, Frachtern und Bulkcarriern aufgebaut. Seine Freundschaft mit Westphal begann nach dem Zweiten Weltkrieg, als Kiel noch in Trümmern lag und Westphal sich abmühte, seine Werft in Gang zu halten. Es ist eine schier unglaubliche Geschichte, von der der kenntnisreiche Kieler Schiffahrtsjournalist Bruno Bock berichtet: Anders Jahre wollte nach Kriegsende den beschädigten Tanker JASPIS, der den Alliierten als Kriegsbeute zugefallen war und der im Kieler Hafen dümpelte, kaufen. Die Verhandlungen darüber hätten sich lange hinziehen können, wenn nicht die Howaldtswerke auf schnelle Reparatur gedrängt hätten. So gab Jahre vorzeitig sein „Okay", und Westphal ließ den Tanker flugs bei Nacht und Nebel in das Dock V der Deutschen Werke schleppen, das die Briten eigentlich zum Sprengen vorgesehen hatten. Als der englische Pioniertrupp Tage später anrückte, um das Dock zu sprengen, lag die JASPIS – noch alliiertes Eigentum –

Heute „for hire": CHRISTINA O im Mittelmeer. YPS Peter Neumann

mit aufgeschnittenem Rumpf im Dock und war nicht mehr zu bewegen. Die Reparaturarbeiten zogen sich so lange hin, bis die Briten ihre Demontageabsichten milderten und Westphal Dock V und VI für die Howaldtswerke überließen. Dieses Schelmenstück war der Beginn einer wunderbaren Freundschaft.

Was mit der JASPIS begann, sollte sich zu einer langen Liste an Schiffen für Anders Jahre auswachsen. Es begann 1950 mit dem Umbau der WALTER RAU zur Walkocherei KOSMOS IV. Und daraus folgte, dass die Howaldtswerke die Walfangflotte Jahres regelmäßig zur Reparatur und Wartung bekam. Für die Kieler war es schon ein imposanter Anblick, wenn Jahres drei riesige Walkochereien KOSMOS III, IV und V zusammen mit ihren Fangbooten in Kiel lagen, um für die nächste Walfangsaison überholt zu werden. Und wenn dann noch Onassis' OLYMPIC CHALLENGER mit ihren Fangbooten dazu kam, reichte der Platz auf der Werft nicht mehr aus, und die Boote lagen im Päckchen an der Seegartenbrücke. Für Anders Jahre blieb es nicht bei Walfangschiffen. Bis 1963 folgten 19 weitere Schiffe: elf Öltanker, drei Bulk-

Taufe der KRONPRINSESSE RAGNHILD 1966: Anders Jahre, die norwegische Prinzessin Ragnhild und Adolf Westphal.
Archiv HDW

carrier und drei Frachter. Und als es mit dem Walfang bergab ging, verkaufte Jahre seine Flotte noch rechtzeitig genug, um noch einen guten Preis dafür zu bekommen. Dafür hatte er einen neuen Plan: die Fährverbindung zwischen Kiel und Oslo. Angeblich war es reiner Zufall, dass sie gegründet wurde. Jahre hatte sich mit der Bestellung einiger Massengutfrachter verkalkuliert, weil die Frachtraten plötzlich gefallen waren. Mit Hilfe von Adolf Westphal dachte er darüber nach, wie er den Verlust kompensieren konnte. So erfanden die beiden die Fährlinie über das Skagerrak. Und Westphal hatte einen neuen Auftrag.

Den Beginn machte die KRONPRINS HARALD im Jahr 1961. Ihr folgte 1966 die PRINSESSE RAGNHILD. Das nächste Fährschiff, die zweite KRONPRINS HARALD, gebaut nach HDW-Plänen, kam 1976 von Nobiskrug in Rendsburg, weil die Kieler Werft voll belegt war. Dafür baute HDW aber wieder die zweite PRINSESSE RAGNHILD, die 1981 in Fahrt kam. Zum Erfolg der Schiffe trug nicht zuletzt bei, dass

Links: KRONPRINS HARALD bereit zur Jungfernfahrt 1961, Rechts: PRINSESSE RAGNHILD Bar und Lounge.
Archiv HDW

die Fahrzeit so kalkuliert war, dass man mittags in Kiel oder Oslo startete und am nächsten Morgen nach dem Frühstück am Ziel war. Und das mit viel Komfort und Luxus. Letztlich war jede Fährpassage eine Mini-Kreuzfahrt.

Das große Engagement der beiden Persönlichkeiten Jahre und Westphal wurde auch von ihren Nationen honoriert: Anders Jahre erhielt 1961 an Bord der KRONPRINS HARALD während der Probefahrt das Große Bundesverdienstkreuz aus der Hand des damaligen schleswig-holsteinischen Ministerpräsidenten Kai-Uwe von Hassel, und der norwegische König Olav V. ließ es sich kurz darauf nicht nehmen, Adolf Westphal – ebenfalls an Bord der KRONPRINS HARALD – die höchste norwegische Auszeichnung, das Kommandeurskreuz des Olavsordens, persönlich anzuheften.

DIE RUSSEN KOMMEN: SCHWIMMENDE FISCHFABRIKEN Im September 1973 zog DER SPIEGEL eine beeindruckende Bilanz über Westphals Ostgeschäfte und rühmte sein Verhandlungsgeschick: *„Damals sowohl wie bei den jüngsten Verhandlungen mit den Sowjets, die wegen des Bonner Röhren-Embargos gedroht hatten, kein Schiff mehr in Deutschland zu bestellen, gaben Westphals Qualitäten als Verhandlungspartner den Ausschlag. Der Generaldirektor stammt aus dem*

Arbeiterviertel Kiel-Gaarden und verfügt über den Charme und die Beharrlichkeit eines gutgeölten Nietenhammers".

Der ebenso *„diskutier- wie trinkfeste"* Werftchef hatte es fertig gebracht, für russische Rechnung millionenschwere Aufträge für die Howaldtswerke zu beschaffen: Den Anfang machten die Schiffe der PUSCHKIN-Klasse, die 1955 bis 1956 abgeliefert wurden. Diese Hecktrawler krempelten die Weltfischerei gehörig um. Die Netze wurden über das Heck eingeholt, und an Bord konnten die Fische auf dem Fließband sofort sortiert, geköpft, gekehlt, entgrätet, verpackt und tiefgefroren werden. Dabei ging nichts verloren – der gesamte Fisch wurde verwertet und der Abfall zu Fischmehl verarbeitet. Die Seeausdauer der Schiffe war praktisch unbegrenzt. Denn die Russen gingen dazu über, Versorgungsschiffe einzusetzen, die frische Besatzungen, Proviant und Ausrüstungsgegenstände brachten und zugleich den gefrorenen Fisch und das Fischmehl abholten. Damit waren die Hecktrawler rund um das Jahr auf See. Dort bewährten sie sich glänzend. So erzählte die russische Kapitänin Walentina Orlikowa, dass sie es mit ihrem Kieler Schiff im Nordmeer sogar noch im Orkan schaffte, zu manövrieren und ihr Fangsoll überzuerfüllen.

Links: Das kombinierte Wal- und Fischfabrikschiff VLADIVOSTOK 1962.
Rechts, oben: Die KRONSTADTKAJA SLAVA, eines von acht großen Fischereiverarbeitungs-Mutterschiffen.
Rechts, unten: SALTYKOW-SCHEDRIN aus der „Puschkin-Serie" 1955.
Archiv HDW

Und nach diesem glänzenden Auftakt orderten die Russen zwei große kombinierte Wal- und Fischfabrikschiffe, die schon erwähnte VLADIVOSTOK und die DALNIJ VOSTOK, die 1962 und 1963 auf große Fahrt gingen. Und 1965 und 1966 lieferten die Howaldtswerke acht Fischereiverarbeitungs-Mutterschiffe ab.

HELMA ENTZ ging in die Rendsburger Nachbarschaft. Thomas Entz erhielt seinen Tanker 1958.
Archiv HDW

Der Bau für die Russen hatte auch eher komische Folgen. Zum einen mussten die Russenschiffe natürlich mit Krimsekt getauft werden, und es sollen auch Vorstandsmitglieder gesichtet worden sein, die beim Besuch der Auftraggeber brav mit einer Wolga-Limousine anrollten. Und um in der hohen Zeit des Kalten Kriegs kein politisches Ärgernis zu erregen, spielte die Werft bei Schiffstaufen nicht etwa die Internationale, sondern die Ambosspolka, die den Russen übrigens sehr gut gefiel. Über eine Episode amüsierten sich die Kieler königlich: Neben den Fischbooten der Sowjets entstanden die neuen U-Boote für die Bundesmarine. Und so standen die russischen Aufpasser ständig mit Ferngläsern und Fotoapparaten bewaffnet auf ihren Schiffen und versuchten so viele militärische Geheimnisse wie möglich zu ergattern.

GROSSE TANKER UND KLEINE SCHIFFE Onassis und Niarchos waren nicht die einzigen Reeder, die in Kiel Tanker bauen ließen. Das taten auch deutsche Reedereien: John T. Essberger, Thomas Entz, die Deutsche Shell, ESSO und Texaco. Fleißige Besteller waren norwegische Reedereien wie Leif Höegh & Co., Ringdal, Skaugen, Olsen & Ugelstad, Arthur H. Mathiesen und Ludwig Mowinkel; sie bekamen Tanker von den Kieler Howaldtswerken. Bis zur Fusion 1968 hatten die Kieler Howaldtswerke über 70 Tanker gebaut, und der Hunger nach Öl ließ immer größere Schiffe entstehen. Zum Schluss dachten die Howaldtswerke über Tanker mit einer Tragfähigkeit von bis zu 500.000 tdw nach. Die allerdings wurden nie gebaut.

Neben diesen Giganten nahm sich das Brot- und Butter-Geschäft mit Frachtschiffen aller Art eher gering aus. Unter den Reedern waren treue Kunden – zum Teil noch aus der Vorkriegszeit. Dazu gehörte die Kieler Firma Sartori & Berger, die schon von Anbeginn des Howaldt'schen Schiffbaus dabei war – für sie baute Georg Howaldt sein hundertstes Schiff, die EMMA. Aus Hamburg kamen zahlreiche Kunden, darunter F. Laeisz, die Hamburg Süd, Leonhardt & Blumberg, und besonders treu war die Reederei H. Schuldt, die sieben Frachter und sechs Kühlschiffe bestellte.

Zu den bemerkenswerten Schiffen aus dieser Zeit zählen sechs Kühlschiffe, die die Hamburg Süd bei den Kieler Howaldtswerken, den Howaldtswerken Hamburg und der Deutschen Werft bauen ließ. Die eleganten „Cap San"-Schiffe, von denen die CAP SAN MARCO und die CAP SAN AUGUSTIN aus Kiel kamen, hießen die

Einer der sechs „Schwäne auf dem Atlantik": Die CAP SAN DIEGO ist das größte Museumsschiff der Welt und nach wie vor fahrtüchtig. Heimathafen ist Hamburg. YPS Peter Neumann

"Schwäne auf dem Atlanik". An den Entwurf hatte wieder der Hamburger Architekt Cäsar Pinnau Hand angelegt und ein Meisterwerk vollbracht. Das sahen höchstens die Schiffbauer etwas anders, weil die stromlinienförmige Verkleidung der Brückenaufbauten ihnen mehr als Mühe bereitete. Wie auch immer – die CAP SAN DIEGO ist als einziges der sechs Schiffe erhalten und ist als das größte zivile Museumsschiff der Welt ein Magnet im Hamburger Hafen und noch immer fahrtüchtig.

Erwähnenswert sind auch zwei Eisenbahnfähren, die DEUTSCHLAND und die THEODOR HEUSS, die die Bundesbahn 1953 und 1957 in Dienst stellte. Sie waren für den Fährverkehr zwischen Deutschland und Dänemark über den Fehmarn Belt bestimmt. Die DEUTSCHLAND stellte zu ihrer Zeit ein technisches Novum dar, deshalb bemühten sich viele andere Werften ebenfalls um den Auftrag der Deutschen Bundesbahn.

OTTO HAHN: DAS ATOMZEITALTER BRICHT AN Eine technische Herausforderung wurde der Bau des Atomforschungsschiffes OTTO HAHN. Der Frachter sollte die Möglichkeiten des Kernantriebs in der zivilen Schifffahrt untersuchen. Die Militärs hatten in ihren Marinen längst nuklear angetriebene Schiffe – vor allem U-Boote – im Einsatz. Im Zeichen der damaligen Euphorie über die zivile Nutzung der Kernenergie sollten Reaktoren nun auch auf Handelsschiffen eingesetzt werden. Die Russen hatten es mit dem Atom-Eisbrecher LENIN, der 1959 in Dienst gestellt wurde, vorgemacht, die amerikanische SAVANNAH kam 1962 in Fahrt und die OTTO HAHN wurde das dritte zivile Atomschiff der Welt. Und als viertes Schiff kam 1972 die japanische MUTSU in Fahrt.

Ein technischer Leckerbissen: Das Fährschiff DEUTSCHLAND 1953.
Archiv HDW

Nach langen Vorplanungen konnten die Kieler Howaldtswerke im November 1962 den Bauvertrag unterzeichnen. Die Kieler hatten das Rennen gegen mehrere Konkurrenzangebote gemacht und sich mit ihrem Entwurf eines Erzfrachters schließlich durchgesetzt. Auftraggeber war die „Gesellschaft für Kernenergieverwertung in Schiffbau und Schifffahrt mbH" (GKSS) in Geesthacht. Im September 1963 fand die Kiellegung statt, und 1968 konnten 200 Gäste, darunter Bundesforschungsminister Gerhard Stoltenberg, an einer mehrstündigen Probefahrt teilnehmen.

Die ungewöhnlich lange Bauzeit resultierte aus den komplizierten Arbeiten am Reaktor. Der Rumpf des Schiffes war schon 1964 in Gegenwart des damals bereits hochbetagten Kernforschers Otto Hahn vom Stapel gelaufen. Aber die Ausrüstung nahm viel Zeit in Anspruch. Für das Schiff hatte die GKSS einen neuartigen Druckwasserreaktor der Firma Interatom vorgesehen, der von der Deutschen Babcock & Wilcox Dampfkessel-Werke AG gebaut wurde. Dieser Reaktor war eine Neukonstruktion, die sich später bewährte.

Das dritte nuklear angetriebene zivile Schiff der Welt, die OTTO HAHN, 1968. Archiv HDW

Die OTTO HAHN mag wissenschaftlich ein Erfolg gewesen sein – und natürlich ein Aushängeschild für die Kieler Werft. Aber wie der SAVANNAH und der MUTSU waren auch ihr viele Häfen der Welt aus Angst vor der Atomenergie versperrt, und den Suez- und den Panama-Kanal durften diese Schiffe nicht befahren. Daher gelang es auch nicht, Reeder trotz staatlicher Förderzusagen für ein Nachfolgeschiff zu gewinnen. So endete 1982 ihre Laufbahn nach 650.000 Seemeilen Fahrt. Zum konventionellen Containerschiff umgebaut, ging sie durch viele Hände und landete um 2002 auf einer Abwrackwerft in Bangladesch.

DIE KIELER HOWALDTSWERKE STEIGEN IN DEN U-BOOT-BAU EIN In der Vergangenheit hatte sich keine der Howaldtswerften mit U-Booten hervorgetan. Der „Brandtaucher" war nur eine Episode, und die ebenso legendäre wie erfolglose Baunummer 333 war am Desinteresse der Kaiserlichen Marine gescheitert. So blieb Howaldt weit über hundert Jahre eine Werft für Überwasserschiffe. Das sollte sich jetzt ändern. 1954 legten die Pariser Verträge den deutschen Beitrag zur NATO fest. Sie bestimmten auch, dass es wieder deutsche U-Boote geben sollte, die die westlichen Alliierten nach den Erfahrungen im Zweiten Weltkrieg bislang scheuten wie der Teufel das Weihwasser. Allerdings hatte der Kalte Krieg alles geändert. So sollte die neue deutsche U-Boot-Waffe mit kleinen U-Booten, die nicht größer als 350 Tonnen sein sollten, die Ostsee und ihre Zugänge bewachen.

So kam das Typ XXIII U-Boot U 2365 nach der Bergung im Kattegat 1957 bei den Kieler Howaldtswerken an...

Das Amt Blank als Vorläufer des Bundesverteidigungsministeriums hatte insgeheim schon vorher Überlegungen zum Aufbau einer deutschen U-Boot-Waffe angestellt und zwei erfahrene U-Boot-Konstrukteure, Christoph Aschmoneit und Ulrich Gabler, mit der Aufgabe betraut, Vorschläge für den Aufbau der U-Boot-Waffe einer künftigen Bundesmarine auszuarbeiten.

Ulrich Gabler, der bereits im Zweiten Weltkrieg maßgeblich an den Entwürfen für die neuen Walter-U-Boots-Typen XXII, XVII A und XXVI beteiligt war, hatte nach dem Krieg seine Firma Ingenieurbüro Lübeck, das IKL, zunächst mit zivilen Aufträgen weitergeführt, aber sehr schnell auch für die schwedische und die italienische Marine U-Boot-Entwürfe geliefert. Er brachte also große Erfahrung für den modernen U-Boot-Bau mit. Daher erteilte das Bundesverteidigungsministerium den Auftrag, ein kleines U-Boot zu entwickeln. Daraus wurde die Klasse 201 – der Anfang für den Aufbau der neuen deutschen U-Boot-Flotte. Ihm folgten aus dem Konstruktionsbüro in Lübeck alle folgenden U-Boot-Klassen für die Bundesmarine und die Deutsche Marine. Und ebenso folgte daraus die enge Verbindung zwischen dem IKL und Howaldt, die die Werft zu einer der erfolgreichsten U-Boot-Werften der Welt beim Bau nicht-nuklearer U-Boote machte.

Auch die Bundesmarine arbeitete intensiv am Aufbau der neuen deutschen

... *und so setzte es die Werft 1957 frisch instandgesetzt als U 2 wieder ins Wasser. Daraus wurde U-HAI.* Archiv HDW

U-Boot-Waffe. Zunächst einmal galt es ausreichend Besatzungen für die neuen U-Boote zu gewinnen und ebenso Boote zur Verfügung zu haben, auf denen sie ausgebildet werden konnten. Die Tonnagebeschränkung auf 350 Tonnen stellte die Verantwortlichen vor ein großes Problem, weil bei keiner der NATO-Marinen derart kleine Boote zur Verfügung standen. So verfiel man kurzerhand auf die Idee, in der Ostsee gesunkene Weltkriegs II-U-Boote der damals modernsten Typen wieder zu heben, instandzusetzen und als Ausbildungsschiffe in Dienst zu stellen.

1956 hob das Hamburger Bergungsunternehmen Beckedorf das Typ XXIII U-Boot U 2365 in der Nähe von Anholt im Kattegat und das Schwesterschiff U 2367 in der Nähe von Schleimünde. Die Boote wurden zu den Kieler Howaldtswerken geschleppt und dort an Land gesetzt. Dabei stellte sich heraus, dass der Erhaltungszustand beider Boote über Erwarten gut war. So hatte der letzte Kommandant von U 2365, der auch die Bergung seines alten Bootes begleitete, vor der Selbstversenkung alle Ölbehälter geöffnet und das Boot damit ordentlich konserviert. Beide Boote konnten auf der Werft in kurzer Zeit wieder instandgesetzt und mit einigen Modifikationen als U-HAI (S 170) und U-HECHT (S 171) als Schul-U-Boote am 15. August 1957 in Dienst gestellt werden. Zu dem raschen Umbau trug nicht unerheblich bei, dass das IKL noch die kompletten Bauunterlagen des Typs XXIII besaß, die Gabler über das Kriegsende hinweg gerettet hatte.

Mit HAI und HECHT besaß nun die Bundesmarine zwei passende Ausbildungsboote. Gehoben hatte John Beckedorf 1957 aber noch ein drittes hochmodernes Typ XXI-Boot. U 2450 bei Flensburg Feuerschiff. Auch dieses Boot hatte sich unbeschädigt bei Kriegsende selbst versenkt und zeigte sich auch bei der Bergung in sehr gutem Zustand. Der Haken bei der Angelegenheit war allerdings, dass das Boot überhaupt nicht in die Vorschriften der Tonnagebeschränkung passte. So kauften es die Kieler Howaldtswerke kurzentschlossen auf, zumal bei der Bundesmarine ein verständlicherweise starkes Interesse an dem Schiff bestand. Schließlich entschied das Bundesverteidigungsministerium, das Boot als Schul- und Versuchsboot für die neuen Boote der Bundesmarine zu nutzen und entsprechend umbauen zu lassen.

Klasse 201 U-Boot U 1 auf Probefahrt. Archiv HDW

Am 16. März 1959 erhielten die Kieler Howaldtswerke den Auftrag zum Bau von zwölf U-Booten der Klasse 201, und am 21. Oktober 1961 schwamm das erste 350-Tonnen-Boot – U 1 – auf. U 2 und U 3 folgten ein Jahr später. Die 201er-Boote waren vom Pech verfolgt. Sie sollten aus antimagnetischem Stahl gebaut werden. Der dafür ausgewählte Stahl erwies sich allerdings als untauglich. Unglücklicherweise waren bei der Materialprüfung unbemerkt zwei Stahlproben vertauscht worden, so dass der ausgewählte Stahl Risse bekam, und die U-Boote waren damit kaum tauchfähig. Deutschland hatte seinen ersten Rüstungsskandal.

Noch während der Bauzeit dieser Boote wurde entschieden, die folgenden Boote mit einer neuen, allerdings sehr voluminösen Weitsonaranlage auszustatten. Daraus folgte eine Neukonstruktion des IKL unter der Klassenbezeichnung 205, die jedoch die Tonnagebegrenzung von 350 Tonnen um fast 50 Tonnen überschritt. Auf einen Antrag der Bundesregierung hob die WEU die erlaubte Tonnage 1962 auf 450 Tonnen an. Am 12. Dezember 1960 erhielten die Kieler Howaldtswerke den Auftrag über neun U-Boote der Klasse 205, die das IKL aus der Klasse 201 weiterentwickelt hatte. Das letzte Boot lieferte Kiel – nun als HDW – 1969 aus.

Arbeiter der Howaldtswerke vor dem Stapellauf der HÖEGH FAIR 1956. Die ersten Schutzhelme hielten Einzug in die Werft. Archiv HDW

DIE HOWALDTSWERKE ALS ARBEITSPLATZ Mitte der fünfziger Jahre arbeiteten dank des Schiffbaubooms durchschnittlich rund 13.000 Menschen auf der Kieler Werft. Mit dem Auslaufen des Booms verringerte sich die Zahl bis zum Ende der sechziger Jahre auf durchschnittlich etwas über 10.000. Und in diesen Jahren änderte sich die Belegschaft, wie sich die Werft und auch die Gesellschaft veränderte. So arbeiteten – sehr bestaunt – seit 1964 rund 30 Schweißerinnen im Betrieb. Und in den Zeiten der Vollbeschäftigung und dem Arbeitskräftemangel, der daraus folgte, erschienen zuerst spanische, dann türkische Mitarbeiter auf der Werft.

Die Arbeitswelt änderte sich. Seit den fünfziger Jahren waren die traditionellen Nieterkolonnen immer mehr den Schweißern und Brennern gewichen, und das Geratter der Niethämmer war zur Freude der Werftnachbarn langsam verstummt. Moderner Arbeitsschutz hatte in den Betrieb Einzug gehalten. Statt der Kieler Schippermütze trug „man" nun Helm. Das allerdings musste mühsam durchgesetzt werden, und es hat Jahrzehnte gedauert, bis endlich alle Mitarbeiter begriffen hatten, dass ein Helm schützt.

Die wöchentliche Arbeitszeit verringerte sich: 1956 wurde sie von 48 auf 45 Stunden herabgesetzt

Werftarbeit am Beispiel Howaldtswerke Hamburg: Arbeit mit dem Schweißautomaten. Archiv HDW

Eine Nieterkolonne bei der Arbeit, die Schutzhelme sollen vor herabfallenden Nieten schützen. Eine Außenhautfläche mit Spanten wird mit dem Hellingkran zur Montage gebracht. Archiv HDW

und 1959 noch einmal auf 44 Stunden. Acht Jahre später kam es schließlich zur 40-Stunden-Woche. An dieser Entwicklung hatte die Gewerkschaft maßgeblichen Anteil. Nach dem Ende des Krieges hatte sie sich neu formiert und ihre Position zielstrebig ausgebaut. So gab es schon Ende 1945 bei den Kieler Howaldtswerken einen Betriebsrat, und Ende 1959 waren von den 13.135 Beschäftigten insgesamt 9.476 organisiert. Ihre Rechte waren Anfang der fünfziger Jahre durch die Mitbestimmungsgesetze und das Betriebsverfassungsgesetz deutlich gestärkt worden. So kam es auch zu Kraftproben zwischen Arbeitgebern und Arbeitnehmern – zuerst 1952 mit einem eintägigen Schwerpunktstreik um Lohnerhöhungen.

Richtig ernst wurde es 1956 im großen schleswig-holsteinischen Metallarbeiterstreik. Der IG Metall ging es dabei um drei Hauptforderungen: Lohnfortzahlung im Krankheitsfall, zusätzliches Urlaubsgeld und verlängerten Urlaub. Als die Verhandlungen der Tarifparteien im Sommer 1956 scheiterten, kam es zum Streik, an dem sich bis Anfang Januar 1957 insgesamt 38 Betriebe mit rund 34.000 Mitarbeitern beteiligten. Der Streik endete am 15. Februar 1957 zwar nicht zur vollen Zufriedenheit der IGM, aber doch mit deutlichen Verbesserungen für die Mitarbeiter. Auf der Werft hatte der Streik 114 Tage gedauert. Daran beteiligten sich von 11.500 Lohnempfängern 9.600. Das legte die Produktion vollkommen lahm, und der Vorstand schätzte den Umsatzausfall auf 100 Millionen DM.

Der große Metallarbeiterstreik 1956 war ein Novum: Es ging vor allem um soziale Verbesserungen und nicht um Lohnerhöhungen. Streikposten vor dem Werkstor der Kieler Howaldtswerke.
Stadtarchiv Kiel/Magnussen

DIE HOWALDTSWERKE WERDEN GRÜNDLICH MODERNISIERT In den fünfziger Jahren änderte sich das Gesicht der Werft gründlich in Richtung Moderne. Die Anlagen der ehemaligen Deutschen Werke wurden ausgebaut und in Gaarden 1955 eine neue Lehrwerkstatt eingerichtet. Anfang 1957 verlegten die Howaldtswerke die Schiffsreparatur von Dietrichsdorf nach Gaarden, das nach und nach auch zum Bauplatz für die großen Schiffe wurde. Zwischen 1954 und 1958 entstand in Erwartung von Aufträgen für große 100.000-Tonnen-Tanker eine Großhelling-Anlage, und die Kapazität der Baudocks wurde angepasst.

Das neue Dock 8 konnte die Werft 1958 in Betrieb nehmen, und Dietrichsdorf erhielt 1963 ein neues Schwimmdock. Im gleichen Jahr wurde ein achtstöckiges Verwaltungsgebäude in Dietrichsdorf fertig, und in Gaarden gingen auf 91.000 Quadratmetern neue Schiffbau-, Schweiß- und Vormontagehallen in Betrieb, in denen Sektionen bis zu 70 Tonnen Gewicht hergestellt werden konnten. Zwischen

Docks 7 und 8 wurden 1965 zwei Schweiß- und Montagehallen errichtet. Der Trend ging zum größeren Schiff. Dafür wollte Howaldt gerüstet sein. So vergrößerte die Werft Dock 7 für den Bau von 200.000-Tonnern. Zugleich errichtete sie eine Quertransportstraße, ein Bereitstellungslager für Großsektionen, ein Profillager und schaffte sich eine programmgesteuerte Brennmaschine an. Ziel war, die Bauzeit eines 80.000-Tonnen-Tankers um vier Monate zu verkürzen.

Mehr als ein i-Tüpfelchen auf dem nun modernen Gesicht des Gaardener Geländes war der Aufbau von zwei Portalkränen, die jeder 300 Tonnen heben konnte und die 103 und 97,25 Meter überspannen konnten. 1965 nahmen beide Kräne die Arbeit auf, der erste Kran an der Nordseite erhielt die Leuchtschrift „Howaldt" – und Kiel hatte ein neues Wahrzeichen.

DIE HAMBURGER VERWANDTSCHAFT Auch die Howaldtswerke Hamburg, mit Kiel seit 1953 getrennt von Tisch und Bett, durchlebten natürlich die gleichen Schwankungen der Konjunktur wie die Kieler Kollegen. Anders als Kiel aber hatten sie bei Neubauten vor allem lokale Kundschaft und setzten auch stark auf das lukrative Reparaturgeschäft, das sie nach den reichen Boomjahren ab 1961 über Wasser hielt, während der Neubau lahmte.

Die Hamburger Reederschaft: Schon 1950 hatte die Hapag drei erste Schiffe bauen lassen. Nach der Trennung Hamburgs von Kiel orderte sie bis 1967 insgesamt 16 Frachter unterschiedlicher Größe. Der zweite wichtige Kunde war die Hamburg

Luftaufnahme des Werkes Gaarden Mitte der sechziger Jahre. Stadtarchiv Kiel

Luftaufnahme der Howaldtswerke Hamburg um 1958. Archiv HDW

Süd, die 15 Schiffe bis 1965 orderte – Motorfrachter, kombinierte Fracht- und Fahrgastschiffe, zwei Kühlschiffe der „Cap San"-Serie und zum Schluss einen großen Motortanker. Daneben bestellten auch Reedereien wie Willy Bruns, F. Laeisz, H. Schuldt Kühlschiffe, Frachter und Bulkcarrier. Und die Hadag ließ die beiden schönen Bäderschiffe HELGOLAND und WAPPEN VON HAMBURG bauen. Die ESSO in Hamburg und die internationalen Gesellschaften des Konzerns bestellten neun Tanker. Schließlich kam neben der Hamburger Reederschaft auch der Norddeutsche Lloyd in Bremen zu den Howaldtswerken und orderte vier Motorfrachter.

Ganz allerdings setzten die Hamburger Howaldtswerke nicht auf die einheimische Kundschaft. So wie die Kieler auf die norwegischen Reeder setzte, taten es die Hamburger mit den Niederländern. Bis 1963 lieferte die Werft immerhin 18 Frachter nach Amsterdam, Rotterdam und s'Gravenhage. Dabei tat sich besonders die N.V. Stoormvaart Mij. „Nederland" hervor, die allein sieben Neubauten aus Hamburg bezog. Von Bedeutung war auch ein weiterer ausländischer Kunde: Indien. Die Indian Steamship Company Ltd. in Kalkutta bestellte zwischen 1955 und 1960 elf Frachter, die alle einen Namen erhielten, der stets mit INDIAN begann. Sieben von ihnen waren Turbinenschiffe, wie sie auch schon an die Hapag und den Norddeutschen Lloyd geliefert wurden.

Die SCOTLAND kam als abgetakelter alter Passagierliner in Hamburg an, und daraus wurde 1958 der Stolz Hamburgs: die HANSEATIC.
Archiv HDW

Zu den Glanzlichtern zählten aber ohne Zweifel 1953 und 1954 die beiden schon erwähnten Onassis-Tanker TINA ONASSIS und AL-MALIK SAUD AL-AWAL, damals die größten Tanker der Welt. Diesen Auftrag verdankten die Hamburger Howaldtswerke Adolf Westphal, der in Kiel noch nicht so weit war, dass er dort so große Schiffe bauen konnte. Und so stimmte er sich gut nachbarlich mit den Kollegen in Hamburg ab. Und auch Onassis' Dauerrivale Stavros Niarchos baute in Hamburg. Für ihn lief 1965 der 39.000-Tonnen-Tanker WORLD GRANDEUR vom Stapel.

Der Marineschiffbau hat in Hamburg eine nur kleine Rolle gespielt. Neben einem kleinen Schwimmdock ergatterten die Howaldtswerke doch noch einen größeren Auftrag über 22 kleine Landungsboote und lieferten sie 1965 und 1966 an die Bundesmarine ab.

Erfreulich an den Neubauten war die Tatsache, dass ihre Reeder auch zu Reparaturkunden wurden und ihre Schiffe in Hamburg warten und instand setzen ließen. Daneben erledigte die Werft sehr knifflige Umbauarbeiten, wie etwa den Umbau der alten SCOTLAND ex-EMPRESS OF SCOTLAND – im Mund von Spöttern auch „Schrottland" – zur HANSEATIC, Hamburgs Passagier-Aushängeschild. Ebenso berühmt wurde das Bäderschiff HELGOLAND, das, für das Rote Kreuz zum Lazarettschiff umgebaut, für zahlreiche Vietnamesen ein Zeichen der Hoffnung wurde.

Von 1966 bis 2006 vierzig Jahre lang im Seebäderdienst nach Helgoland: die WAPPEN VON HAMBURG.
YPS Peter Neumann

Nach dem Krieg mussten zunächst die nötigsten Aufräum- und Instandsetzungsarbeiten in Angriff genommen werden. Danach wurden neue Anlagen angeschafft. Nach 1955 kamen mehrere Schwimmdocks hinzu, so dass die Hamburger Howaldtswerke 1959 Docks mit einer Hebekapazität von 67.800 Tonnen besaßen. Damit waren sie für das Reparaturgeschäft gut gerüstet. In den folgenden Jahren nahm die Werft weitere Kaistrecken in Betrieb und schaffte zusätzliche Kaikräne an. Schließlich folgte noch ein 47.000-Tonnen-Dock, das das größte Dock Deutschlands war und 1966 mit dem Docken des Shell-Tankers DIALA in Betrieb genommen wurde. Da aber zeichnete sich schon die Fusion ab, und alle weiteren Ausbaupläne lagen erst einmal auf Eis.

Probefahrt der AL-MALIK SAUD AL-AWAL 1954. Da der Name niemandem auf der Werft leicht über die Lippen ging, hieß er nur „Al Krawall". Archiv HDW

Mit kühlem Kopf durch schweres Wetter

KRISENJAHRE IM EUROPÄISCHEN SCHIFFBAU „Allen Gewalten zum Trotz sich erhalten..." – dieses etwas pathetische Goethe-Gedicht könnte als Motto über den fast vier Jahrzehnten stehen, die auf die Fusion folgten. In diesen Jahren und auch danach musste die HDW sich immer wieder in schwerem Wetter behaupten. Dabei hat sie schöne Erfolge errungen, aber auch Federn lassen müssen. Denn die Zeiten waren für die Werften in Deutschland und ganz Europa schwer geworden. Geprägt wurden sie vor allem durch den Wettbewerb zwischen den Schiffbauern der klassischen Schiffbauländer in Europa und den hochsubventionierten Schiffbau-Neulingen in Fernost. Öl- und Wirtschaftskrisen spickten zusätzlich das Fahrwasser der Werften in Europa, in dem sie sich durch spitze Klippen, trügerische Sandbänke und falsche Seezeichen lavieren mussten. Viele – vor allem privatwirtschaftlich geführte – Werften in Deutschland, England – dem Schiffbauland par excellence – oder Skandinavien liefen auf Grund, und traditionsreiche Namen verschwanden im Dunkel der Geschichte. So hatte es auch die HDW immer wieder schwer.

Der Salzgitter-Chef und HDW-Hauptaktionär Birnbaum schrieb 1979, *„dass alle Fachleute seit etwa Mitte der 60er Jahre wissen, dass unsere Werften in West-*

Howaldtswerke-Deutsche Werft in Kiel 1973 mit dem Großtanker FAUST in der Ausrüstung. Archiv HDW

europa ‚Problembetriebe' sind". Er hatte Recht. Das zeigte sich schon kurz nach der Fusion. Bereits 1970, ein knappes Jahr vor seinem unerwarteten Tod, hatte Werftchef Adolf Westphal für seine Nachfolger ein umfangreiches Memorandum geschrieben. Darin drückte er angesichts der wirtschaftlichen Umstände seine tiefe Sorge um die Zukunft der Werft aus. Den tapferen Vorhersagen über jede Menge neuer Schiffe, die die Ökonomen versprachen, traute er nicht über den Weg. Deshalb empfahl er, die Werft zu konzentrieren und den Schwerpunkt nach Kiel zu verlegen. Damit hatte er die Entwicklung der kommenden Jahre richtig eingeschätzt.

Zunächst lebte der Gedanke, mit Blohm & Voss doch noch zusammenzugehen wieder auf, und HDW signalisierte im Sommer 1970 *„zu einer sinnvollen Zusammenarbeit mit jedem"* bereit zu sein. Gespräche darüber wurden noch bis 1971 geführt, platzten dann aber. Inzwischen stellte die Salzgitter AG ein neues Unternehmenskonzept in Aussicht, bei dem aber die (noch) Miteigner der HDW – die Gutehoffnungshütte und die AEG als ehemalige Besitzer der Deutschen Werft – nicht mitziehen wollten. So kaufte Birnbaum kurzerhand beiden ihre Anteile für 50 Millionen DM ab – *„wohl der höchste Preis, der je für einen verschlissenen Werftbetrieb gezahlt wurde"*, schrieb Bruno Bock. Tatsächlich war der Betrieb der Deutschen Werft in Finkenwerder für modernen Schiffbau nicht mehr geeignet, wurde 1973 aufgegeben und die Fertigung in Hamburg auf die Werke Ross und Reiherstieg konzentriert. Zwar tobten in Hamburg Bürgerschaft, Presse und Prominente, aber das war pure Deklamation. Denn als es ernst wurde und die Salzgitter AG in dieser konjunkturell schwierigen Zeit nach Partnern Ausschau hielt, verweigerten Hamburgs Politiker jede Beteiligung der Hansestadt Hamburg an HDW und forderten die Fusion des Hamburger Werks mit Blohm & Voss. So legte die Salzgitter AG 1972 einen neuen Strukturplan für Hamburg vor. Danach sollten in Finkenwerder nur noch größte Offshore-Plattformen gebaut werden und die Werke Ross und Reiherstieg mehr Reparaturarbeiten übernehmen. Das alte Helgengerüst im Werk Ross sollte durch einen großen Portalkran ersetzt werden, und dort sollte auch eine Plattensektionsstraße für den Durchsatz von 60.000 Tonnen Stahl ausgelegt werden. In Kiel sollten gleichzeitig die Docks erweitert werden.

Der Hamburger Senat lehnte eine Beteiligung an der HDW erneut und diesmal als „letztes Wort" ab. Während für die reiche Hansestadt die Aufgabe Finkenwerders

Blick von der Elbchaussee auf die leeren Hellinge in Finkenwerder 1973. YPS Peter Neumann

kaum ins Gewicht fiel, weil die Konjunktur gut war und es dort kein Problem darstellte, für gut ausgebildete Werftarbeiter neue Arbeitsplätze zu finden, sah es im strukturschwachen Schleswig-Holstein anders aus. Dort war die Werft der größte industrielle Arbeitgeber. Daher war die schleswig-holsteinische Landesregierung bereit, sich 1973 mit 25,1 Prozent an der HDW zu beteiligen, und hielt diese Anteile bis 1991. Diese Weitsicht hat sich für die HDW letztlich ausgezahlt, denn so überlebte sie die schwierigen achtziger Jahre und ging gestärkt, wenn auch kleiner, aus ihnen hervor, während viele andere Werften in Deutschland untergingen.

So fiel 1973 die Entscheidung, in Kiel ein Großdock für 500.000-Tonnen-Tanker zu bauen. Der Markt verlangte nicht nur immer mehr, sondern auch immer mehr größere Tanker, und dafür reichten die Anlagen der HDW nicht aus. Als 1976 allerdings Dock 8a fertig gestellt war, hatte der Jom Kippur-Krieg schon dazu geführt, dass die Araber der westlichen Welt den Ölhahn zudrehten und damit den „Ölschock" auslösten. Der Tankermarkt brach zusammen, und die Tankeraufträge, aus denen das Großdock finanziert werden sollte, wurden annulliert. In dieser Situation beschloss der Aufsichtsrat, das Dock trotzdem auf jeden Fall zu bauen. Das hat bei Salzgitter nicht jeden begeistert, weil Kritiker meinten, HDW habe nun ein zu großes Dock für zu kleine Schiffe. Tatsächlich aber war die Entscheidung richtig. Denn in der späteren Phase des Containerschiffbaus konnten dort gleich mehrere Schiffe gleichzeitig gebaut werden.

Um diese Zeit begann für den Schiffbau eine lange Durststrecke, die lange anhalten und zu Beginn der achtziger Jahre in Europa zu einem regelrechten Werftensterben führen sollte. Die schlechte Weltkonjunktur und die Wettbewerbsverzerrungen aus Fernost, das inzwischen riesige und hoch subventionierte Werften aufgebaut hatte, ließen für Europa wenige Aufträge übrig. Japan war zu keinerlei Konzessionen bereit, und Ende der siebziger Jahre startete Südkorea seinen Schiffbau nach dem japanischen Muster.

In dieser Situation gab die Bundesregierung den Hilferufen der Küste nach und gewährte deutschen Reedern Beihilfen, wenn sie auf deutschen Werften Schiffe bauten. Aber Bonn war geizig: Frankreich zahlte bis zu 40 Prozent Reederhilfe, Italien

Vor dem Bau von Dock 8a: Die Werft als Modell mit großem Dock und neuem großen Portalkran. Archiv HDW

bis zu 30 Prozent, England und Holland bis zu 25 Prozent. Bonns Küche lieferte dagegen den deutschen Werften schmale Kost: Es gab nur maximal 17,5 Prozent Reederhilfe. Das tat nicht nur den Werften weh, sondern auch den norddeutschen Küstenländern. So war man im Kieler Wirtschaftsministerium zu dem Ergebnis gekommen, dass Bonns Blick an die Küste schon vom Siebengebirge versperrt war, und verzichtete zu Gunsten „seiner" Werft zusammen mit der Salzgitter AG auf die Auszahlungen von Dividenden. Doch HDW kam auch dank der Zahlungen aus den Annullierungen der Tanker finanziell einigermaßen über die Runden. Dennoch musste die Werft ihre Fertigungskapazitäten zweimal um ein Viertel senken. Und man dachte – vor allem auf Anregung der Politik an die staatseigene Werft – über Diversifizierung nach. Das passte der HDW wenig. Werftchef Henke hat in dieser Zeit einmal beredt darüber geklagt: Wo auch immer die Werft in werftfremde Geschäfte und Produktionen einsteige, gebe es schon erfahrene Unternehmen, die in ihren Strukturen auf ihre Produkte hin optimiert waren und ihre Märkte kannten. Davon traf nichts auf die Werften zu. Aber es half nichts. HDW hat mit ihren aufgezwungenen Diversifizierungen – zum Beispiel Tunnelbohrmaschinen, Bodenwaschanlagen und vielem mehr – naturgemäß wenig Glück gehabt und diese Aktivitäten nach der Privatisierung 1991 prompt eingestellt.

1979 übernahm HDW die HAGENUK, allerdings mit finanzieller Hilfe des Kieler Wirtschaftsministeriums, aus der drohenden Pleite. Das auf Fernmeldeanlagen, Schiffselektronik, Klimaanlagen und Apparatebau spezialisierte Unternehmen machte sich Ende der achtziger Jahre einen Namen mit den ersten schnurlosen Telefonen in Deutschland. In dieser Zeit gründete HDW gemeinsam mit Ferrostaal auch die MARLOG, die über 30 Jahre lang sehr erfolgreich für den Nachschub an Ersatzteilen für die Marinekundschaft im Ausland sorgte. Heute ist sie als ein Kernstück in den neuen Geschäftsbereich „Seniors" integriert.

Anfang der achtziger Jahre verschärfte sich die Werftenkrise dramatisch. Hatte der Auftragsbestand des Weltschiffbaus 1973 noch 129 Millionen BRT betragen, so war er 1981 auf nur noch 26 Millionen BRT gesunken. Auch die internationale Schifffahrt war in die Flaute geraten, gut 10 Prozent der Flotte lag auf, und die Nachfrage nach Neubauten war entspre-

Das neue Dock 8a bei HDW in Kiel im Bau. 1975 wird der große Kran errichtet. Stadtarchiv Kiel

chen schlecht. Das brachte in Deutschland das Ende für die renommierte Bremer AG „Weser", die alteingesesse Bremer Rickmers-Werft und mehrere kleinere Werften. Andere Werften konnten sich gerade noch retten, wenn auch mit verringerten Kapazitäten, oder wurden von größeren Werften aufgefangen.

In dieser Situation musste auch HDW reagieren. Die begonnenen Rationalisierungen wurden fortgesetzt, für Hamburg wurde Kurzarbeit angesetzt, und die Werke Reiherstieg und Dietrichsdorf wurden 1983 geschlossen. Doch das reichte nicht aus. Denn die Rezession im Welthandel, der weltweite Auftragsmangel der Werften und die Wettbewerbsverzerrungen aus Fernost – die Preise Japans und Koreas lagen bis zu 40 Prozent unter den europäischen – sorgten für tiefrote Zahlen in der Werftbilanz. Lichtblicke dabei waren wenigstens der gewinnträchtige Marineschiffbau und ein Förderprogramm der norddeutschen Küstenländer.

Die Werft musste handeln: Der Handelsschiffbau wurde – um 50 Prozent geschrumpft – auf Gaarden konzentriert, und 4.000 Mitarbeiter mussten gehen. 1985 verkaufte HDW das Werk Ross an Blohm & Voss und beendete damit seine Präsenz in Hamburg. Aber wenigstens gelang es, so viele Aufträge für neue Schiffe zu bekommen, dass der verbliebene Handelsschiffbau ausgelastet werden konnte und die Bilanz wieder ausgeglichen war. Einen gewissen Ausgleich für die Misere im Handelsschiffbau boten in dieser Zeit der Marineschiffbau und besonders der U-Boot-Bau, auch wenn hier immer wieder Lücken klafften. Gerade der U-Boot-Bau sollte in den folgenden Jahren eine entscheidende Bedeutung für HDW bekommen. Denn er sorgte nicht nur dafür, dass Beschäftigungslücken im Handelsschiffbau aufgefangen werden konnten, sondern er trug erheblich dazu bei, die Bilanz der Werft zu verbessern.

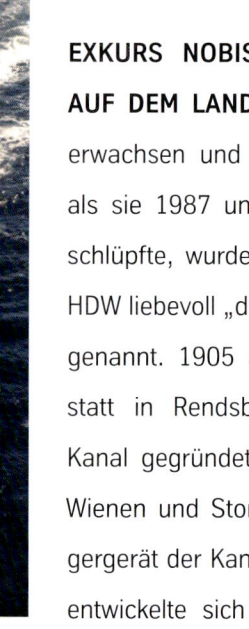

Schiffbau im Subventionswettlauf gegen die Werften in Fernost: Ro-Ro-Schiff REICHENFELS. Archiv HDW

EXKURS NOBISKRUG: DIE „TOCHTER AUF DEM LANDE" Sie ist heute längst erwachsen und ist gut verheiratet. Aber als sie 1987 unter die Fittiche der HDW schlüpfte, wurde die Werft Nobiskrug bei HDW liebevoll „die Tochter auf dem Lande" genannt. 1905 als kleine Reparaturwerkstatt in Rendsburg am Kaiser-Wilhelm-Kanal gegründet – Werft Nobiskrug, van Wienen und Storck – setzte sie das Baggergerät der Kanalverwaltung instand. Sie entwickelte sich schnell: Noch vor dem

Ersten Weltkrieg baute sie 70 kleinere Schiffe, vor allem Flußleichter und flachgehende Schiffe für Übersee. Im Krieg veränderte sich das Bauprogramm: Jetzt standen Hilfsschiffe und Minensucher für die Kaiserliche Marine auf dem Programm. Danach wurden es Frachter, Fischdampfer, kleine Tankschiffe, Zollkreuzer und eine breite Palette an Dienstfahrzeugen. Besonderen Erfolg hatte die Nobiskrug mit einem Dreimastschoner mit Hilfsmotor, der als „Ich Verdien" oder landläufig an der Küste als „Nobiskruger" bekannt und als Standardschiff erfolgreich wurde. Im Zweiten Weltkrieg arbeitete die Werft für die Kriegsmarine und lieferte unter anderem Schlepper und Tanker.

Nach dem Krieg kam die Nobiskrug bald wieder ins Geschäft und lieferte eine Reihe kleiner und mittlerer Frachter ab. Und sie baute auch Schiffe, die Aufsehen erregten. 1963 lieferte sie an die Bundesmarine das Schulschiff DEUTSCHLAND ab, auf dem Generationen von angehenden Seeoffizieren ihre Ausbildung und ihre Seebeine erhielten. Furore machte die Werft in den sechziger und siebziger Jahren mit Fährschiffen für deutsche und vor allem skandinavische Reeder. Als erste Fähre lief 1964 PRINS BERTIL in Rendsburg aus. Mit der PETER PAN überschritt die Werft 1974 die „magische" 10.000-Tonnen-Grenze. Daneben baute sie Asphalt-Tanker, Ro-Ro-Schiffe und herkömmliche Frachter. Aus Rendsburg kamen auch Spezialschiffe für den industriellen Einsatz, wie die Taucherbasis-Schiffe SEABEX ONE und SEAWAY CONDOR. Und auch das bis heute weltweit dienstälteste und erfolgreichste

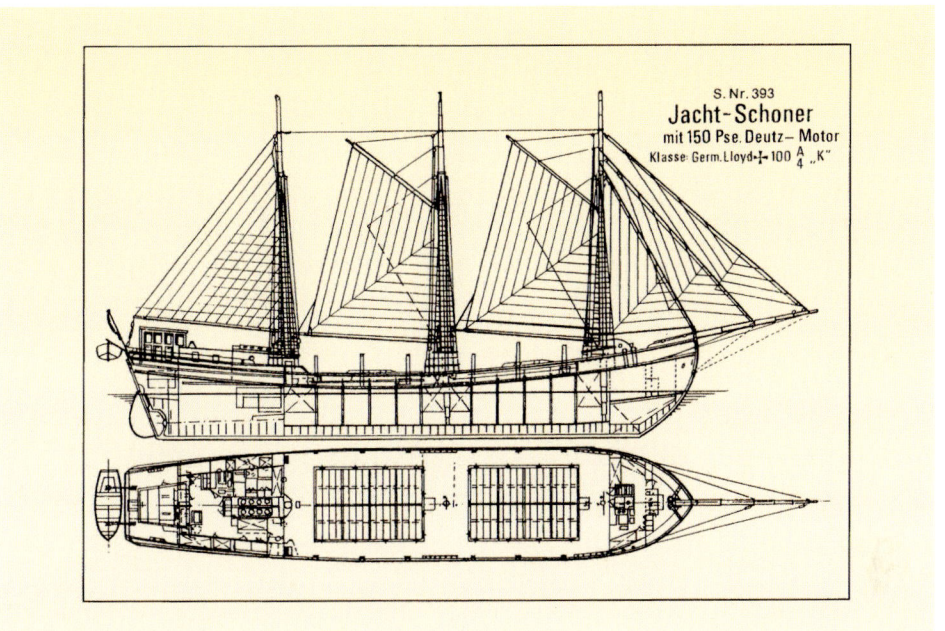

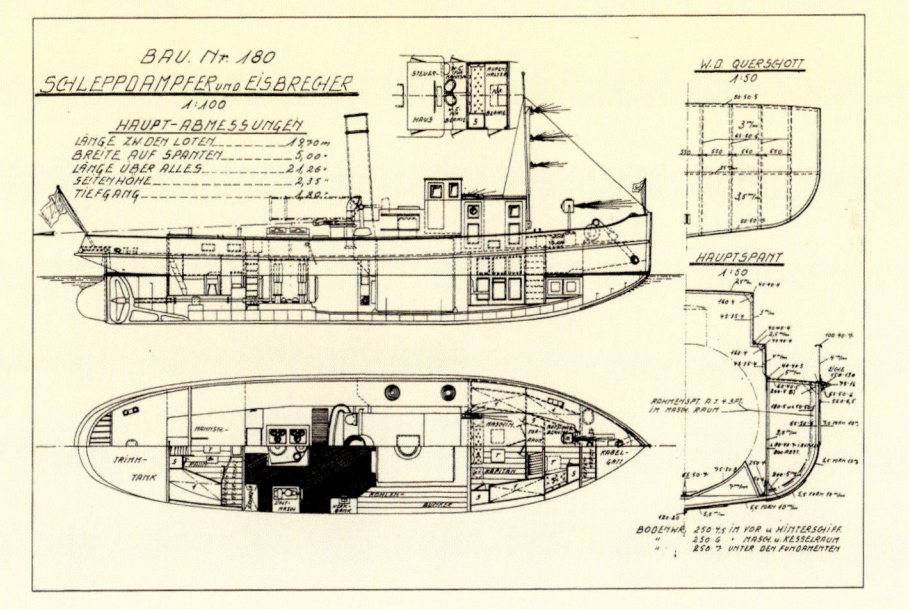

Erfolgsmodell „Nobiskruger" um 1930 (oben) und eisbrechender Schlepper (unten).
Archiv Nobiskrug

Polarforschungsschiff POLARSTERN, das gemeinsam mit HDW gebaut wurde, hat seinen Ursprung bei Nobiskrug. Aber Mitte der achtziger Jahre geriet die Werft in den Mahlstrom der Schifffahrts- und Werftenkrise und musste Konkurs anmelden.

Da traf es sich gut, dass sie als HDW-Nobiskrug mehrheitlich von der HDW übernommen wurde. Man kannte sich ohnehin und lebte auf nachbarlichem Fuß. Mitgeholfen hat auch, wenn der Küstenklatsch stimmt, dass der damalige Finanzminister Gerhard Stoltenberg, ehemals schleswig-holsteinischer Ministerpräsident und nun oberster Aufseher der HDW-Mutter Salzgitter AG, seinen Wahlkreis in Rendsburg hatte. Wie auch immer – unter der HDW-Ägide lebte die Nobiskrug auf, baute und reparierte wieder Schiffe, schweißte Deckshäuser für HDW und legte stets eine Bilanz vor, die niemandem Kummer bereitete. Daneben betätigte sie sich im Leichtmetallbau mit Fenstern, Türen oder Fassaden. In dieser Zeit begann sie, neue Wege zu gehen: In Rendsburg entstanden Flusskreuzfahrtschiffe mit hohem Komfort und dann: luxuriöse Mega-Yachten. Den Anfang machte die TATOOSH im Sommer 2000. Ihr sollten noch viele folgen.

Mit der Fusion der ThyssenKrupp-Werften und der HDW-Gruppe wurde die Nobiskrug 2005 Bestandteil der ThyssenKrupp Marine Systems. Doch nach kurzer Zeit wechselte die Werft den Besitzer. Nach einer kurzen Episode unter einer Gesellschaft auf Guernsey übernahm sie 2009 ein arabischer Investor. Das ist ihr gut bekommen. Vor allen Dingen hat sie sich erfolgreich mit dem Bau schöner und luxuriöser Mega-Yachten in der Öffentlichkeit einen Namen gemacht. Mehrere Yachten erhielten inzwischen begehrte Anerkennungen, wie den „World Superyacht Award", den „ShowBoats Design Award" oder den „Superyacht Society International Award". Damit hat sie sich eine gute Position unter den führenden Yachtwerften der Welt erarbeitet.

Doch Nobiskrug kann mehr. Zu ihrem Geschäft gehören heute neben den schönen Yachten ebenso Marineschiffe, Offshore-Plattformen, Schiffsreparaturen aller Art – und das inzwischen an drei Standorten. Rendsburg ist traditioneller Werftplatz. 2011 hat der arabische Investor den Überwasserschiffbau der HDW übernommen und produziert nun einträchtig mit der einstigen Mutter auf demselben Gelände.

Links: Die POLARSTERN (1982), Mitte: Nobiskrug in Rendsburg heute: Eine hochmoderne und vielseitige Werft, rechts preisgekrönte Mega-Yacht MOGAMBO (2013). Archiv Nobiskrug u. HDW

Seit Beginn des Jahres 2013 ist zusätzlich die insolvente Kieler Lindenau-Werft hinzugekommen. Aus der einstigen Tochter auf dem Lande ist eine stattliche Mutter geworden.

HDW: DIE KONZENTRATION AUF GAARDEN UND DIE PRIVATISIERUNG Als die HDW 1988 ihr 150stes Jubiläum feiern konnte, war die Werft weitgehend über den Berg. Davon kündeten in Gaarden, wo alle Schiffbauaktivitäten zusammengefasst waren, sichtbar die neue Hauptverwaltung, die neue U-Boot-Halle mit Werkstätten und Bürotrakt und der U-Boot-Hebelift, der sich im Bau befand. Aber die Werft war auch kleiner geworden. Hatten dort um 1980 noch rund 12.000 Menschen gearbeitet, waren es 1990 rund 4.700. Trotz der schwierigen Marktlage hatte es die Werft geschafft, sich Aufträge für immerhin sieben Containerschiffe zu sichern.

Auch das Marinegeschäft gab Anlass zur Freude. Und so wurde Ernst Pieper, Chef der Salzgitter AG, der zugleich Aufsichtsratsvorsitzender der HDW war, nicht müde, HDW als eine „Perle" zu bezeichnen. Allerdings gab es in dieser Zeit politische Bestrebungen, der Per-

U-Boot-Bau bei HDW: Fertigung des Druckkörpers. YPS Peter Neumann

le einige gehörige Kratzer zuzufügen. Grund war ein U-Boot-Geschäft, bei dem HDW der Republik Südafrika U-Boote liefern sollte. Mit dem Schlagwort „Blaupausen-Affäre" war HDW Ende der achtziger Jahre in die Schlagzeilen geraten. Damals ging es um den unerlaubten Export von U-Boot-Plänen an das wegen seiner Apartheidpolitik verfemte und mit einem Waffenembargo der UNO belegte Südafrika. Tatsächlich hatten HDW und das IKL mit der südafrikanischen Marine Anfang der achtziger Jahre einen entsprechenden Vertrag geschlossen, nachdem ihnen aus dem Bundeskanzleramt bedeutet worden war, dass die CDU-geführte Bundesregierung ihre Zustimmung zu dem Geschäft gegeben habe. Daraus entwickelte sich Ende der achtziger Jahre ein politischer Skandal mit einem gewaltigen Rauschen im Blätterwald, da die Opposition versuchte, die Bundesregierung mit dieser Geschichte in Bedrängnis zu bringen. Sie machte daher HDW und das IKL zum Knüppel, mit dem der Hund geschlagen werden sollte, und beide Unternehmen gerieten unter die Mahlsteine der Politik. Erst ein Urteil des Kieler Oberlandesgerichts, das HDW und das IKL Anfang der neunziger Jahre von allen Vorwürfen freisprach, beendete die Affäre. Sie war schnell vergessen, denn

der U-Boot-Bau konnte mit einer Sensation aufwarten. Zusammen mit Siemens und mit finanzieller Hilfe von Ferrostaal hatte HDW einen außenluftunabhängigen U-Boot-Antrieb zur Serienreife entwickelt, dessen Herzstück eine Wasserstoffbrennstoffzelle ist. Mit diesem Antrieb können konventionelle U-Boote mehrere Wochen unter Wasser bleiben, anstatt nur mehrere Tage wie bisher. Jetzt füllte der neuartige Antrieb die Lücke zwischen dem konventionellen Dieselboot und dem Atom-U-Boot. Die Entwicklung des Brennstoffzellenantriebs war also eine Revolution in der U-Boot-Welt. 1994 bestellte die Deutsche Marine vier U-Boote der von HDW neu entwickelten Klasse 212A, die HDW als Leitwerft zusammen mit den Nordseewerken in Emden bauen sollte. Das erregte weltweit Aufsehen, und die New York Times titelte „The Boat is Back Again"!

Ende der 1980er Jahre bemühte sich Ernst Pieper mit aller Kraft darum, die staatseigene Salzgitter AG in ein privat geführtes Unternehmen zu verwandeln. Das gelang ihm in einem atemberaubenden Coup. Mit Zustimmung der Bundesregierung ließ er den hannoverschen Mischkonzern Preussag die Salzgitter AG im Jahr 1990 übernehmen. Bezahlt wurde das Geschäft aus den Mitteln, die Pieper in Salzgitter seit Jahren angesammelt hatte. Die deutsche Wirtschaft staunte, und das Wort vom „reverse take over" machte die Runde. Ein Jahr später kaufte Pieper, nun Vorstandsvorsitzender der Preussag, die HDW-Aktien Schleswig-Holsteins auf. Damit war die HDW ein Privatunternehmen. Und ein gut verdienendes dazu. HDW war die erste Großwerft, die nach der Werftenkrise wieder Gewinne machte. Die verwendete sie dazu, Kiel wetterfest zu machen. Mit dem Konzept

„The Boat is Back Again" – Klasse 212A U-Boot (gegenüber) mit dem revolutionären Brennstoffzellenantrieb – in der Entwicklung (links) und an Bord (rechts). YPS Peter Neumann

„Werft 2000" investierte sie gut 300 Millionen DM in neue Hallen, Anlagen und die Rationalisierung des Betriebes. Ziel war, Containerschiffe effektiver und vor allem billiger zu machen, denn die Werften in Fernost drückten die Schiffspreise gewaltig. So hielt moderne Computer- und Robotertechnik in Gaarden Einzug, und das sonst durchaus kritische „Handelsblatt" rühmte HDW als die modernste Werft Deutschlands – High-Tech im Schiffbau aus Kiel.

Nach der Pensionierung Piepers, der immer seine schützende Hand über die HDW gehalten hatte, begann die Preussag bei HDW Kasse zu machen. So zog sie das Tafelsilber der HDW, die wertvollen Kieler Werkswohnungen, an sich, das der HDW-Vorstand immer als „Notgroschen" angesehen hatte. Dabei blieb es nicht. Ende der neunziger Jahre beschlossen Preussag-Chef Michael Frenzel und sein Ziehvater Friedel Neubert, Chef der Westdeutschen Landesbank, aus dem mausgrauen Mischkonzern Preussag das größte Reisebüro Europas zu machen und in diesem Zug diverse nicht unbedingt profitable Töchter abzugeben. Ihre Wahl fiel auf die nicht gerade betuchte Babcock Borsig AG in Oberhausen, deren Aufsichtsratsvorsitzender Neubert war. Welch ein Zufall!

„Werft 2000" – High-Tech im Schiffbau.
Oben: Modernste Spantenschweißroboter.
Unten: Beschichtungshallen für Großsektionen.
YPS Peter Neumann

BABCOCK UND OEP: TURBULENTE JAHRE Weil die Babcock sich jedoch wehrte, einen Haufen wirtschaftlich wenig attraktiver Unternehmen zu übernehmen, verkaufte die Preussag im Herbst 1999 50 Prozent plus 1 Aktie der HDW zu einem sehr günstigen Preis an die Babcock – und überwies umgehend das Finanzguthaben der HDW in Höhe von rund einer Milliarde DM nach Oberhausen. Damit hatte die HDW einen neuen Eigentümer – aber kein Geld mehr. Das war im „Cash Clearing" des Babcock-Konzerns verschwunden.

Zunächst aber schien sich alles gut anzulassen. Unter der Babcock-Regie wuchs die HDW zur größten privaten europäischen Werftengruppe. Als Erstes übernahm HDW das schwedische Werftunternehmen Kockums mit Sitz in Malmö und Karlskrona. Die schwedischen Kollegen kränkelten, und die Gefahr bestand, dass sie in die Hände der französischen Konkurrenz gerieten. Denn sie waren durchaus interessant – sowohl unter als auch über Wasser. Zum einen hatten sie große Erfahrung darin, die Signaturen von U-Booten zu minimieren, und zum anderen hatten sie einen höchst interessanten Schiffstyp entwickelt: die erste Tarnkappenkorvette der Welt, die zudem nicht mehr aus herkömmlichem Stahl, sondern aus kohlefaserverstärktem Kunststoff bestand – ein revolutionärer Entwurf. Daher machte es durchaus Sinn, gerade diese Werft den Franzosen vor der Nase wegzukaufen, die ohnehin mit allen Tricks versuchten, HDW auszumanövrieren und an deren Daten heranzukommen – sie hätten HDW sogar am liebsten gleich gekauft.

Oben: Karlskronavarvet. Hier entstand im 18. Jahrhundert der moderne Schiffbau und heute Marine-Überwasserschiffe und U-Boote. Unten: Hellenic Shipyards in Skaramangas mit der neuen U-Boot-Halle und Hebelift. YPS Peter Neumann / Archiv HDW

Die nächste Erwerbung war die griechische Werft Hellenic Shipyards. Die Werft befand sich mehrheitlich im Besitz der staatlichen ETBA-Bank (51 Prozent) und einer Arbeitnehmerkooperative (49 Prozent). Sie stand zum Verkauf, und HDW als künftiger Eigner war der Wunschkandidat der Griechen, zumal die griechische Marine bei HDW drei Brennstoffzellen-U-Boote der für den Export bestimmten Klasse 214 U-Boote bestellt hatte, von denen eines in Kiel und die Folgeboote in Griechenland bei Hellenic Shipyards gebaut werden sollten. Das griechische Angebot, ein weiteres Klasse 214-Boot bei HDW zu bestellen und vier alte konventionelle Klasse 209-U-Boote auf Brennstoffzellenantrieb umzurüsten, schien verlockend, weil man glaubte, die notwendigen Investitionen aus den Gewinnen der neuen Aufträge bezahlen zu können. So übernahm HDW 2002 die ziemlich heruntergekommene Werft mit ihren Altlasten, wie dem Waggonbau, und modernisierte sie kräftig. In Skaramangas entstand eine hochmoderne U-Boot-Fertigung, aber HDW investierte auch in die Reparaturanlagen.

Mit der Übernahme der beiden Werften war die Kieler HDW plötzlich eine internationale Schiffbaugruppe mit weit über 7.000 Mitarbeitern

Fertigung von U-Booten der Klasse 214 in der neuen U-Boot-Halle bei Hellenic Shipyards.
YPS Peter Neumann

geworden, die im Herzen Europas ebenso tätig war wie im Norden und im Süden. Große Zeiten!

Eigentlich passte alles so schön: eine hochmoderne U-Boot-Werft am Mittelmeer, Schiffreparatur direkt an der belebten Handelsschiffroute durch das Mittelmeer nach Fernost. Das hätte ein Erfolg werden können. Ebenso Kockums. Die schwedischen Kollegen konnten für U-Boote auch einen außenluftunabhängigen Antrieb mit einem Stirling-Motor anbieten. Der war zwar nicht so effektiv wie die Brennstoffzelle, aber billiger. So konnte die HDW-Gruppe zwei ausgereifte Systeme für den großen und den kleinen Geldbeutel anbieten. Und im Überwasserbereich hatte Kockums von der schwedischen Marine den Auftrag bekommen, sechs Korvetten der VISBY-Klasse zu bauen.

Allerdings entwickelte sich das griechische Engagement nach und nach zu einem Albtraum, weil die Verkäufer von Hellenic Shipyards es trotz gründlicher Prüfung durch HDW geschafft hatten, Verluste zu verschleiern. Die Werft hatte unberechtigt EU-Beihilfen bezogen und musste Steuern nachzahlen. HDW war also gezwungen Schadensersatz zu fordern, was die ETBA-Bank aber herzlich wenig scherte. Damit reichte

HDW vorsorglich Klage ein. Auch die Arbeitnehmer als einstige Herren der Werft waren nicht bereit, HDW als neuen Eigner anzuerkennen, sondern streikten, wo immer sie konnten. Nicht einmal Vermittlungsversuche der europäischen Metallarbeitergewerkschaft nahmen sie an. Und der damalige Generalsekretär der Vereinigung gab entnervt auf und konstatierte, dass mit den griechischen Kollegen nicht zu reden sei.

In Karlskrona stellte sich heraus, dass der Korvettenbau teurer als veranschlagt werden würde. Hier gelang es aber mit sanftem Druck, zu erreichen, dass statt sechs nur noch fünf Korvetten, allerdings zum Preis von sechs Schiffen, gebaut werden sollten. Und so wurde an einem strahlenden Sommertag im Juni 2002 die Taufe der ersten Stealth-Korvette VISBY in Karlskrona in Gegenwart des schwedischen Königs Carl XVI. Gustaf zu einem fröhlichen maritimen Fest, dem Carl Gustaf noch seine persönliche Note aufsetzte. Er ließ es sich nicht nehmen, mit einem flotten Motortorpedoboot der fünfziger Jahre aus dem Karlskronaer „Marinmuseum" vorzufahren. Allein schon das tiefe Geröhr der drei Motoren versetzte alle anwesenden Männer in Hochstimmung.

Oben: Integrierte Kohlenfaserbauweise auf der VISBY. Die Waterjet-Intakes und Rumpf sind aus ein und demselben Material hergestellt.
Unten: VISBY-Taufe in Karlskrona. König Carl XVI. Gustaf kam mit einem historischen Motortorpedoboot. YPS Peter Neumann

Die Hochstimmung bei HDW dagegen verflog schnell, weil die Babcock, die der Kieler Werft durchaus wohlgesonnen war, in wirtschaftliche Schwierigkeiten geriet und sich die amerikanische Investmentgesellschaft One Equity Partners, eine Tochter der Bank One of America, an Bord holte, die Zug um Zug die Aktien der HDW übernahm, bis HDW 2002 plötzlich ein hundertprozentiges amerikanisches Unternehmen war. Weite Teile der deutschen Politik befürchteten daher den Ausverkauf deutscher U-Boot-Technologie an die USA, und die Bundesregierung beschloss sogar ein Gesetz, nach dem strategisch wichtige Unternehmen nicht ohne Zustimmung der Bundesregierung ins Ausland verkauft werden dürfen. Tatsächlich aber hatte die OEP kein Interesse daran, die HDW-Technologie zu verscherbeln. Im Gegenteil: Ihr ging es um die Gewinne aus dem U-Boot-Bau. Dafür allerdings stärkte sie der HDW in den kommenden turbulenten Jahren solange finanziell den Rücken, bis mit ThyssenKrupp ein neuer Eigentümer gefunden war.

2002 ging die Babcock in Insolvenz, und für HDW begannen dramatische Jahre, obwohl es Babcock-Chef Klaus Lederer geschafft hatte, HDW aus dem Insolvenzstrudel herauszuhalten. Trotzdem, die „Kriegskasse" war endgültig „verdampft", wie ein Banker ironisch bemerkte. Sie war ohnehin schon vorher ein Streitpunkt zwischen dem Vorstand der HDW und der Babcock gewesen, der dazu geführt

Oben: Ein Modell der U-Boot Klasse 212 mit Modifikationen am Turm wird in der Hamburgischen Schiffbau-Versuchsanstalt zum Schleppen vorbereitet. Unten: U-Boot-Fertigung bei HDW im Jahr 2003. Alle aktuellen U-Boot-Klassen in einer Halle. Von links nach rechts: 214, 209 und 212A. YPS Peter Neumann

hatte, dass die Babcock im Jahr 2000 fast den kompletten Vorstand der HDW feuerte, weil er es pflichtgemäß gewagt hatte, nach dem Verbleib der HDW-Gelder zu fragen. Der Handelsschiffbau war in höchster Seenot, weil weltweite Überkapazitäten im Schiffbau die Preise ins Bodenlose hatten sinken lassen. Die schwere internationale Schiffbaukrise hatte alle deutschen Werften erfasst, und die IG Metall zog mit einem Rettungsboot durch Norddeutschland, um die Politik auf die akute Bedrohung von Tausenden von Arbeitsplätzen aufmerksam zu machen. Der Betriebsrat bei HDW kämpfte derweil um den Erhalt der Universalwerft HDW, die nur noch vom gut verdienenden U-Boot-Geschäft über Wasser gehalten wurde.

In dieser Situation setzte OEP einen neuen Vorstandsvorsitzenden ein, einmal um die Werft über die Runden zu bringen, letztlich aber mit dem Ziel, die HDW zu verkaufen, weil sie erkannt hatte, dass das langfristige Geschäft mit Industrieanlagen nicht recht zu dem Geschäft von Investmentgesellschaften passte, die eher auf kurzfristige Geschäfte eingerichtet sind. Bereits 2001 hatte es Kontakte zu ThyssenKrupp gegeben, die eine gegenseitige Beteiligung zwischen der HDW und den ThyssenKrupp-Werften beabsichtigten. Denn die Zeichen der Zeit standen schon damals auf Konzentration im Schiffbau – sowohl zivil als auch militärisch.

Kampf um den Erhalt des deutschen Handelsschiffbaus. Die IG Metall machte mit einem Rettungsboot auf die schwierige Lage der Werften aufmerksam.
Betriebsrat HDW

Letztlich erhielt der Überwasserschiffbau doch noch eine Chance. Im September 2003, auf dem Höhepunkt der Schiffbaukrise, unterzeichnete HDW einen Auftrag zum Neubau von vier 2.500-TEU Containerschiffen mit der MPC Münchmeyer Petersen Steamship GmbH & Co. KG, Hamburg. Der Unterzeichnung waren schwierige Verhandlungen mit Betriebsrat und IGM vorausgegangen, die mit einem fairen Kompromiss endeten. Denn die Voraussetzung dafür, ihn hineinzunehmen, war ein Verzicht aller Mitarbeiter. Dazu meldete HDW am 15. September: *„Möglich wurde der Abschluss durch einen zeitlich auf drei Jahre begrenzten Verzicht der HDW-Mitarbeiter auf Teile der tariflichen Sonderzahlungen und unbezahlte Mehrarbeit im Rahmen einer Tarifvereinbarung zwischen HDW und der IG Metall. Diese Vereinbarung sieht auch den Verzicht auf weitere betriebsbedingte Kündigungen in der Fertigung neben dem bereits beschlossenen Stellenabbau*

Gemeinsame Opfer und Anstrengungen der HDW-Mitarbeiter führten 2003 zum Überleben des Überwasserschiffbaus. YPS Peter Neumann

von 750 Mitarbeitern vor, und sie verspricht einen finanziellen Bonus an die Belegschaft, falls die geplante Zahl der Fertigungsstunden unterschritten wird." Diesem Verzicht hatten immerhin 78 Prozent aller Mitarbeiter zugestimmt. Denn allen war klar, dass dies die letzte Chance für den Überwasserschiffbau bei HDW war. Und die haben die Mitarbeiter anschließend mit Bravour ergriffen.

Derweil verdichteten sich in der Presse die Gerüchte, dass HDW und ThyssenKrupp Gespräche über einen Zusammenschluss führten. Und so kam es auch. Am 5. Januar 2005 vollzogen die HDW und die ThyssenKrupp-Werften ihre Hochzeit unter dem neuen Namen ThyssenKrupp Marine Systems.

MIT U-BOOTEN AN DIE WELTSPITZE Als 1956 die beiden Weltkrieg-Typ XXIII-Boote zu den Kieler Howaldtswerken geschleppt wurden, boomte der Handelsschiffbau, und die gut beschäftigten deutschen Werften hatten wenig Interesse daran, sich ausgerechnet mit dem Bau von ein paar wenigen U-Booten zu beschäftigen, da es sich zunächst nicht absehen ließ, dass daraus ein Geschäft werden könnte. U-Boot-Bau galt als winzige Nische im Schiffbau, die aber zunächst auch hohe Investitionen erforderte. Hinzu kam natürlich auch, dass so kurz nach dem Krieg die Beschäftigung mit Kriegsschiffen nicht gerade populär war. So hieß der U-Boot-Bau bei HDW lange Jahre auch verschämt „Sonderschiffbau". Zu dem Wort „U-Boot" mochte man sich mit Rücksicht auf die kritische Öffentlichkeit nicht

Das erste deutsche Nachkriegs-U-Boot U 1 geht 1962 bei den Kieler Howaldtswerken „zu Bach". PIZ Marine

bekennen. Trotzdem baute Howaldt U-Boote und legte damit den Grundstein für den heutigen Erfolg.

Als allerdings Anfang der 60er Jahre deutlich wurde, dass die Bundesmarine eine größere Anzahl von U-Booten bestellen wollte, und als es später erlaubt wurde, U-Boote zu exportieren, erwachte auch das Interesse der deutschen Industrie an diesem anspruchsvollen Schiffbau, der technologische Höchstleistungen erfordert. So entstand eine leistungsfähige Zulieferindustrie als die Grundlage für den Welterfolg des deutschen U-Boot-Baus nach dem Kriege, die in der Konstruktion moderner U-Boote Professor Gabler und das IKL geschaffen hatten.

Maßgeblich für den Erfolg im Inland und später im Export ist das Prinzip des Generalunternehmers (GU), das bereits 1969 eingeführt wurde. Seit damals zeichnet HDW technisch und wirtschaftlich als Generalunternehmer allein verantwortlich für das Gesamtsystem und den Nachweis aller vertraglichen Leistungsdaten der U-Boote. Über viele Jahre hat dabei HDW mit den Kollegen der Nordseewerke in Emden gut zusammengearbeitet. Zuerst für die Bundesmarine, die nach der Wende in Deutsche Marine umgetauft wurde, und dann für den Export.

Den vorläufigen Abschluss des U-Boot-Bauprogramms der Bundesmarine bildeten die 18 Boote der Klasse 206, die alle in den 70er Jahren in Dienst gestellt wurden. Diese Boote mit ihrem typischen Sonardom auf dem Bug, von denen einige zur Klasse 206A umgebaut wurden, haben sich in ihrer Dienstzeit außer-

U 23, Klasse 206, kehrt vom Einsatz in der Ostsee zurück. YPS Peter Neumann

ordentlich bewährt. Während des Kalten Krieges operierten sie vor allem in der Ostsee und den Ostseezugängen. Danach tauchten sie regelmäßig im Mittelmeer auf und nahmen dort an Einsätzen und Übungen der NATO teil. Im Flachwassereinsatz waren sie in ihrer Zeit – also zwischen 1973 und 2011, allen anderen U-Boot-Klassen überlegen. Aber auch im Tiefwasser haben sie sich bewährt. Sie nahmen an NATO-Manövern im Atlantik und in der Karibik teil und lehrten sogar die US Navy das Fürchten, als es ihnen gelang, unbemerkt in einem Scheinangriff neben einem gut geschützten amerikanischen Flugzeugträger aufzutauchen. Die Boote waren so gut wie nicht zu orten.

DEUTSCHE ATOM-U-BOOTE? Wie das Ungeheuer von Loch Ness taucht in den Kreisen alter U-Boot-Fahrer der Bundesmarine immer wieder das Gerücht auf, Deutschland habe Atom-U-Boote bauen wollen. Anders als das sagenhafte schottische See-Ungeheuer ist das deutsche Atom-U-Boot keine Schimäre, jedenfalls nicht ganz. Im August 2008 berichtete der SPIEGEL unter dem Titel „Begehrliche Wünsche" vom Fund eines jungen Historikers im britischen National-

Einsetzen des Sicherheitsbehälters mit Reaktor in die OTTO HAHN. Archiv HDW

archiv. Aus dem einst geheimen Bericht des britischen Botschafters bei der NATO, Frank Roberts, nach einem Gespräch mit dem NATO-Oberbefehlshaber in Europa, General Lauris Norstad, geht hervor, dass die Regierung Adenauer mit ihrem Verteidigungsminister Franz Josef Strauß Atom-U-Boote für die Marine wollte.

In dem Papier vom 26. April 1960 zitiert Roberts einen sehr ungehaltenen Norstad, der sich darüber ärgerte, dass Deutschland schon seit zwei Jahren in Washington darauf drängte, ein Atom-U-Boot zu bekommen. Erst kürzlich habe Außenminister Brentano wieder nachgefragt. Man müsse, so Norstad, den Deutschen ein sehr festes „Nein" entgegensetzen. Ärgerlich an der Drängelei der Deutschen war auch, dass die NATO-Verbündeten Deutschland gerade erst die kleinen 350-Tonnen-Boote zugestanden hatten. Und das auch nur, weil der Kalte Krieg sie dazu zwang. Pikant war weiter, dass Deutschland in den Pariser Verträgen 1954 zugesagt hatte, auf Kriegsschiffe zu verzichten, *„die anders als mit Dampfmaschinen, Diesel- oder Benzinmotoren, Gasturbinen oder Strahlantrieben angetrieben werden"*. Das schloss Atomantriebe eindeutig aus.

Aus Papieren des Auswärtigen Amtes geht eindeutig hervor, dass das Verteidigungsministerium mit derartigen Plänen befasst war. Auch der „Küstenklatsch" von heute bestätigt dies, ohne Einzelheiten genau zu kennen – hier wabern eher Gerüchte. Allerdings sagen die Schiffbau-Experten aus jener Zeit übereinstimmend, dass es ein konkretes Atom-U-Boot-Projekt nicht gegeben habe und dass man technisch auch gar nicht in der Lage gewesen sei, ein Atom-U-Boot zu bauen. Trotzdem halten sich Gerüchte hartnäckig, dass man die OTTO HAHN nur gebaut habe, um einen Versuchsträger für einen U-Boot-tauglichen Reaktor zu erproben, der auf das Versuchs-U-Boot WILHELM BAUER gepasst hätte. Vergleicht man allerdings die Höhe des Reaktors von etwa 15 Metern mit der Höhe des U-Boots von nur etwas über 7 Metern, wird schnell deutlich, wie wenig haltbar diese Behauptung ist.

Deutsche Atom-U-Boote blieben Träumereien an Bonner Kaminen, die die Westmächte schnell beendeten. Und Fakt ist auch, dass allein aus Sicht der Schiffbauer mangels deutscher Erfahrung Entwicklung und Bau eines deutschen Atom-U-Boots viel zu lange gedauert und viel zu viel Geld gekostet hätten, einmal ganz abgesehen von den Problemen, die die Entsorgung des radioaktiven Mülls mit sich gebracht hätte. Sie setzten 1960 auf den Walter-Antrieb und endeten gut 20 Jahre später bei der Brennstoffzelle. Und daraus machten sie einen Welterfolg.

U-BOOTE „MADE IN GERMANY" – AUFTAKT MIT DER KLASSE 209 Heute fahren 20 Marinen in vier Kontinenten über 150 U-Boote, die in Deutschland entworfen und entweder in Deutschland gebaut oder mit deutscher Hilfe im Ausland gebaut worden sind. Die deutschen U-Boot-Werften sind konsequent in den Export gegangen, nachdem das erste U-Boot-Bauprogramm für die Bundesmarine in den 60er Jahren beendet war. Denn nachdem die Aufträge aus dem Inland ausblieben, weil die Bundesmarine genug U-Boote besaß, gab es auf den Werften – besonders bei HDW in Kiel – erhebliche Probleme mit der Auslastung des U-Boot-Baus.

Die modernen Anlagen, die gerade erst geschaffen wurden, mussten weiterbeschäftigt werden. Auf der einen Seite hatten die Werften einen Stamm aus hochqualifizierten Mitarbeitern aufgebaut, den sie nicht verlieren

Hochqualifizierte Mitarbeiter und ebenso moderne Anlagen kennzeichnen den HDW-U-Boot-Bau. YPS Peter Neumann

wollten und auf der anderen Seite hatte auch die deutsche Marine ein großes Interesse daran, im eigenen Land Werften zu haben, auf denen sie ihre Boote warten, modernisieren und reparieren lassen konnte. Daher hatte auch die Bundesregierung keine Einwände gegen einen Export deutscher U-Boote, zumal er im Interesse der eigenen Marine lag. Allerdings hat sie sich stets die Zustimmung zu jedem Exportgeschäft vorbehalten. Bis heute kann nicht jeder Staat in Deutschland U-Boote ordern.

Den ersten großen Erfolg im Export erzielte die vom IKL aus der U-Boot Klasse 205 entwickelte Klasse 207, die für die norwegische Marine bestimmt war. Norwegen hatte sich für das IKL als Konstruktionsbüro entschieden, weil die kleinen neuen deutschen U-Boote im Verhältnis zu ihrer Größe besonders leistungsfähig und allen vergleichbaren Klassen überlegen waren. Den Bauauftrag über 15 Boote erhielten die Rheinstahl Nordseewerke in Emden im Jahr 1962.

Eine besondere Episode war der Bau von U-Booten für Israel. Die israelische Marine hatte sich nach der Gründung des Staates Israel bemüht, in Westeuropa U-Boote zu beschaffen. Hier war Deutschland die erste Wahl. So gab es schon seit den frühen fünfziger Jahren Kontakte zur deutschen Bundesmarine und besonders zu ihren erfahrenen U-Boot-Fahrern. Allerdings konnte Israel zu dieser

TANIN, israelisches U-Boot der GAL-Klasse, beim Umbau zum Museumsschiff bei HDW. Jürgen Rohweder

Zeit aus politischen Gründen schon auf Grund der dunklen deutschen Vergangenheit keine U-Boote in Deutschland bestellen. So entwickelte das IKL auf Basis der Klassen 205 und 207 die GAL-Klasse (Typ 540) mit 500 Tonnen Verdrängung.

1971 vereinbarten Israel, die Bundesregierung und Großbritannien, dass der Bauauftrag an die englische Werft Vickers in Barrow-in-Furness gehen sollte. Zu diesem Zweck schlossen Vickers, HDW und das IKL einen Vertrag, der den Export von konventionellen U-Booten regelte. Daraus entstanden drei Boote: GAL, TANIN und RAHAV, die die israelische Marine 1976 und 1977 in Dienst stellte. Die Boote wurden zwischen 1997 und 2002 außer Dienst gestellt und durch die modernen Boote der DOLPHIN-Klasse ersetzt. Das erste Boot GAL ist heute – bei HDW als Museumsschiff hergerichtet – im Marinemuseum in Haifa zu besichtigen. Inzwischen haben sich die Zeiten geändert. Jetzt lässt Israel U-Boote in Deutschland bauen. Seine Flotte der DOLPHIN-Klasse U-Boote besteht aus drei ultramodernen konventionellen dieselelektrischen Booten, denen zur Zeit drei weitere folgen, die mit Brennstoffzellenantrieb ausgerüstet sind.

Zum wahren Erfolgsmodell entwickelte sich die U-Boot-Klasse 209. Heute fahren über 65 Boote in 14 Marinen. Sie werden seit weit mehr als 40 Jahren gebaut. In dieser Zeit hat sich die Klasse gewandelt. Jede Marine, die Boote dieser

Israelische DOLPHIN U-Boote an dem Ausrüstungskai. YPS Peter Neumann

Klasse bestellt, hat eigene, besondere Anforderungen, und im Lauf der Jahre haben sich die Technologien gewandelt. Daher sind im Lauf der Zeit sehr unterschiedlich ausgerüstete Boote entstanden, und jedes von ihnen ist bei seiner Ablieferung auf dem modernsten Stand der Technik.

Mock up des ersten 209er U-Boots mit Erklärungen für die Führung der griechischen Marine. Archiv HDW

Der erste Kunde wurde die griechische Marine, die nach langwierigen und zähen Verhandlungen die ersten deutschen Export-U-Boote bestellte. Am 22. Oktober 1967 unterzeichneten die Kieler Howaldtswerke und die griechische Regierung den Vertrag über den Bau von vier U-Booten der Klasse 209/1100, und 1971 konnte die griechische Marine das erste Boot GLAFKOS in Dienst stellen, nachdem die Kieler Werft bei diesem neuen Typ einiges Lehrgeld bei der Waffenintegration und der See-Erprobung zu zahlen hatte. Dennoch: Dieses Boot begründete den guten Ruf der Werft nicht nur bei der griechischen Marine, die 1975 eine weitere Vierer-Serie 209er bestellte, sondern auch bei anderen Marinen.

DER WEG ZUR BRENNSTOFFZELLE Hatte im Zweiten Weltkrieg der deutsche U-Boot-Bau mit den großen „Elektrobooten" des Typs XXI eine Revolution ausgelöst, weil die Boote „echte" U-Boote und keine tauchfähigen Überwasserschiffe waren, löste der Einsatz von Brennstoffzellen auf U-Booten ein weiteres Erdbeben unter Wasser aus. Anlass war der Bau eines neuen deutschen Küsten-U-Bootes, das die Klasse 206 ersetzen sollte. Bei der Konzeption der Klasse 212, wie sie damals noch hieß, war die Frage nach einem außenluftunabhängigen Antrieb Thema Nr. 1. Den U-Boot-Fahrern war längst bewusst, dass ein U-Boot im Einsatz an der Wasseroberfläche nichts zu suchen hat, sondern seine Vorzüge nur getaucht ausspielen kann – und auch nur dann, wenn es längere Zeit als nur wenige Tage getaucht fahren kann. Daher hatte man schon im Zweiten Weltkrieg Versuche mit Kreislaufdieseln und vor allem dem Walter-Antrieb unternommen, die aber nicht zur Serienreife führten.

Versuche mit Walter-Antrieben im Zweiten Weltkrieg hatten zwar bei speziell dafür gebauten U-Booten zu Unterwassergeschwindigkeiten von bis zu sensationellen 27 Knoten geführt, aber sie waren sehr störanfällig. Und als die Royal Navy erst mit erbeuteten Walter U-Booten und später mit zwei neuen Booten EXCALIBUR und EXPLORER Versuche unternahm, kam es immer wieder zu gefährlichen Zwischenfällen, die den Booten den liebevollen Beinamen „Extruder" und „Exploder" einbrachten. Daher erhielt der geniale Erfinder Helmut Walter in den sechziger Jahren den Auftrag, seinen Antrieb weiterzuentwickeln. Und so priesen die Howaldtswerke Mitte der sechziger Jahre in einem Werftprospekt den Walter-Antrieb als „*...the most interesting solution, which was developed during the Second World War for boats with an extreme high underwater performance*". Es ging also darum, ein U-Boot nicht nur wenige Tage, sondern mehrere Wochen getaucht einzusetzen – eine Forderung, die das konventionelle dieselelektrische

SAS QUEEN MODJADJI S103, eines von drei U-Booten der Klasse 209/1400mod verlässt Kiel. YPS Peter Neumann

U-Boot nicht erfüllen kann, weil es spätestens nach drei oder vier Tagen wieder auftauchen muss, um seine Batterien mit dem Diesel wieder aufzuladen. So untersuchte man verschiedene Alternativen, wie den Walter-Antrieb, den Stirling-Motor und den Kreislaufdiesel auf einen möglichen U-Boot-Einsatz und verfiel schließlich auf die Brennstoffzelle als die geeignetste Lösung. Nach einer langen und aufwendigen Entwicklungszeit war der Antrieb, eine Gemeinschaftsleistung von HDW, Ferrostaal, IKL und Siemens, serienreif und stellte 1988 bei der See-Erprobung seine Leistungsfähigkeit eindrucksvoll unter Beweis.

1994 erteilte die Deutsche Marine den Auftrag zum Bau von vier Booten der Klasse 212A mit AIP-Antrieb (AIP: Air Independent Propulsion) an die Arge U 212, die aus der HDW als Leitwerft und den Thyssen Nordseewerken bestand. Beim Baubeginn des ersten Bootes in Kiel 1998 konnte Bundesverteidigungsminister Volker Rühe stolz den Knopf zum Start der Spantenschweißmaschine drücken. Vier Jahre später taufte Bärbel Kempf, die Frau des zuständigen Hauptabteilungsleiters im Bundesverteidigungsministerium,

*Oben: Teststand für den Walter-Antrieb in den sechziger Jahren im HDW-Prospekt.
Unten: Test-U-Boot U 1, mit dem der Brennstoffzellen-Antrieb erfolgreich in See erprobt wurde.* Archiv HDW

das Boot auf den Namen U 31. Und am 7. April 2003 startete bei Kaiserwetter und flottem Wind die Jungfernfahrt unter reger Anteilnahme der nationalen und internationalen Presse.

Zu der Zeit hatte HDW bereits Aufträge für eine Exportversion, die Klasse 214, in den Orderbüchern stehen. Wieder machte Griechenland, wie schon bei der Klasse 209, den Anfang. Allerdings sollte das erste, in Kiel gebaute Boot PAPANIKOLIS für Schlagzeilen sorgen, weil die Griechen es lange Zeit nach Fertigstellung nicht abnehmen und daher auch nicht bezahlen wollten. Angeblich hatte es Mängel. Dazu bemerkte allerdings die Fachpresse, dass wohl eher die Ebbe in der griechischen Staatskasse Schuld an der Misere war. So konnten die Kieler das Boot lange Zeit vor der Werft dümpeln sehen, bis es denn endlich doch bezahlt wurde und nach Griechenland entschwand. Das Boot hat seine hohe Qualität längst bewiesen. Denn eine Reihe von Marinen hat eine große Zahl dieser U-Boot-Klasse bestellt.

7. April 2003: U 31 läuft zur Jungfernfahrt aus. YPS Peter Neumann

Crew von U 34 im Einsatz auf unterschiedlichen Stationen. YPS Peter Neumann

Ein Sea King „fly-by" über U 34. YPS Peter Neumann

Probefahrten bei jedem Wetter. Klasse 214 U-Boote NRP TRIDENTE (links), PAPANIKOLIS (rechts, oben) und NRP ARPEO (rechts, unten). YPS Peter Neumann

Tanker MUREX 1967 im Bau. Archiv HDW

CONTAINERSCHIFFBAU: DAS „SCHIFF DER ZUKUNFT" Nichts hat die Handelsschifffahrt so sehr revolutioniert wie der Container. Die „tolle Kiste" begann ihren Siegeszug mit dem amerikanischen Speditionsunternehmer Malcolm McLean, der auf seinem umgebauten Tanker IDEAL X 1956 begann, Sattelschlepper ohne Fahrgestell über größere Seestrecken mit dem Schiff zu befördern. 1960 gründete er die Reederei Sea-Land Corporation und beförderte Container über größere Seestrecken. Das war der Beginn eines Runs, der zu immer größeren und zu immer mehr Containerschiffen führte und 2013 in der Ablieferung des mit 18.000 TEU bisher größten Containerschiffs der Welt, der MÆRSK Mc-KINNEY MØLLER, gipfelte. Diese Schiffe sind das Rückgrat des globalen Warenaustauschs, und gerade die deutschen Reeder sind hier Weltmeister. Sie besitzen mit über 3.500 Schiffen die drittgrößte Handelsflotte der Welt, und bei Containerschiffen sind sie sogar die Nr. 1.

Bevor HDW begann, sich mit diesen Schiffen internationalen Ruhm zu verschaffen, baute die Werft noch einige Großtanker, bis die Ölkrise das Geschäft jäh stoppte. Am 27. Februar 1968 taufte Rut Brandt in Kiel in Gegenwart ihres Mannes Willy Brandt – damals Außenminister – den Tanker MUREX, den HDW für die britische Shell gebaut hatte. Mit 212.000 tdw war er wenigstens für kurze Zeit der größte Tanker der Welt. Kiel wurde das Zentrum des Tankerbaus der HDW, denn bis 1976 folgten 25 weitere Tanker, die ähnlich groß waren. Und wieder war Bundesprominenz taufend hilfreich dabei. So taufte Loki Schmidt, die Frau des Bundeskanzlers Helmut Schmidt, 1974 den Tanker WESTPHALEN. Und ihr Mann sagte bei dieser Gelegenheit: *„Es hat ja einen tieferen Sinn, dass wir hier solche riesigen Pötte* *unter deutscher Flagge bauen ... Wir wollen die Konkurrenz, wir wollen auch den internationalen Wettbewerb, aber wir wollen nicht in unserer eigenen Energieversorgung vollständig von fremder Leute Entschlüsse abhängig sein".*

Doch der Jom Kippur-Krieg änderte alles. Ihm folgte 1973/74 der Ölschock, der Tankerbau brach anschließend zusammen, und mit dem Tankerbau bei HDW sollte es bald vorbei sein. So verholte die WILHELMINE ESSBERGER 1957 direkt von HDW zur Geltinger Bucht und lag dort arbeitslos vor Anker. Und als letzter Tanker verließ 1976 die HAVDROTT das neue große Dock 8a in Kiel. Sechs Tanker, darunter vier mit einer Tragfähigkeit von 480.000 tdw, wurden von ihren Auftraggebern storniert. HDW musste wenigstens nicht ganz in die Röhre schauen, denn auch die Stornierungen brachten Geld in die Kasse. Aber HDW musste sich nach anderen Feldern umsehen. So stand im Geschäftsbericht 1976/77 zu lesen: „*Unser Unternehmen hat den Wechsel vom Großschiffbau, der unseren Handelsschiffbau in den ersten fünf Jahren dieses Jahrzehnts gekennzeichnet hat, zum Bau kleinerer, aber technisch gleichermaßen anspruchsvoller Schiffe vollzogen.*"

HDW baute also jetzt OBO-Carrier, Massengutfrachter, Ro-Ro-Schiffe und einen neuen Schiffstyp, den Mehrzweck-Frachter, der Container, Erz und Stückgut beför-

Taufen mit Prominenz. 1968 taufte Rut Brandt den Tanker MUREX (oben), im Jahr 1974 taufte Loki Schmidt den Tanker WESTPHALEN Bundeskanzler Helmut Schmidt hielt die Taufrede (unten). Archiv HDW

Ein imposantes Bild gibt die HÖEGH GANDRIA auf der Kieler Förde ab. Im Hintergrund das Landeshaus. Archiv HDW

dern konnte und von dem HDW immerhin 14 Schiffe in Fahrt brachte. Das war schon der Vorbote für den kommenden Containerschiffbau. Die Flexibilität der Werft zeigte sich beim Bau von Gastankern – das hatten die Kieler Howaldtswerke schon vor 1967 getan. Aber nun wurden sie richtig groß. So entstanden vor den staunenden Augen der Kieler Bürger die riesigen LNG-Tanker HÖEGH GANDRIA und GOLAR FREEZE, die 1973 ins Orderbuch der Werft geschrieben werden konnten. Mit ihren fünf Kugeltanks, in denen sie das auf Minus 163 Grad heruntergekühlte flüssige Naturgas transportieren konnten, ließen sie die Gebäude am Ost- wie am Westufer des Kieler Hafens winzig erscheinen. Als Nachzügler baute HDW für die DDR noch den Produktentanker BUSSEWITZ – Ergebnis der engen Handelsverbindungen, die die Muttergesellschaft der HDW, die Salzgitter AG, mit dem Ostblock und besonders der DDR pflegte. Daran erinnern die vielen Takraf-Kräne, die lange Zeit bei HDW in Gebrauch waren. Gegengeschäfte!

Um die Zeit der Fusion herum nahm die Containerschifffahrt ernstzunehmende Dimensionen an. HDW war von Anfang an dabei. Den Anfang machten acht Containerschiffe für die britischen Reedereien Overseas Container Ltd (OCL) und die Ben Line. So lieferten die Hamburger Howaldtswerke bereits 1968 die ENCOUNTER BAY und die BOTANY BAY ab. Das Schwergewicht des Containerschiffbaus verlagerte sich dann zunehmend von Hamburg nach Kiel. Die ersten größeren Schiffe waren die TRANSVAAL und die FRANKFURT EXPRESS, damals das größte Containerschiff der Welt.

Taufzeremonie im Februar 1981 des damals mit 3.049 TEU größten Containerschiffes der Welt, FRANKFURT EXPRESS. YPS Peter Neumann

Ihren Ruf als exzellente Containerschiffbauwerft untermauerte die HDW mit einem Konzept, das den Containerschiffbau der Welt wesentlich befruchtete: das „Schiff der Zukunft". Gefördert vom Bundesforschungsministerium enthielt es wesentliche Neuerungen und Verbesserungen, mit denen Containerschiffe effizienter und kostengünstiger betrieben werden konnten. Dazu gehörte das asymmetrische Achterschiff, das den Vortrieb verbesserte, sparsame Diesel, Wellengenerator und diverse weitere energiesparende Maßnahmen. Personal sparte die Einmannbrücke, bei der nur noch ein Mann bei Tag und sogar bei Nacht für die Wache nötig war. Neben Arbeitserleichterungen für die Mannschaft, wie Fernbedienung des Ankers, eine ergonomisch gestaltete Schiffsbetriebszentrale und zunehmende Automation, hatte HDW auch neuartige Sicherheitseinrichtungen wie das Freifall-Rettungsboot eingeplant. So waren die NORASIA SAMANTHA und die NORASIA SUSAN die er-

Das 1987 fertiggestellte SdZ-Schiff NORASIA AL-MANSOORAH. Archiv HDW

PRESIDENT TRUMAN war 1988 das größte Containerschiff der Welt. Archiv HDW

„Schiff der Zukunft": Ein-Mann-Brücke ...

... und asymmetrisches Heck mit Leitdüsen. YPS Peter Neumann / Archiv HDW

sten Schiffe der Welt, die nach diesem neuartigen Konzert in Kiel gebaut wurden. Davon profitierte auch gerade in der Zeit der schweren Schifffahrtskrise Mitte der achtziger Jahre der HDW-Auftragsbestand, dem das große Interesse der Reeder an diesen kostensparenden Schiffen trotz allem noch fünf Neubauaufträge im Jahr 1986 einbrachten.

Früher Höhepunkt der neuen Entwicklung waren die ersten C 10 Containerschiffe mit schon 4.300 TEU, die zusammen mit dem Bremer Vulkan für die American President Lines (APL) gebaut wurden. HDW lieferte drei „Präsidenten" – PRESIDENT TRUMAN, PRESIDENT KENNEDY und PRESIDENT JACKSON – 1988 ab. Einige Verstimmung in der HDW-Vorstandsetage löste dagegen der Auftrag von Hapag Lloyd über zwei Containerschiffe aus. Die Hamburger Reeder ließen nach der Ablieferung der BONN EXPRESS und der HEIDELBERG EXPRESS nämlich Schiffe nach HDW-Plänen in Korea bauen. Das war zwar ihr gutes Recht, aber weil so die Koreaner in Kieler Schiffbau-Geheimnisse eingeweiht wurden und das Konzept des „Schiffes der Zukunft" munter kopierten, war der Vorstand „not amused".

Dennoch verschaffte sich HDW durch weitere Innovationen, wie neue Schiffskonzepte für Tanker, Wasserstoff-Transportsysteme und schnelle Containerschiff-Katamarane, einen Wettbewerbsvorsprung, der trotz der Konkurrenz aus Fernost zu einem wahren Auftragsboom führte. ZIM, COSCO, DSR und weitere Reedereien orderten zahlreiche Containerschiffe. Wieder ein Höhepunkt war der Bau von drei weiteren Riesenschiffen für APL, die C 11-Containerschiffe APL CHINA, APL JAPAN

Bau der C 11-APL-Schiffe und zugleich Modernisierung der Werft. YPS Peter Neumann

Wieder ein Ozeanriese: APL THAILAND, vor der Küste Kaliforniens. YPS Peter Neumann

und APL THAILAND, die bei Ablieferung 1995 mit knapp 5.000 TEU wiederum die größten Containerschiffe der Welt waren. Gerade der Bau dieser Schiffe war eine extreme Herausforderung für HDW und ihre Crew. Denn zur gleichen Zeit wurde die Werft im Rahmen des Konzepts „Werft 2000" komplett umgebaut und modernisiert. Die Werft war ein Hexenkessel, und alle Nerven lagen blank. Aber HDW lieferte die Ozeanriesen pünktlich ab.

Um die gleiche Zeit hatte die innovative Reederei NORASIA Lines einen von HDW entwickelten neuen Schiffstyp bestellt. Die oben offenen Containerschiffe sollten das Be- und Entladen der Container wegen der fehlenden Lukendeckel deutlich beschleunigen. Den Anfang machte 1993 die NORASIA FRIBOURG, die schon auf ihrer Jungfernfahrt „fastest ship in Singapore" wurde. Norasia ist diesem Konzept treu geblieben und bestellte 1998 kleinere „open top" Containerschiffe, die auf der Werft unter dem Spitznamen „Container-Fregatten" liefen.

Mitte der neunziger Jahre war es unübersehbar: auch HDW konnte wie die anderen europäischen Werften trotz ihrer führenden Technologien mit den koreanischen Dumpingpreisen nicht mehr mithalten. So verlegte sich die Werft auf den Bau von Spezialschiffen, wie Kühlschiffe für den Transport von Bananen für Dole. Daraus wurden wieder schiffbauliche Leckerbissen. Die DOLE COLOMBIA und die DOLE CHILE waren 1999 die größten lukendeckellosen Kühlcontainerschiffe der Welt und wurden „Ship of the Year".

NORASIA FRIBOURG, 1993 bereit zur Taufe im Hamburger Hafen. Links die CAP SAN DIEGO. YPS Peter Neumann

„Ship of the Year" DOLE COLOMBIA lädt Bananen und Ananas in La Cieba, Honduras. YPS Peter Neumann

„Traumschiff" DEUTSCHLAND läuft 1988 aus der Kieler Förde aus. YPS Peter Neumann

Zwei SUPERFAST-Fähren im Nord-Ostsee-Kanal, auf dem Weg ins Mittelmeer. YPS Peter Neumann

Weiter begann HDW wieder mit dem Bau von Passagierschiffen – Fähren und Kreuzfahrtschiffen. Schon in der Vergangenheit hatte sich HDW mit Kreuzfahrtschiffen einen Namen gemacht. So wurde die BERLIN das „Traumschiff" des deutschen Fernsehens. Daneben entstanden die beiden ASTOR, und 1995 war es wieder soweit: Mit der DEUTSCHLAND bestellte Peter Deilmann aus Neustadt ein luxuriöses Kreuzfahrtschiff – das prompt wieder zum Fernsehstar wurde.

Auch den Bau von Fähren nahm HDW wieder auf. Für die griechische Reederei SUPERFAST entstanden sechs komfortable schnelle Fähren, mit denen Reeder Panagopulos den Fährverkehr auf der Adria und der Ostsee aufrollen wollte. Die Fähren gerieten zwar wegen Problemen mit den zugelieferten Getrieben finanziell zum Desaster, aber es waren phantastische Schiffe, von deren großartigen Seeverhalten die Kieler Lotsen, die sie als Wachoffiziere während der Probefahrten erlebt hatten, noch heute schwärmen. Und auch der Reeder war zufrieden. Vor Journalisten lobte er das erste Schiff, die SUPERFAST V, über den grünen Klee und hob besonders hervor: „No vibrations!" – eine ausgesprochene Seltenheit bei Fährschiffen.

Daneben lebte ein altes Projekt, das schon einmal wegen mangelnden Geldes in der Schublade verschwunden war, wieder auf. 1988 hatte der norwegische Reeder Knut O. Kloster die Idee zu einem gigantischen Kreuzfahrtschiff, eine schwimmende Stadt für 6.200 Passagiere, das er vollmundig PHOENIX WORLD CITY taufen wollte. Nun sollte eine kleinere Version als Appartementschiff – THE WORLD – entstehen.

Aber da es die Auftraggeber nicht zeitgerecht schafften, genügend Appartements zu verkaufen, scheiterten die Verhandlungen. Später wurde das Schiff dann doch noch in Norwegen gebaut.

Highlights waren dagegen zwei Megayachten: AL SALAMAH und OCTOPUS; die unter großer Geheimhaltung entstanden. Die erste Yacht lief unter dem Tarnnamen MIPOS, und die Küste spekulierte heftig über den Eigentümer. Im Internet kursierten Gerüchte, dass sie für das saudi-arabische Königshaus bestimmt sei. Jedenfalls war sie mit allem erdenklichen Luxus nach orientalischem Geschmack ausgestattet. Die OCTOPUS war ein Schiff für Technik-Freaks. Sie führte unter anderem neben einem kompletten Tonstudio ein eigenes U-Boot mit sich, das sogar während der Fahrt ausgesetzt werden konnte. Und auch hier rätselte alle Welt, wer der Eigner sei. Und kluge Köpfe wurden wiederum im Internet fündig.

KORVETTEN UND FREGATTEN FÜR VIELE MARINEN Nicht nur mit U-Booten, sondern auch mit „grauen" Überwasserschiffen hat HDW die Deutsche Marine ebenso wie verschiedene ausländische Marinen beliefert. Nach den Landungsbooten aus dem Werk Ross folgten weitere an die nigerianische Marine. 1983/84 erhielten die kolumbianische wie die malaysische Marine Korvetten nach HDW-Entwürfen. 1984 lieferte HDW die Fregatte KARLSRUHE an die Bundesmarine ab. Sie war ein Schiff, das im Rahmen eines Marineauftrages über acht Schiffe von den Werften Bremer Vulkan als Generalunternehmer, AG „Weser", Blohm+Voss und HDW gebaut wurde. Es folgten MEKO®-200-Fregatten und

MIPOS / AL SALAMAH. Ihr Projekt-Akronym stand für „Mission Impossible". YPS Peter Neumann

OCTOPUS – eine Yacht der Superlative. YPS Peter Neumann

Korvetten im Konsortium mit Blohm+Voss (German Frigate Consortium) entweder als ganzes Schiff oder als Materialpaket: für die Deutsche Marine die Fregatten SCHLESWIG-HOLSTEIN und HAMBURG, für die türkische Marine Materialpakete für zwei Fregatten, für die griechische Marine Materialpakete für vier Fregatten, für die portugiesische Marine die Fregatten ALVARES CABRAL und CORTE REAL und schließlich für die südafrikanische Marine die Fregatten ISANDLWANA und MENDI.

STAHLBAU UND SCHIFFSREPARATUR Bis in die achtziger Jahre hat HDW eine Reihe von antriebslosen Schiffen wie Pontons, Schuten, Schwimmkräne, Hubinseln, Offshoremodule und Förderplattformen gebaut. Dazu gehören unter anderem die Hubinsel BARBARA, die Förderplattformen SCHWEDENECK A und B vor Damp 2000, die inzwischen wieder abgebaut worden sind, oder die Bohrinseln TRANSOCEAN No. 3 und No. 4. Später baute der Stahlbau auch Eisenbahnbrücken

South African Navy MEKO® A-200 Fregatten SAN MENDI und SAN ISANDLWANA am Ausrüstungskai 2003/4. YPS Peter Neumann

Die Fregatte SCHLESWIG-HOLSTEIN testet ihre Sonaranlagen in Zusammenarbeit mit einem Seaking-Hubschrauber. YPS Peter Neumann

Schwimmkran SUDOPODJOM 1, 1973. Archiv HDW

Bohrinsel Transocean No. 3, 1975. Archiv HDW

und beschäftigte sich schließlich auch mit Tunnelvortriebsmaschinen, mit denen unter anderem ein Versorgungstunnel unter der Kieler Förde und zuletzt ein Tunnel für die Pariser Metro gebaut wurde. Auch beim Bau des Hamburger Elbtunnels war HDW dabei. Letztlich wurden diese Aktivitäten im Laufe der neunziger Jahre nach und nach aufgegeben oder ausgegliedert, weil sie nicht zum Kerngeschäft der Werft passten oder sich nicht mehr lohnten.

Dieses Schicksal erlitt auch die einst gut beschäftigte Kieler Handelsschiff-Reparatur, die 1995 an die HDW-Nobiskrug übergeben wurde. Noch wenige Jahre zuvor hatte HDW sich extra ein gebrauchtes riesiges Dock in Schweden gekauft und modernisiert. Sogar einen Professor für Industriedesign hatte die Werft angeheuert, um dem riesigen Trumm, das vor der Werft lag, freundliche Kieler Farben zu verordnen, damit die Kieler sich nicht von dem ehemals mausgrauen Dock gestört fühlten. Als die Entscheidung für den Kauf fiel, gab es kaum noch Reparaturwerften an der Ostsee, und die Reparaturabteilung spekulierte auf die Reparaturen aller großen Fähren, die dort verkehrten. Die Absicht scheiterte aber daran, dass zuerst die schwedische Krone dramatisch an Wert verlor und anschließend die Sowjetunion zusammenbrach. Plötzlich schossen alle stillgelegten Reparaturwerften wieder wie die Pilze aus dem Boden. Die Werften in den ehemaligen Ostblockländern kamen mit Niedrigstpreisen zusätzlich auf den Markt und nahmen HDW die Kunden weg. So war es nicht mehr möglich, den großen Reparaturbetrieb in Kiel aufrecht zu erhalten. Nur Marineschiffe wurden weiter in Kiel repariert. Eine Ära war zu Ende.

Das große Schwimmdock prägte in den Neunzigern Kiels Stadtbild. YPS Peter Neumann

Neustart im ThyssenKrupp Verbund

DIE HDW-GRUPPE UND DIE THYSSENKRUPP-WERFTEN HEIRATEN „Heute beginnt eine neue Schiffbau-Ära", schrieben die „Kieler Nachrichten" am 6. Januar 2005 auf der Titelseite. Tatsächlich, die Fusion zwischen den Thyssen-Werften und der HDW-Gruppe war perfekt. Mit dem sogenannten Closing waren am Tag zuvor alle rechtlichen Bedingungen erfüllt und der Startschuss gefallen. Damit war endlich wahr geworden, worüber seit fast einem Jahrzehnt debattiert, spekuliert und immer wieder verhandelt worden war. Jetzt war die Zeit reif. Denn im europäischen Marineschiffbau war wegen der immer knapper werdenden Staatsbudgets der Druck unter dem Kessel groß geworden, und die Rufe nach einem europäischen Zusammenschluss waren so vernehmlich, dass sich ihnen auch die Bundesregierung nicht entziehen konnte. Vor allem Frankreich drängte mit allen Mitteln und Winkelzügen auf die europäische Lösung.

Bundeswirtschaftsminister Wolfgang Clement bei HDW im Dezember 2004 zum europäischen Werftenverbund: „Zusammenschluss nur unter Gleichen". Mit auf dem Foto: Tomas Marutz mit Erläuterungen, Schleswig-Holsteins Wirtschaftsminister Prof. Bernd Rohwer und der HDW-Vorstandsvorsitzende Dr. Helmut Burmester. Archiv HDW

Die aber sah man in Deutschland skeptisch. Einmal, weil die noch immer staatlichen und deutlich weniger produktiven französischen Werften anders als die deutschen Kollegen ihre Hausarbeiten bisher nicht gemacht hatten, und zweitens fürchteten die deutsche Politik, die deutsche Industrie, die Deutsche Marine und nicht zuletzt die Mitarbeiter der Werften den Ausverkauf deutscher Spitzentechnologien nach Frankreich, das sich in dieser Hinsicht schon zuvor keinen guten Namen gemacht hatte. Zwar befürwortete die Bundesregierung offiziell, schon im Rahmen der deutsch-französischen Freundschaft, den gemeinsamen europäischen Marineschiffbau – aber sie war skeptisch, was die wahren französischen Absichten anging. So verklausulierte Bundeswirtschaftsminister Wolfgang Clement bei einem Besuch der HDW im Dezember 2004 die Zurückhaltung der Bundesregierung diplomatisch mit der Bemerkung, es könne nur einen „Zusammenschluss unter Gleichen" geben.

Daher kommentierte Meite Thiede in der „Süddeutschen Zeitung" am Tag vor dem Closing den kommenden deutschen Werftenverbund so:

Gefahr gebannt. Tausende Werftarbeiter werden es mit Freude vernommen haben: ThyssenKrupp ist bereit, in einem künftigen europäischen Werftenverbund eine führende Rolle zu spielen. Bisher klang das ganz anders. Die deutsche Werftenehe zwischen den ThyssenKrupp-Betrieben und der Kieler HDW, die gerade vollzogen wird, sollte nur ein Zwischenschritt sein …

… Schritt zwei, also der Weg zum europäischen Verbund, kann nur mit einem ebenbürtigen Partner funktionieren. Partner sollte eigentlich der französische Schiffbau werden, aber ebenbürtig ist der nicht. Die staatlich dominierten französischen Betriebe haben die Sanierung noch vor sich. Die Gefahr, dass sie zu Lasten der deutschen Arbeitsplätze geschehen könnte, dürfte vorerst gebannt sein, wenn ThyssenKrupp in der Verantwortung bleiben will.

Darauf spielte auch die Mitarbeiterzeitung „Partnership" an, die zur Geburt von ThyssenKrupp Marine Systems AG als Informationsschrift für alle Mitarbeiter der neuen Gesellschaft erschien: *Mit dem Zusammenschluss der beiden Werftengruppen von ThyssenKrupp und HDW entsteht ein starker und großer europäischer Werftenverbund – die ThyssenKrupp Marine Systems AG. Auch wenn sein Schwerpunkt in Deutschland liegt, so hat der Verbund mit seinen Werften in Schweden und Griechenland bereits eine europäische Dimension erhalten.*

Tatsächlich war mit der ThyssenKrupp Marine Systems AG eine europäische Werftengruppe entstanden, die mit rund 9.000 Mitarbeitern in Deutschland, Schweden und Griechenland ein Schwergewicht war. Und sie bot zahlreiche Vorteile. Erstens hielt sie das marinetechnische Know-how in Deutschland. Zweitens gehörten nun Partner zusammen, die nicht nur durch langjährige Zusammenarbeit, sondern auch durch Zusammenarbeitsverträge und in Konsortien längst miteinander verbunden waren und sich daher gut kannten. Aber sie waren bisher auch Konkurrenten geblieben. Jetzt sollten sie endgültig am gleichen Strick ziehen. Drittens war der Verbund die Grundlage für eine führende Position am Markt.

Und vor allem – wieder in „Partnership": *„Ohne die Zusammenführung hätte der deutsche Marineschiffbau deutlich schlechtere Chancen, sich gegen den internationalen Wettbewerb durchzusetzen. Bei einem möglichen Verkauf an einen ausländischen Interessenten wäre der Fortbestand der deutschen Kooperation, wie beispielsweise das German Frigate Consortium/German Submarine Consortium, ernsthaft gefährdet worden. Insbesondere die deutsche Marktführerschaft im konventionellen U-Bootbau wäre bedroht worden."*

Die Gefahr war also gebannt. Jetzt kam es darauf an, die bisherigen Konkurrenten mit ihren unterschiedlichen Standorten, Produkten und Kulturen unter einen Hut zu bringen. Dazu war ein Konzept entstanden, das letztlich als Kompromiss zwischen Unternehmen, Gewerkschaften und Politik ausgehandelt war. Danach blieb jeder Standort erhalten. Da aber in allen Unternehmen größtenteils die

HDW im Sommer 2004: Die Verhandlungen über die Fusion laufen. YPS Peter Neumann

gleichen Produkte hergestellt wurden, hatte man sich auf Kompetenzzentren geeinigt. So wurde Kiel Kompetenzzentrum für U-Boote, Hamburg für Überwasser-Marineschiffe, Reparatur und Mega-Yachten, Emden für Überwasser-Marine- und Handelsschiffe wie OPVs sowie Marine-Hilfsschiffe und Rendsburg für mittelgroße Yachten. Die verschiedenen Werften mit gleichen Produkten lieferten dem jeweiligen Kompetenzzentrum zu. Zugleich wurden die Divisionen Unterwasser, Überwasser und Repair Group gebildet. Die Werften in Schweden und Griechenland liefen erst einmal am Rand mit. Das war etwas verwirrend.

So startete der Vorstand der ThyssenKrupp Marine Systems eine breit angelegte Informationskampagne, die sich an alle Mitarbeiter richtete, unter dem Titel „Day one". Er tourte in kompletter Besetzung noch im Januar durch alle Werftstandorte in Deutschland, Schweden und Griechenland und stellte den Mitarbeitern die neue Gruppe vor. Damit verfolgte er zwei Ziele: Zum einen wollte er den Mitarbeitern die komplizierte Struktur der Gruppe verständlich machen, und zum zweiten wollte er die Mitarbeiter der verschiedenen Werften zur vertrauensvollen Zusammenarbeit mit ihren Kollegen auf den Geschwisterwerften stimulieren und gegenseitige Ressentiments abbauen. Und die gab es! So wurde die Integration zu einem wichtigen Thema in den ersten Jahren.

„Day one" am 10. Januar 2005: Der neue Vorstand von ThyssenKrupp Marine Systems erläutert den Mitarbeitern der HDW das neue Werftkonzept. Archiv HDW

DIE LEHMANN-PLEITE BEENDET DEN ZIVILEN SCHIFFBAU ThyssenKrupp Marine Systems wurde in einer Zeit der Not geboren. Nicht nur der europäische Marineschiffbau befand sich in Nöten – abgesehen vielleicht von der guten Nachfrage nach U-Booten und Spezialschiffen wie Megayachten. Auch der Handelsschiffbau hatte eine böse Zeit hinter sich. Aber gerade hier begann sich das Blatt zu wenden. Denn um 2003 herum setzte plötzlich ein Nachfrageboom sondergleichen ein, der sich nicht auf einen Schiffstyp beschränkte, sondern – und das war das kleine Wunder – sämtliche Schiffstypen erfasst hatte. Allen voran Containerschiffe, auf die ein wahrer Run einsetzte. So liefen die Orderbücher der Werften in Fernost schnell so voll, dass sie einfach keine Kapazitäten für neue Aufträge mehr hatten, es sei denn, dass ein Reeder bereit war, mehrere Jahre auf sein neues Schiff zu warten. Das war er natürlich nicht, und so schwappte die Welle nach Europa über, wo noch Kapazitäten vorhanden waren. Erfreulich für die europäischen Werften war daran, dass mit dem Boom auch die Preise stiegen und selbst für deutsche Werften knapp, aber auskömmlich wurden.

Das war die große Chance für den Kieler Überwasserschiffbau, der eben durch die Opfer der HDW-Mitarbeiter, aber auch durch gründliche Neuorganisation wieder auf die Beine gekommen und auf dem Wege war, konkurrenzfähig zu

ThyssenKrupp Marine Systems machte ihm in dieser Situation das Leben noch leichter: Zum 1. Oktober 2005 gliederte sie ihn als „HDW Gaarden" mit 400 Mitarbeitern aus und entlastete sie von allen Overheads, die nicht notwendig waren. Sie sollte nicht mehr selbst Schiffe konstruieren, sondern Emdener Schiffsentwürfe nachbauen. Und so gelang es, eine Reihe von Containerschiffen und Yachten an Land zu ziehen, darunter eine besonders spektakuläre Yacht, die „A". Die Kieler rieben sich die Augen, als sie das Schiff zum ersten Mal auf dem Wasser der Kieler Förde fahren sahen. Der Entwurf, der von dem französischen Designer Philippe Starck und dem französischen Designbüro von Martin Francis – daher die Projektbezeichnung SF 99 – stammt, orientiert sich am Aussehen der amerikanischen ZUMWALT-Klasse-Zerstörer, deren erster voraussichtlich Ende 2013 ausgeliefert werden wird. Der Anblick der Yacht polarisierte: Traditionalisten wandten sich erschüttert ab, Modernisten konnten ihr Design gar nicht genug rühmen.

Über den Eigner spekulierte der Küstenklatsch heftig, schon weil HDW eisern schwieg. Zum Glück gibt es Wikipedia. Dort ist nachzulesen:

PLAN B – die letzte bei HDW gebaute Megayacht im Mittelmeer. Sie ging 2012 auf große Fahrt. Quin Bisset - FAB Studio 2012

„Die A ist eine der größten privaten Mega-Yachten der Welt. In der Liste der längsten Motoryachten belegt sie Platz 14. Ihr Besitzer ist der russische Milliardär Andrei Igorewitsch Melnitschenko. ...Benannt wurde die Yacht nach dem ersten Buchstaben des Vornamens der Frau von Andrei Melnitschenko, Aleksandra." Nach der AL SALAMAH und der OCTOPUS hatte HDW wieder eine Megayacht abgeliefert, die weltweit für Aufsehen sorgte.

Auch der Containerschiffbau der „HDW Gaarden" erwies sich als erfolgreich. Er hatte seine Chance genutzt. Die Schiffe liefen im Budget und brachten Gewinn. Darauf waren die Gaardener stolz. Denn sie hatten es geschafft, ihre Produktivität dramatisch zu steigern und Fertigungszeiten vorzulegen, die sich europaweit sehen lassen konnten.

Die Lehmann-Pleite im Jahr 2008 und die folgende Finanzkrise änderten alles: Die Frachtraten brachen im Oktober innerhalb eines Monats um 90 Prozent ein, und alle Containerschiff-Aufträge der HDW Gaarden

Ein echter Hingucker: Die Megayacht „A" vor Bornholm. YPS Peter Neumann

wurden notleidend, weil die Banken nicht bereit waren, die Finanzierung der Auftraggeber sicherzustellen. So wurden im Februar 2009 innerhalb einer Woche vier Containerschiffe und sechs mittelgroße Yachten storniert, und die Beschäftigung von zwei Jahren brach weg. Ihre Reeder konnten nicht einmal alle fertiggestellten Containerschiffe bezahlen. So lagen mehrere Schiffe erst einmal monatelang an der Werftpier, bis sie bezahlt waren. Von den vier stornierten Schiffen konnte die HDW Gaarden zwei fertig bauen, weil der Bau schon zu weit fortgeschritten war. Sie mussten danach aber mit Verlust verkauft werden. Die beiden restlichen Containerschiffe, die erst begonnen waren, wanderten in den Schrott.

Traurige Zeiten für die HDW Gaarden, doch ebenso auch für die Kollegen in Emden. In Kiel mussten 250 von 400 Mitarbeitern gehen – zumindest sozialverträglich und mit einer großzügigen Altersversorgung. Eines aber hatte die Bankenkrise auch deutlich gemacht: Der Handelsschiffbau in ganz Deutschland war letztlich nur noch ein Beschäftigungsmodell, aber kein Geschäft mehr. So mussten sich alle Handelsschiffswerften neu orientieren, und eine Reihe von ihnen geriet in Seenot oder ins Aus. Für ThyssenKrupp Marine Systems war daher der zivile Schiffbau nicht mehr sinnvoll: Blohm+Voss, die Nordseewerke in Emden und die Werft Nobiskrug wurden verkauft, und bei den Rendsburgern, die inzwischen in arabischer Hand waren, fand die zusammengeschrumpfte HDW Gaarden als „Abu Dhabi MAR Kiel" einen neuen Heimathafen.

Auf dem Weg zur See-Erprobung: Containerschiff DONAU TRADER verlässt HDW-Gaarden.
YPS Peter Neumann

DER SIEGESZUG DER BRENNSTOFFZELLE Im Jubiläumsjahr 2013 kann ThyssenKrupp Marine Systems und ihre Vorläuferwerft HDW auf über 170 U-Boote zurückblicken, die die Werft seit 1970 allein oder zusammen mit den Partnern im In- und Ausland gebaut hat. Darunter sind allein über 30 U-Boote mit Brennstoffzellenantrieb, die entweder bereits abgeliefert sind oder sich im Bau befinden. Das alles macht den Geschäftsbereich HDW in Kiel heute mit weitem Abstand zum Weltmarktführer bei nicht nuklearen Unterseebooten. Und im Jubiläumsjahr der Kieler Werft besitzt sie ein beachtliches Auftragspolster, auf dem sie sich zwar nicht ausruhen kann, weil es viel und mühsame Arbeit bedeutet, das aber erkennen lässt, dass die Werft auf längere Sicht auf dem richtigen Weg ist. Es ist nicht nur die Flexibilität, die die U-Boot-Bauer zeigen, wenn sie in Kiel komplette oder im Ausland mit Materialpaketen U-Boote bauen. Vielmehr steht hinter dem U-Boot-Bau eine Erfahrung in der

U-Boot- Konstruktion und -Fertigung, die über 100 Jahre alt ist, nie unterbrochen wurde und immer wieder Quantensprünge im U-Boot-Bau hervorgebracht hat. Mögen es neben kleineren Innovationen die ersten revolutionären U-Boote der Typen XXI und XXIII im Zweiten Weltkrieg oder die Entwicklung des Brennstoffzellen-Antriebs in den achtziger Jahren gewesen sein, der deutsche U-Boot-Bau und seine fortschrittlichen Konstruktionen haben immer wieder weltweit für Aufsehen gesorgt.

Die Entscheidung der achtziger Jahre, mit Hilfe einer Brennstoffzelle einen neuartigen außenluftabhängigen Antrieb zu entwickeln, hat die Gegenwart und die Zukunft des U-Boot-Baus in Kiel wesentlich bestimmt. Als der neue Werftenverbund ThyssenKrupp Marine Systems gegründet wurde, fuhr die Deutsche Marine schon mit Stolz ihre ersten Brennstoffzellenboote der Klasse 212A, von denen die italienische Marine vergleichbare Typen bestellt hatte.

Vor der Werft schaukelte die von der griechischen Marine als seeuntüchtig gescholtene PAPANIKOLIS der Klasse 214 in der Kieler Förde, bis sich erwies, dass die leeren Kassen Griechenlands der wahre Grund dafür waren, dass das Boot nicht abgenommen wurde. Bezahlt haben sie nach Jahren doch noch – sehr zur Erleichterung der Kieler. Das hielt andere Marinen nicht davon ab, den Kieler Bootstyp zu bestellen. Im Gegenteil: Südkorea, die Türkei, Portugal, wieder die Deutsche Marine oder Israel setzen auf Kieler Erfindungsgeist, die Brennstoffzelle und die besondere Qualität. Davon zeugen die vielen U-Boot-Taufen, die bei HDW gefeiert wurden. Und neben den inzwischen bewährten U-Boot-Klassen 209,

Wache auf U 34, einem U-Boot der Klasse 212A. YPS Peter Neumann

Die HDW U-Boot-Klassen: Links die Klasse 212A, rechts oben eine Klasse 209 und rechts unten die Klasse 214. YPS Peter Neumann

Klasse 210mod U-Boot Rendering. Archiv HDW

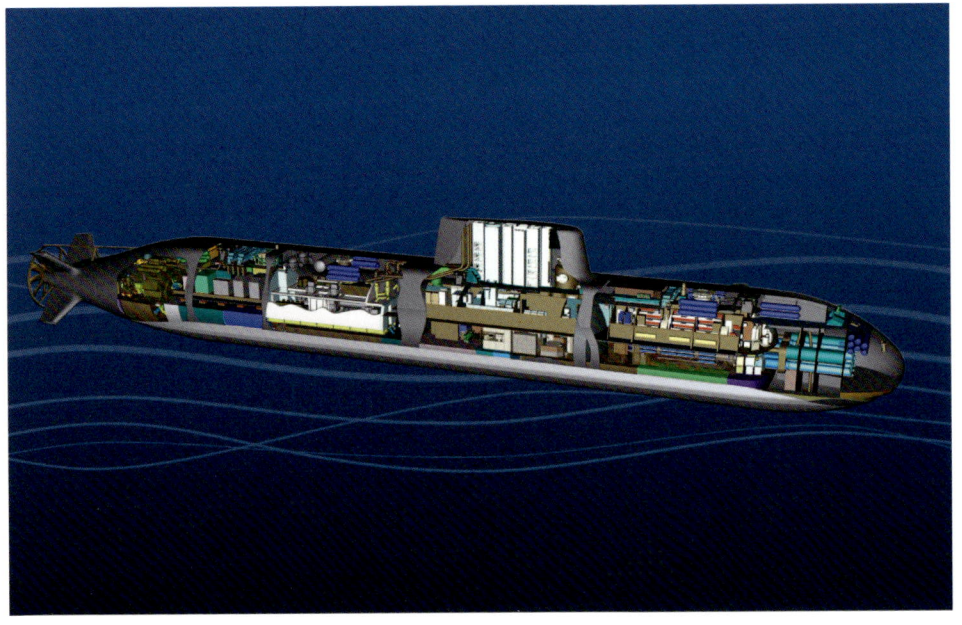

Klasse 216 U-Boot Rendering. Archiv HDW

212A und 214 bietet der Geschäftsbereich HDW schon wieder neue Entwürfe an: die Klasse 210mod für den unteren Größenbereich und die Klasse 216 für großen Fahrtbereich und hohe Geschwindigkeit. Damit haben die Kunden eine breite Auswahl an hochmodernen und extrem leistungsfähigen Booten, die für ihre Zwecke geeignet sind.

THYSSENKRUPP MARINE SYSTEMS – EIN KOMPETENTES MARINE-SYSTEMHAUS Das 2005 vorgestellte Konzept des Werftenverbundes mit seiner breiten Schiffbaupalette, das unter günstigen Umständen entstanden war, konnte nicht lange bestehen bleiben. Dazu haben vor allem die Finanzkrise mit ihren dramatischen Folgen und die ständige Vertragsbrüchigkeit der griechischen Regierung geführt. Dies hat alle Pläne durchkreuzt, die in guten Zeiten gemacht worden, und dazu geführt, dass sich die Gruppe neu aufgestellt hat.

Aus einer Werftengruppe mit vier Standorten in Deutschland und drei im schwedischen und griechischen Ausland, die alle Schiffbaubereiche – zivile und militärische – abdeckte, wurde mit einer tiefgreifenden Strukturreform ein reinrassiges Marine-Systemhaus, das U-Boote und Marine-Überwasserschiffe mit den modernsten Technologien anbietet. Auf dem Weg dahin wurden der gesamte zivile Schiffbau und auch die griechische Werft Hellenic Shipyards abgegeben. Zum 1. Januar 2013 wurden die Howaldtswerke-Deutsche Werft GmbH und Blohm + Voss Naval GmbH zur ThyssenKrupp Marine Systems GmbH verschmolzen, die rund 4.500 besonders qualifizierte Mitarbeiter beschäftigt. So heißt die HDW heute

ThyssenKrupp Marine Systems mit den Geschäftsbereichen HDW für U-Boote, Blohm+Voss Naval für Marine-Überwasserschiffe, Services für After Sales-Aktivitäten und ThyssenKrupp Marine Systems AB (ex Kockums) für U-Boote und Marine-Überwasserschiffe, die überwiegend für die schwedische Marine bestimmt sind.

Auch auf der Ebene des Mutterkonzerns haben sich Veränderungen ergeben. Die 2005 gegründete ThyssenKrupp Marine Systems AG erhielt nicht nur einen neuen Namen, sondern auch einen weiteren Geschäftsbereich: Umbenannt in Thyssen Krupp Industrial Solutions AG führt sie nicht nur das Werftengeschäft, sondern auch Produkte, die nicht schwimmen können, wie das zivile Projektgeschäft mit Zement- oder Chemieanlagen.

Die neue ThyssenKrupp Marine Systems ist gestärkt aus dem Taifun der Finanzkrise hervorgegangen. Nachdem sie allen unnötigen Ballast geleichtert hat, ist sie – ausgestattet mit hochwertigstem Engineering und erstklassigen Produkten – deutlich flexibler geworden und kann so viel besser auf die Veränderungen in den Wünschen der Kunden und die wechselnden Anforderungen des Weltmarktes reagieren. Und zur Flexibilität trägt bei, dass sie sich je nach Anforderung spezialisierte Fertigungs- und Ausrüstungs-Partner ins Boot holen kann und von deren Know-how profitiert. Dabei behält sie jedoch immer das Heft fest in der Hand. Denn bei ihr liegen die Aufgabe des Designs, die Gesamtsteuerung der Beschaffung und die Verantwortung des Generalunternehmers gegenüber den Kunden.

SAN AMATOLA, eine Blohm+Voss MEKO® A-200 Frigatte. Archiv Blohm+Voss

SACHSEN und HAMBURG, Fregatten der Deutschen Marine, Klasse 124. YPS Peter Neumann

Mit der neuen Geschäftsstruktur hat sich ThyssenKrupp Marine Systems jetzt wetterfest gemacht und besitzt die notwendigen Grundlagen und Hilfsmittel für das laufende und das künftige Geschäft. Dazu gehören:

- der komplette U-Boot-Bau des Geschäftsbereiches HDW in Kiel mit rund 2.300 Mitarbeitern,
- die Fähigkeiten im Engineering, Ausrüstung, Steuerung, Einkauf, Arbeitsvorbereitung mit allen Referenzen des Blohm+Voss Marine-Überwasser-Schiffbaus und rund 400 Mitarbeitern in Hamburg und 200 in Emden,
- der eigens geschaffene Geschäftsbereich Services, der neue Konzepte für Instandhaltungs-Programme erarbeiten und sich auch um die Ausbildung kümmern soll,
- und schließlich der vierte Geschäftsbereich ThyssenKrupp Marine Systems AB in Schweden, der für Spezialprodukte wie die schwedische U-Boot-Technologie und über Wasser für Minenjagd und Küstenbewachung zuständig ist.

Der Bau des neuen Schiffs ThyssenKrupp Marine Systems war nicht einfach und auch schmerzhaft. Aber es war notwendig. Jetzt geht es im Jubiläumsjahr der HDW grundüberholt, aber mit der bewährten Crew auf die Reise. Und da gilt, was Taufpatinnen „ihrem" Schiff stets wünschen: *Ich wünsche dir und deiner Crew alles Gute. Mögen dich und deine Besatzung ruhiges Wetter und viel Glück begleiten. Und kehre stets sicher in den Hafen zurück!*

U 33 Klasse 212A U-Boot verlässt die Basis in Eckernförde in Begleitung des Marine-Versorgungsschiffes STOLLERGRUND. YPS Peter Neumann

Bauliste

BAU-NR.	SCHIFFSNAME	REEDEREI	SCHIFFSTYP	BJ
SCHWEFFEL & HOWALDT				
—	Brandtaucher	Wilhelm Bauer	Tauchboot	1851
—	Kiel	Friedrich Holm	Schlepper/Fähre	1860
—	Schwentine	Lange, Gebr.	Schlepper	1864
GEORG HOWALDT IN ELLERBEK, 1865-1867				
1	Vorwärts (I)	Chr. Ahrens	Frachter/Fahrgast.	1865
2	Apenrade	B. P. Hansen	Frachter/Fahrgast.	1865
3	Wilhelminenhöhe/Pfeil	H. F. Heuer	Fähre	1865
4	Lore-Ley	H. F. Heuer	Fähre	1866
5	Union (I)	B. P. Hansen	Frachter/Fahrgast.	1867
6	Heinrich Adolph (I)	Friedrich Holm	Fahrgastschiff	1867
7	Möwe (I)	Joh. Schweffel & Sohn	Frachter/Fahrgast.	1867
GEORG HOWALDT, KIELER SCHIFFSWERFT, 1876-1889				
8	George	Alf. A. Alcobia	Schlepper/Eisbr.	1877
9	Carl (I)	Sartori & Berger	Frachter	1877
10	Pietsch	G. Howaldt	Leichter	1877
11	Travemünde	Handelskammer Lübeck	Schlepper/Eisbr.	1877
12	Baltic	D/S Baltic	Frachter	1878
13	Bagger VIII	Freie u. Hansest. Hamburg	Bagger	1877
14	Pellworm	Pellwormer Dampf. Ges.	Frachter/Fahrgast.	1877
15	Express	E. Schlüter	Fähre	1877
16	Lübeck	Handelskammer Lübeck	Schlepper/Eisbr.	1877
17	Fliege (I)	G. Howaldt	Barkasse, Schlepp-	1878
18	Undine (I)	Graf von Blome	Barkasse, Lust-	1878
19	—	Lange, Gebr.	Prahm, Mehltransp.	1878
20	—	Lange, Gebr.	Prahm, Mehltransp.	1878
21	Wyck-Föhr	H. Jacobs	Passagierschiff	1878
22	Reserve	J. Paap	Schlepper/Eisbr.	1878
23	Verein II	Gesellschaft „Verein"	Passagierschiff	1878
24	Henriette Schlüsser	Theod. Burchard	Frachter	1879
25	Wilhelm (I)	Sartori & Berger	Frachter	1878
26	—	Königl. Regierung	Ponton, Anlege-	1878
27	Vorwärts (II)	M. Jebsen	Frachter	1879
28	Antonie	Sartori & Berger	Frachter	1879
29	—	Kaiserliche Marine	Prahm, Kohlen-	1879
30	Hydromotor/Egida	Kaiserliche Marine	Prahm, Bagger-	1879
31	Adele (I)	Sartori & Berger	Frachter	1879
32	Auguste	Sartori & Berger	Frachter	1880
33	Andreas	E. Schmidt	Fähre	1879
34	Hydromotor/Egida	G. Howaldt	Versuchsschiff	1880
35	Stormarn	Lange, Gebr.	Frachter	1880
36	Wagrien	Lange, Gebr.	Frachter	1880
37	Franz	Sartori & Berger	Frachter	1881
38	Triumph (I)	M. Jebsen	Frachter	1881
39	Diogenes	Henry Lambert	Frachter	1881
40	Socrates	Henry Lambert	Frachter	1881
41	Adele (II)	Sartori & Berger	Frachter	1881
42	Helene (I)	Sartori & Berger	Frachter	1881
43	August (I)	Sartori & Berger	Frachter	1881
44	Stephan (I)	Sartori & Berger	Frachter/Passag.	1881
45	Helene (II)	A. C. Hansen	Fähre	1881
46	Kiel (I)	Kieler Bootsführer	Schlepper/Fahrgast.	1881
47	Itzehoe	F. Baunach, Hamburg	Schlepper/Fahrgast.	1881
48	Nr. 1	F. Baunach, Hamburg	Leichter	1881
49	Nr. 2	F. Baunach, Hamburg	Leichter	1881
50	Nr. 3	F. Baunach, Hamburg	Leichter	1881
51	Holstein (I)	Theodor Wille	Frachter	1882
52	Alwine	M. Jebsen	Frachter	1881
53	Mars/H II	G. Howaldt	Leichter, Material-	1881
54	Angeln	Lange, Gebr.	Frachter	1881
55	Deutschland (I)	Königl. Preuss. Regier.	Zollkutter	1881
56	Preussen	Königl. Preuss. Regier.	Zollkutter	1881
57	WS	Königl. Preuss. Regier.	Zoll-Wachtschiff	1881
58	Hecht	Königl. Preuss. Regier.	Zollkutter	1881
59	Wels	Königl. Preuss. Regier.	Zollkutter	1881
60	Otter	Königl. Preuss. Regier.	Zollkutter	1881
61	Forelle	Königl. Preuss. Regier.	Zollkutter	1881
62	Lensahn (I)	Erbgroßherz. v. Oldenb.	Yacht, Dampf-	1881
63	No. 1	Königl. Preuss. Regier.	Barkasse	1881
64	No. 2	Königl. Preuss. Regier.	Barkasse	1881
65	No. 3	Königl. Preuss. Regier.	Barkasse	1881
66	Anton	Sartori & Berger	Frachter	1882
67	Cosmopolit	R. Wahl, Mannheim	Frachter	1882
68	Clara (I)	M. Jebsen	Frachter	1882
69	Rhein	Hanseatische D.-Ges.	Frachter	1882
70	Franziska (I)	Sartori & Berger	Frachter	1882
71	Düsternbrook (I)	Lange, Gebr.	Frachter	1882
72	Holtenau (I)	Lange, Gebr.	Frachter	1882

BAU-NR.	SCHIFFSNAME	REEDEREI	SCHIFFSTYP	BJ	BAU-NR.	SCHIFFSNAME	REEDEREI	SCHIFFSTYP	BJ
73	Mexico	Lange, Gebr.	Frachter	1882	124	—	Kaiserliche Marine	Leichter, Kohlen-	1885
74	Doris	M. Jebsen	Frachter	1882	125	Carl Maria von Weber	C. F. Janus, Eutin	Fahrgastschiff	1885
75	Königin Luise (I)	Memeler Dampfsch.-AG	Frachter	1882	126	Cranz	Memel-Cranzer D.-Ges.	Passagierschiff	1885
76	Paul	Sartori & Berger	Frachter	1882	127	—	Freie u. Hansest. Hamburg	Schute, Klapp-	1885
77	Pauline	Sartori & Berger	Frachter	1883	128	—	Freie u. Hansest. Hamburg	Schute, Klapp-	1885
78	Wilhelm (II)	Sartori & Berger	Frachter	1882	129	—	Freie u. Hansest. Hamburg	Schute, Klapp-	1885
79	Anna (I)	A. C. Hansen	Fähre	1882	130	—	Freie u. Hansest. Hamburg	Schute, Klapp-	1885
80	Wellingdorf (I)	Ferd. Lange	Frachter	1882	131	—	Freie u. Hansest. Hamburg	Schute, Klapp-	1885
81	Littuania	Schroeder & Pape	Frachter	1883	132	—	Freie u. Hansest. Hamburg	Schute, Klapp-	1885
82	Europa (I)	Memeler Dampfsch.-AG	Frachter	1883	133	—	Freie u. Hansest. Hamburg	Schute, Klapp-	1885
83	Marie (I)	F. Scheel	Fähre	1882	134	—	Freie u. Hansest. Hamburg	Schute, Klapp-	1885
84	A. C. de Freitas/Etna	A. C. de Freitas & Co.	Frachter	1883	135	—	Freie u. Hansest. Hamburg	Schute, Klapp-	1885
85	Bornholm	D/S Bornholm	Frachter	1883	136	—	Freie u. Hansest. Hamburg	Schute, Klapp-	1885
86	Laboe (I)	Lange, Gebr.	Frachter	1883	137	—	Freie u. Hansest. Hamburg	Schute, Klapp-	1885
87	Olga	A. C. de Freitas & Co.	Frachter	1883	138	—	Freie u. Hansest. Hamburg	Schute, Klapp-	1885
88	Elsa	Ferd. Lange	Frachter	1883	139	—	Freie u. Hansest. Hamburg	Schute, Klapp-	1885
89	Velox	Brunsbütteler D.-Ges.	Frachter	1883	140	—	Freie u. Hansest. Hamburg	Schute, Klapp-	1885
90	Brunsbüttel (I)	H. Sandberg	Frachter	1883	141	Nordfriesland	Wyker Dampfsch.-Rhed.	Passagierschiff	1885
91	Carl (II)	Sartori & Berger	Frachter	1883	142	Westerland	Sylter Dampfsch.-Ges.	Passagierschiff	1885
92	Gottorp	Capt. Th. Reimer	Frachter	1883	143	Hedwig (I)	C. Sodemann	Frachter (Segel.)	1885
93	Dicky	L. Guhrauer, R. Götte	Frachter	1883	144	Maas	P. A. van Es & Co.	Frachter	1886
94	Nordsee (I)	Föhrer Dampfsch.-Ges.	Passagierschiff	1883	145	Thea	H. Diederichsen	Frachter	1888
95	Sylt (I)	Sylter Dampfsch.-Ges.	Passagierschiff	1883	146	—	Kaiserliche Marine	Prahm, Kohlen-	1886
96	Rudolph	L. Guhrauer, R. Götte	Frachter	1883	147	Quieto	Soc. di Nav. a Vapore Istria	Passagierschiff	1886
97	Johann	Sartori & Berger	Frachter	1883	148	Risano	Soc. di Nav. a Vapore Istria	Passagierschiff	1887
98	Ferdinand	Sartori & Berger	Frachter	1883	149	Stephan (II)	Wyker Dampfsch.-Rhed.	Passagierschiff	1886
99	Independent	R. Wahl, Mannheim	Frachter	1883	150	—	Kaiserliche Marine	Prahm, Asche-	1886
100	Emma	Sartori & Berger	Frachter	1883	151	—	Kaiserliche Marine	Prahm, Kohlen-	1886
101	Pan	D/S Øresund	Frachter	1883	152	—	Kaiserliche Marine	Prahm, Kohlen-	1886
102	Jacoff Prosoroff	Emil Neumann	Frachter	1883	153	Dahlström	Neue Dampfer-Comp.	Schlepper/Fahrgast.	1887
103	Elve	P. A. van Es & Co.	Frachter	1883	154	Bismarck	Neue Dampfer-Comp.	Schlepper/Fahrgast.	1887
104	Frida (I)	A. C. Hansen	Fähre	1883	155	Möwe (II)	Neue Dampfer-Comp.	Fähre	1887
105	Union (II)	H. Sandberg	Frachter	1883	156	Schwalbe	Neue Dampfer-Comp.	Fähre	1887
106	Fides	J. L. Lassen	Frachter	1883	157	Libelle	Neue Dampfer-Comp.	Fähre	1887
107	Nan Thin	Kaiserl. Chines. Regier.	Kreuzer	1884	158	Tide	Unterweser-Correction	Bereisungsdampfer	1887
108	Nan Shui	Kaiserl. Chines. Regier.	Kreuzer	1884	159	Alfred (I)	Stantien & Becker	Schlepper	1887
109	Henrik Wergeland	Flekkefjord D/S	Frachter/Passag.	1883	160	—	Kaiserliche Marine	Prahm	1887
110	Avance (I)	H. Sandberg	Frachter	1884	161	H 2	G. Howaldt	Prahm	1887
111	Rønne	D/S Rønne	Frachter	1884	162	—	Kaiserliche Marine	Prahm, Proviant-	1887
112	Martha	Stettiner Lloyd	Frachter/Passag.	1884	163	—	Kaiserliche Marine	Prahm, Proviant-	1887
113	Vorwärts (III)	Sylter Dampfsch.-Ges.	Frachter/Fahrgast.	1884	164	Kiel (III)	Kaiserl. Kanal-Commis.	Barkasse, Bereis.-	1887
114	—	G. Howaldt	Torpedoboot-Vers.	1884	165	Greif (I)	Philipp Holzmann & Co.	Barkasse, Bereis.-	1890
115	Staerkodder	Jansen & Co.	Schlepper/Eisbrecher	1884	166	Hermann (I)	F. Scheel	Schlepper/Fahrgast.	1888
116	Dock I	Swentine-Dock-Gesell.	Dock	1884	167	Alsen (I)	Lange, Gebr.	Frachter	1888
117	Commerzienrath Fowler	Memeler Dampfsch.-AG	Frachter	1884	168	Fehmarn (I)	Lange, Gebr.	Frachter	1888
118	Agersøsund	D/S Skjelskør og Omen	Frachter, Vieh-	1884	169	Boetticher	Neue Dampfer-Comp.	Fahrgastschiff	1888
119	Kiel (II)	Kieler Dampfer-Comp.	Frachter	1885	170	Maybach	Neue Dampfer-Comp.	Fahrgastschiff	1888
120	Arnold	Rud. Chr. Gribel	Frachter	1884	171	Sylt (II)	Lange, Gebr.	Frachter	1888
121	Telegraph	E. Schlüter	Fähre	1885	172	Föhr	Lange, Gebr.	Frachter	1888
122	Niclot	G. Ahlert, Schwerin	Fahrgastschiff	1885	173	?	H. Buthmann	Schlepper	1888
123	Stadt Stralsund	W. Lüdke & Co.	Frachter	1885	174	—	Kaiserliche Marine	Ponton, Anlege-	1888

BAU-NR.	SCHIFFSNAME	REEDEREI	SCHIFFSTYP	BJ
175	—	Kaiserliche Marine	Ponton, Anlege-	1888
176	—	Kaiserliche Marine	Ponton, Anlege-	1888
177	—	Kaiserliche Marine	Ponton, Anlege-	1888
178	—	Kaiserliche Marine	Ponton, Anlege-	1888
179	—	Kaiserliche Marine	Ponton, Anlege-	1888
180	—	Kaiserliche Marine	Ponton, Anlege-	1888
181	—	Kaiserliche Marine	Ponton, Anlege-	1888
182	—	Kaiserliche Marine	Ponton, Anlege-	1888
183	Marstrand	D/S Marstrand	Frachter	1888
184	—	Kaiserliche Marine	Prahm, Proviant-	1888
185	Fiume	M. Šverljuga & Co	Frachter/Passag.	1888
186	Adolfo (I)	Nic. Mihanovich	Schlepper	1888
187	Sumatra	Norddeutscher Lloyd	Frachter/Passag.	1888
188	Mimi	H. Diederichsen	Frachter	1889
189	Siegfried	Baudeputation	Schlepper/Eisbr.	1888

HOWALDTSWERKE, 1889-1940

BAU-NR.	SCHIFFSNAME	REEDEREI	SCHIFFSTYP	BJ
190	Hinrich	Sartori & Berger	Frachter	1889
192	Moltke	Memeler Dampfsch.-AG	Frachter	1889
193	Michael Jebsen (I)	M. Jebsen	Frachter	1889
194	Rudolf	Rud. Chr. Gribel	Frachter	1889
195	Sperber	Philipp Holzmann & Co.	Schlepper	1889
196	Falke	Philipp Holzmann & Co.	Schlepper	1889
197	Geier	Philipp Holzmann & Co.	Schlepper	1889
198	Habicht	Philipp Holzmann & Co.	Schlepper	1889
199	Gaviota	Franzesco Francioni	Schlepper/Fahrgast.	1889
200	Holstein (II)	Tönninger Dampfsch.-Ges.	Frachter, Vieh-	1889
201	Siegmund	Dampfsch. Rhed. v. 1889	Frachter	1889
202	Bahia Bianca	Franzesco Francioni	Schlepper	1889
203	Golondrina	Franzesco Francioni	Schlepper	1889
204	Sieglinde	Dampfsch. Rhed. v. 1889	Frachter	1890
205	Portugal	Oldenb.-Portug. D.-R.	Frachter	1890
206	Hans (I)	Sartori & Berger	Frachter	1890
207	Theodor	Rud. Chr. Gribel	Frachter	1890
208	Martin	G. Bernitt	Schlepper/Eisbr.	1890
209	Fliege (II)	Howaldtswerke	Schlepper/Eisbr.	1890
210	Vila	Serafino Topic & Co.	Frachter/Passag.	1890
211	Holstein (III)	Rendsburger Dampfsch.-G.	Fähre	1890
212	Georg (I)	A. C. Hansen	Fähre	1890
213	Helene (III)	Zerssen & Co.	Frachter	1890
214	Marie (II)	H. Diederichsen	Frachter	1890
215	Lensahn (II)	Erbgroßherz. v. Oldenb.	Yacht, Dampf-	1890
216	Gossler	Neue Dampfer-Comp.	Fahrgastschiff	1890
217	Steinmann	Neue Dampfer-Comp.	Fahrgastschiff	1890
218	Setubal	Oldenb.-Portug. D.-R.	Frachter	1890
219	Senior	H. Diederichsen	Frachter	1890
220	I° de Mayo	Franzesco Fancioni	Frachter/Passag.	1893
221	Bertha	Zerssen & Co.	Frachter	1890
222	Adler (I)	Philipp Holzmann & Co.	Schlepper	1890
223	Bussard	Philipp Holzmann & Co.	Schlepper	1890
224	Eisvogel	Philipp Holzmann & Co.	Schlepper	1890
225	—	Torpedodepot	Prahm	1890
226	—	Kaiserliche Werft	Prahm, Kohlen-	1890
227	Nauta	D/S Nauta/D. Torm	Frachter	1891
228	Adolfo (II)	Förster, Cordes & Soenderup	Schlepper	1891
229	Porto	Oldenb.-Portug. D.-R.	Frachter	1891
230	A. F. Cosulich	Callisto Cosulich	Frachter	1891
231	Hansa	Hugo Brehmer, Leipzig	Yacht, Lust-	1891
232	Knjaz Gagarin	Cie. de Nav. Mer Noire	Frachter/Passag.	1891
233	Valdivia	Ascosiac. de Armadores	Frachter/Passag.	1891
234	Gruz	Howaldtswerke	Frachter	1892
235	Hermia	D. Torm	Frachter	1892
236	Uhu	Philipp Holzmann & Co.	Schlepper	1891
237	Weih	Philipp Holzmann & Co.	Schlepper	1891
238	Bessarabez	Cie. de Nav. Mer Noir	Schlepper	1891
239	Kiel (IV)	Kieler Dampfer-Comp.	Frachter	1891
240	Hungaria	Ungaro-Croato S. A.	Passagierschiff	1891
241	Croatia	Ungaro-Croatia S. A.	Frachter/Passag.	1891
242	—	Kaiserliche Werft	Prahm, Kohlen-	1891
243	Hector	H. Diederichsen	Prahm, Kohlen-	1891
244	Andromache	H. Diederichsen	Prahm, Kohlen-	1891
245	Hermann (II)	H. Diederichsen	Frachter	1892
246	Loyal	R. Wahl	Frachter	1892
247	H 3	Howaldtswerke	Prahm, Kohlen-	1892
248	—	Kaiserliche Werft	Prahm, Torpedo-	1892
249	—	Kaiserliche Werft	Prahm, Torpedo-	1892
250	Mercur	J. Segebarth	Frachter (Segel.)	1892
251	—	Torpedodepot	Schlepper, Torpedo-	1892
252	Nordsee (II)	Sylter Dampfsch.-Ges.	Passagierschiff	1892
253	Jacob Diederichsen	M. Jebsen	Frachter	1892
254	Krabbe	v. Kintzel & Lauser	Schlepper	1892
255	Greif (II)	v. Kintzel & Lauser	Schlepper	1892
256	—	v. Kintzel & Lauser	Schute, Bagger-	1892
257	—	v. Kintzel & Lauser	Schute, Bagger-	1892
258	—	v. Kintzel & Lauser	Schute, Bagger-	1892
259	—	v. Kintzel & Lauser	Schute, Bagger-	1892
260	—	v. Kintzel & Lauser	Schute, Bagger-	1892
261	—	v. Kintzel & Lauser	Schute, Bagger-	1892
262	Dock II	Swentine-Dock-Gesell.	Dock	1892
263	Uniao dos Estados	Brasilianische Regierung	Schute, Bagger-	1892
264	Barra do Rio Grande	Brasilianische Regierung	Schute, Bagger-	1892
265	Greif (III)	v. Kintzel & Lauser	Barkasse, Bereis.-	1892
266	Prinz Waldemar	Sartori & Berger	Passagierschiff	1893
267	Bagger N° IV	Kaiserliche Werft	Bagger, Saug-	1893
268	Amstel	P. A. van Es & Co.	Frachter	1893
269	Stefanie	Ungaro-Croato S.A.	Passagierschiff	1893
270	Lussin	S. Topic & Co.	Frachter/Passag.	1893
271	Dock I	Fiumer Dockunternehm.	Dock	1893
271	Dock II	Fiumer Dockunternehm.	Dock	1893
272	Legalidade	Brasilianische Regierung	Schute, Bagger-	1893
273	Farrapo	Brasilianische Regierung	Schlepper	1893

BAU-NR.	SCHIFFSNAME	REEDEREI	SCHIFFSTYP	BJ
274	—	Brasilianische Regierung	Schute, Klapp-	1893
275	—	Brasilianische Regierung	Schute, Klapp-	1893
276	Stuttgart	Kaiserl. Kanal-Commis.	Schlepper	1893
277	Dresden (I)	Kaiserl. Kanal-Commis.	Schlepper	1893
278	Colonia	Rhein- u. Seeschif.-Ges.	Frachter	1893
279	Fliege (III)	Howaldtswerke	Barkasse	1893
280	—	Kaiserl. Kanal-Commis.	Ponton, Verschluß-	1894
281	—	Kaiserl. Kanal-Commis.	Ponton, Verschluß-	1894
282	A 5	A. C. Hansen	Prahm	1894
283	Forsteck	H. Diederichsen	Frachter	1894
284	Seestern	Kaiserl. Torpedowerkst.	Betriebsdampfer	1894
285	Agnete	D. Torm	Frachter	1894
286	Kentauros	I. Theophilatos & Sohn	Schlepper	1894
287	Therèse	Wender & Krimont	Schlepper	1894
288	Joseph	M. Roth & Jos. Löbel	Schlepper	1894
289	Marie Jebsen	M. Jebsen, Apenrade	Frachter	1894
290	Fratelli B. Mendl	Fratelli B. Mendl	Schlepper, Donau-	1894
291	Obotrit	G. Ahlert	Fahrgastschiff	1894
292	Helene (IV)	A. C. Hansen	Fahrgastschiff	1894
293	Escaut	A. Deppe	Frachter	1895
294	Germania (I)	M. Jebsen, Apenrade	Frachter	1895
295	Rupanco	Prochelle & Co.	Frachter/Passag.	1895
296	Petka	Nav. à Vapore Ragusea	Frachter/Passag.	1896
297	Prinz Adalbert (I)	Sartori & Berger	Passagierschiff	1895
298	Vorwärts (IV)	M. Jebsen	Frachter	1895
299	Else	M. Jebsen	Frachter	1895
300	Hsi Ping	Kaiping Eng. & Mining	Frachter	1897
301	—	Torpedodepot	Schlepper, Torpedo-	1896
302	Präsident Koch	Neue Dampfer-Comp.	Fahrgastschiff	1896
303	Kronprinz Friedrich Wilhelm	H. Diederichsen	Fahrgastschiff	1896
304	Prinz Eitel Friedrich	H. Diederichsen	Fahrgastschiff	1896
305	Prinz Adalbert (II)	H. Diederichsen	Fahrgastschiff	1896
306	Prinz August	H. Diederichsen	Fahrgastschiff	1896
307	Prinz Oskar	H. Diederichsen	Fahrgastschiff	1896
308	Prinz Joachim	H. Diederichsen	Fahrgastschiff	1896
309	Helene (V)	D. Torm	Frachter	1896
310	Brunsbüttel II	Brunsbütteler D.-Ges.	Frachter/Fahrgast.	1896
311	Johann Schweffel	Neue Dampfer-Comp.	Fahrgastschiff	1896
312	Floriano Peixoto	Götz & Görne	Schlepper	1896
313	Agda	Horsens D/S	Frachter/Fahrgast.	1896
314	S. H.	Service Hydraulique	Barkasse, Bereis.-	1896
315	Stettin	Kanalamt	Schlepper	1896
316	Rostock (I)	Kanalamt	Schlepper	1896
317	Königsberg	Kanalamt	Schlepper	1896
318	Normania	D/S Kjøbenhavn	Frachter	1897
319	Dock I	Rumän. Staatsbahnen	Dock	1897
320	Dock II	Rumän. Staatsbahnen	Dock	1897
321	Silvana	Nordsee-Linie	Passagierschiff	1897
322	Karin	Öberg & Horndahl	Frachter	1897
323	Turnu Severin	Rumän. Staatsbahnen	Frachter	1897
324	Constanta	Rumän. Staatsbahnen	Frachter	1897
325	Knivsberg	M. Jebsen	Frachter/Passag.	1897
326	Oscar Fredrik	Axel Johnson & Co	Frachter	1899
327	22 de Febrero	Regierung v. Honduras	Barkasse	1897
328	Ingeborg (I)	G. Howaldt/Howaldtswerke	Yacht, Segel-	1897
329	Ledokl Donskich Girl	Girla Comité	Eisbrecher	1897
330	August (II)	A. C. Hansen	Fahrgastschiff	1897
331	Dock I	Börsen-Comité	Dock	1897
332	Dock II	Börsen-Comité	Dock	1897
333	—	Howaldtswerke (Leps)	U-Boot, Versuchs-	1897
334	Imperator Nicolai II	Rigaer Dampfsch.-Ges.	Frachter/Passag.	1898
335	Hermann (III)	F. Scheel	Fahrgastschiff	1898
336	Tranekjaer	Sydfyenske D/S	Passagierschiff	1898
337	Lühe	Hamburg-Amerika Linie	Prahm	1898
338	Lisa	Öberg & Horndahl	Frachter	1898
339	Nordstjernan	Axel Johnson & Co.	Frachter	1898
340	Möwe (III)	Gemeinde Helgoland	Schlepper	1898
341	Elborus	Russian Steam Navig.	Frachter	1898
342	Aju-Dag	Russian Steam Navig.	Frachter	1898
343	Bagger XI	Freie u. Hansest. Hamburg	Bagger	1898
344	Haidamack	Nicolajewer Lotsenges.	Eisbrecher	1898
345	Tatumbla	Regierung v. Honduras	Zollkreuzer	1898
346	Ilsenstein	D. G. Triton A. G.	Frachter	1898
347	Regenstein	D. G. Triton A. G.	Frachter	1898
348	Rabenstein	D. G. Triton A.G.	Frachter	1898
349	—	Russ. Marine Minister.	Kran, Schwimm-	1898
350	Prinz Sigismund	Sartori & Berger	Passagierschiff	1898
351	Avance (II)	Isbrytare Bolaget Abo	Eisbrecher	1899
352	Admiral v. Knorr	Neue Dampfer-Comp.	Fahrgastschiff	1899
353	Admiral Koester	Neue Dampfer-Comp.	Fahrgastschiff	1899
354	Hertha (I)	A. C. Hansen	Fahrgastschiff	1899
355	No I	Russ. Marine Minister.	Bagger, Saug-	1899
356	No II	Russ. Marine Minister.	Bagger, Saug-	1899
357	No III	Russ. Marine Minister.	Bagger, Saug-	1899
358	Vera	Angfartygs A/B "Karin"	Frachter	1899
359	Diana	Russian Steam Navig.	Frachter	1899
360	Pallada	Russian Steam Navig.	Frachter	1900
361	Heinrich	A. C. Hansen	Fahrgastschiff	1899
362	Podbielski	Neue Dampfer-Comp.	Fahrgastschiff	1899
363	Frida (II)	Sartori & Berger	Frachter	1902
364	Jupiter (I)	Russian Steam Navig.	Frachter	1900
365	Mercurii	Russian Steam Navig.	Frachter	1900
366	Dock	Auswärtiges Amt	Dock	1902
367	Svea	Nya Rederi A/B „Svea"	Frachter	1900
368	Wolga'scher 35	Russ. Wegebau-Minister.	Bagger, Saug-	1900
369	Wolga'scher 36	Russ. Wegebau-Minister.	Bagger, Saug-	1900
370	Thielen	Neue Dampfer-Comp.	Fahrgastschiff	1900
371	Gauss	Deutsche Südpolar-Exp.	Forschungsschiff	1901
372	Okean	Russ. Marine Minister.	Schul-/Transportschiff	1902
373	Gouverneur Jaeschke	M. Jebsen	Frachter/Passag.	1900
374	Dock III	Swentine-Dock-Gesell.	Dock	1902
375	Bull	Stockh. Skepsstufveri	Fahrgastschiff	1900

215

BAU-NR.	SCHIFFSNAME	REEDEREI	SCHIFFSTYP	BJ
376	Maria Luisa	Comp. Cubana de Vapores	Frachter/Passag.	1900
377	Drottning Sophia	Axel Johnson & Co.	Frachter	1901
378	Generalmajor Klokatschoff	Kertsch-Jenikal. Lotsenges.	Lotsenboot	1900
379	Flott	Kaiserl. Torpedowerkst.	Schlepper, Torpedo-	1901
380	—	Kaiserl. Torpedoinspekt.	Barkasse	1900
381	Brefeld	Neue Dampfer-Comp.	Fahrgastschiff	1901
382	Lensahn (III)	Großherzog v. Oldenb.	Yacht, Dampf-	1901
383	Kronprins Gustaf	Axel Johnson & Co.	Frachter	1901
384	Bülk	Neue Dampfer-Comp.	Schlepper, See-	1901
385	Carl Diederichsen	M. Jebsen	Frachter	1901
386	Greif (IV)	Kgl. Polizei-Direktion	Polizeiboot	1902
387	Prinsesse Marie	Det Østasiatiske Komp.	Frachter	1902
388	Triumpf (II)	M. Jebsen	Frachter	1902
389	Helene (VI)	M. Jebsen	Frachter	1902
390	Undine (II)	Kaiserliche Marine	Kleiner Kreuzer	1904
391	Minister Möller	Neue Dampfer-Comp.	Fahrgastschiff	1903
392	392/Adler (il)	Howaldtswerke	Fahrgastschiff	1903
393	Velikii Knjaz Aleksandr	Russian Steam Navig.	Frachter/Passag.	1903
394	Princessa Eugenia Oldenburskaia	Russian Steam Navig.	Frachter/Passag.	1903
395	Budde	Neue Dampfer-Comp.	Fahrgastschiff	1903
396	Kraetke	Neue Dampfer-Comp.	Fahrgastschiff	1903
397	Mântuirea	Birou de Avarie	Eisbrecher/Bergung.	1903
398	Hedwig (II)	Wender & Co.	Schlepper	1903
399	Brazil	Com. d. Obras da Barra	Leichter	1903
400	Austria	Adriatische Hafenbau-U.	Bagger, Eimer-	1903
401	Östergötland	A/B Östergötland	Frachter	1904
402	Villa de Sóller	La Maritima Sollerense	Frachter/Passag.	1903
403	Signal	M. Jebsen	Frachter	1903
404	Sara	D. Torm	Frachter	1904
405	Axel	Holm & Wonsild	Frachter	1904
406	Turliani	N. Armarache	Schlepper	1904
407	Dampfboot III	1. Torpedoboot-Abteil.	Barkasse	1904
408	Dock	C. Axelsens Jernstøber.	Dock	1904
409	Dock	Kaiserliche Werft	2 Docks	1904
410	Bagdad	Anatolische Eisenbahn	Passagierschiff	1904
411	Haleb	Anatolische Eisenbahn	Passagierschiff	1904
412	Basra	Anatolische Eisenbahn	Passagierschiff	1904
413	Livonia	D/S Kjøbenhavn	Frachter	1904
414	Stein (I)	Neue Dampfer-Comp.	Schlepper, See-	1904
415	Oscar	Alex. Oetling & Co.	Schlepper	1904
416	Presidente Quintana	Hamb.-Südamerik. D.-G.	Frachter/Passag.	1905
417	Saturno	C. Nav. „Cruzeiro do Sul"	Frachter/Passag.	1905
418	Michael Jebsen (II)	M. Jebsen	Frachter/Passag.	1905
419	H IV	Howaldtswerke	Prahm, Material-	1905
420	Herma	Sartori & Berger	Frachter	1905
421	Alexandra	Sartori & Berger	Frachter	1905
422	Helvetia	R. Moor & Co.	Frachter	1905
423	Fionia	Peter L. Fisker D/S „Dan"	Frachter	1905
424	Jørgen Jensen	D/S „Progress"	Frachter	1905
425	Staatssekretär Kraetke	Hamburg-Amerika Linie	Frachter/Passag.	1905
426	Elpidifor	E. T. Paramonoff	Frachter/Kornbarge	1905
427	Giuseppe P.	E. M. Friedeberg	Frachter	1905
428	Gibraltar	Oldenb.-Portug. D.-R.	Frachter	1905
429	Sirio	C. Nav. „Cruzeiro do Sul"	Frachter/Passag.	1905
430	Ingeborg (II)	Howaldtswerke	Yacht, Segel-	1905
431	Marie (III)	M. Jebsen	Frachter/Passag.	1905
432	Schnellboot IV	Kaiserl. Torpedowerkst.	Schlepper, Torpedo-	1905
433	Venus	C. Nav. „Cruzeiro do Sul"	Frachter/Passag.	1905
434	Alice (II)	Neue Dampfer-Comp.	Barkasse	1905
435	Prinz Heinrich	Neue Dampfer-Comp.	Fahrgastschiff	1906
436	Prinzessin Irene	Neue Dampfer-Comp.	Fahrgastschiff	1906
437	Delphin	Kaiserliche Marine	Tender	1906
438	Dock	Königl. Hafenbau-Insp.	Dock	1906
439	Mathilde	M. Jebsen	Frachter/Passag.	1906
440	Angantyr	D/S „Gefion"	Frachter	1906
441	Bogatyr	D/S „Gefion"	Frachter	1906
442	Farmatyr	D/S „Gefion"	Frachter	1906
443	Veratyr	D/S „Gefion"	Frachter	1906
444	Secalia	Peter L. Fisker D/S „Dan"	Frachter	1906
445	Frumentia	Peter L. Fisker D/S „Dan"	Frachter	1906
446	Käthe (I)	H. N. Blunck, Neumünst.	Yacht, Segel-	1906
447	Möve	Kgl. Hauptzollamt	Barkasse, Zoll-	1906
448	Anna (II)	A. C. Hansen	Fahrgastschiff	1906
449	Lauting	Reichs-Marine-Amt	Schlepper	1906
450	Europa	D/S „Europa"	Frachter	1906
451	Tyskland	D/S „Europa"	Frachter	1906
452	A	G. Luther A. G., Braunschw.	Ponton, Schwimm-	1906
453	B	G. Luther A. G., Braunschw.	Ponton, Schwimm-	1906
454	C	G. Luther A. G., Braunschw.	Ponton, Schwimm-	1906
455	D	G. Luther A. G., Braunschw.	Ponton, Schwimm-	1906
456	E	G. Luther A. G., Braunschw.	Ponton, Schwimm-	1906
457	Frankrig	D/S „Europa"	Frachter	1906
458	Belgien	D/S „Europa"	Frachter	1906
459	Jeanette	Sifneo Frères	Frachter/Kombarge	1909
460	Josey	D/S „Myren"	Frachter	1907
461	Hugo	D/S „Myren"	Frachter	1907
462	Laboe (II)	Neue Dampfer-Comp.	Schlepper, See-	1907
463	Primus	Stadt Kiel	Fähre	1907
464	Secundus	Stadt Kiel	Fähre	1907
465	Tertius	Stadt Kiel	Fähre	1907
466	Schleswig (I)	Neue Dampfer-Comp.	Fahrgastschiff	1907
467	Holstein (IV)	Neue Dampfer-Comp.	Fahrgastschiff	1907
468	Otto Rud	Dansk D/S	Frachter	1907
469	Henrik Bjelke	Dansk D/S	Frachter	1907
470	Ove Gjedde	Dansk D/S	Frachter	1907
471	Kong Georg	Alfred Christensen	Frachter	1907
472	Dronning Olga	Alfred Christensen	Frachter	1908
473	Vulkan	Insp. d. Torpedowesens	U-Boot-Dockschiff	1908
474	Strande (I)	Kaiserl. Torpedowerkst.	Dienstboot	1907
475	Schnellboot V	Kaiserl. Torpedowerkst.	Schlepper, Torpedo-	1907
476	Hafvet	Rederi A/S „Hafvet"	Frachter	1908

BAU-NR.	SCHIFFSNAME	REEDEREI	SCHIFFSTYP	BJ
477	—	Stadt Kiel	5 Pontons, Brücken-	1907
478	Carahue	Enrique Valck y Cia	Frachter/Passag.	1908
479	J	G. Luther A. G., Braunschw.	Ponton, Schwimm-	1908
480	F	G. Luther A. G., Braunschw.	Ponton, Schwimm-	1908
481	G	G. Luther A. G., Braunschw.	Ponton, Schwimm-	1908
482	H	G. Luther A. G., Braunschw.	Ponton, Schwimm-	1908
483	Dock	Kaiserliche Werft	Dock	1908
484	Dock	Kaiserliche Werft	Dock	1908
485	Löwe	Steffen Sohst	Bagger, Eimer-	1908
486	Johanne	J. Lauritzen	Frachter	1908
487	Hildegard (I)	Kaiserl. Kanal-Amt	Schlepper	1908
488	Georg (II)	Kaiserl. Kanal-Amt	Schlepper	1908
489	Günther	Kaiserl. Kanal-Amt	Schlepper	1908
490	Föhr-Amrum	Wyker Dampfsch. Rhed.	Passagierschiff	1908
491	K	G. Luther A. G., Braunschw.	Ponton, Schwimm-	1908
492	L	G. Luther A. G., Braunschw.	Ponton, Schwimm-	1908
493	Pozsony	Ungaro-Croato S. A.	Frachter/Passag.	1908
494	Ernsti	Wender & Co.	Schlepper	1908
495	Normann	Habermann & Guckes	Bagger, Eimer-	1908
496	Aegir	Kaiserl. Kanal-Amt	Dienstboot	1908
497	Vila Velebita	Kgl. Nautische Schule	Schulschiff	1908
498	—	Kaiserliche Werft	Ponton für Kran	1908
499	Brasso	Ungaro-Croato S. A.	Frachter/Passag.	1908
500	Helgoland	Kaiserliche Marine	Linienschiff	1911
501	—	Garnisonsbauamt	3 Pontons, Anlege-	1908
502	G. G. 92	Gebr. Goedhart AG	Schute, Klapp-	1908
503	G. G. 93	Gebr. Goedhart AG	Schute, Klapp-	1908
504	G. G. 94	Gebr. Goedhart AG	Schute, Klapp-	1908
505	G. G. 95	Gebr. Goedhart AG	Schute, Klapp-	1908
506	G. G. 96	Gebr. Goedhart AG	Schute, Klapp-	1908
507	G. G. 97	Gebr. Goedhart AG	Schute, Klapp-	1908
508	G. G. 98	Gebr. Goedhart AG	Schute, Klapp-	1908
509	Dock	Kaiserl. Kanal-Amt	Dock	1909
510	Iskra	L. Zieleniewski A. G.	Dienstboot	1909
511	—	Kaiserl. Werft	Ponton für Kran	1909
512	Bolinder VIII	Bolinders Maschinenb.	Yacht, Motor-	1909
513	—	Howaldtswerke	Ponton für Kran	1909
514	Schleswig (II)	A. Borczinski	Bagger, Eimer-	1909
515	St. S. 33	Steffen Sohst	Schute, Klapp-	1909
516	St. S. 34	Steffen Sohst	Schute, Klapp-	1909
517	Société	Soc. d. Commerce	Frachter	1909
518	—	Kaiserl. Kanal-Amt	Ponton, Hebe-	1909
519	—	Kaiserl. Kanal-Amt	Ponton, Hebe-	1909
520	Dock	Kaiserliche Werft	Dock	1909
521	Dock	Kaiserliche Werft	Dock für U-Boote	1910
522	Alsen (II)	Kaiserliche Werft	Tanker, Heizöl-	1914
523	Fehmarn (II)	Kaiserliche Werft	Tanker, Heizöl-	1915
524	Hans (II)	A. Borczinski	Schlepper	1910
525	?	Stucken & Co.	Schlepper/Fahrgast.	1910
526	—	Kaiserl. Torpedowerkst.	Schlepper, Torpedo-	1910
527	H. G. 47	Habermann & Guckes	Schute, Elevator-	1910
528	H. G. 48	Habermann & Guckes	Schute, Elevator-	1910
529	H. G. 49	Habermann & Guckes	Schute, Elevator-	1910
530	Kaiserin	Kaiserliche Marine	Linienschiff	1913
531	H. G. 32	Habermann & Guckes	Schute, Elevator-	1910
532	H. G. 33	Habermann & Guckes	Schute, Elevator-	1910
533	Steinbeis	Aug. Bolten	Frachter	1910
534	—	Kaiserl. Werft Wilhelmshav.	6 Pontons, Anlege-	1910
535	—	Kaiserl. Werft Wilhelmshav.	2 Pontons, Anlege-	1910
536	Lauenburg	Neue Dampfer-Comp.	Fahrgastschiff	1910
537	—	Kaiserl. Werft	Ponton, Arbeits-	1910
538	—	Kaiserl. Werft	Brücke zum Dock	1910
539	St. S. 35	Steffen Sohst	Schute, Klapp-	1910
540	St. S. 36	Steffen Sohst	Schute, Klapp-	1910
541	Maria	Steffen Sohst	Schute, Klapp-	1911
542	Albert Ballin	Wyker Dampfsch.-Rhed.	Fahrgastschiff	1911
543	Virgilia	A. Kirsten	Frachter	1911
544	N	G. Luther A. G., Braunschw.	Ponton, Schwimm-	1911
545	O	G. Luther A. G., Braunschw.	Ponton, Schwimm-	1911
546	Monte Penedo	Hamb.-Südamerik. D.-G.	Frachter	1911
547	—	Kaiserl. Werft Wilhelmshav.	Ponton, Schwimm-	1911
548	—	Kaiserl. Werft Wilhelmshav.	Ponton, Schwimm-	1911
549	—	Rudolf Ihms	Schute, Klapp-	1911
550	—	Rudolf Ihms	Schute, Klapp-	1911
551	—	Rudolf Ihms	Schute, Klapp-	1911
552	—	Rudolf Ihms	Schute, Klapp-	1911
553	—	Kaiserl. Werft Wilhelmshav.	Ponton, Schwimm-	1911
554	—	Kaiserl. Werft Wilhelmshav.	Ponton, Schwimm-	1911
555	—	Kaiserl. Werft Wilhelmshav.	Ponton, Schwimm-	1911
556	—	Kaiserl. Werft Wilhelmshav.	Ponton, Schwimm-	1911
557	—	G. Luther A. G., Braunschw.	Ponton, Schwimm-	1911
558	Käthe (II)	M. Jebsen	Frachter	1911
559	Düsternbrook (II)	Neue Dampfer-Comp.	Fahrgastschiff	1911
560	Rostock (II)	Kaiserliche Marine	Kreuzer	1914
561	Sioux	Deutsch-Amer. Petr.-G.	Tanker	1912
562	Mohawk	Deutsch-Amer. Petr.-G.	Tanker	1912
563	Tecumseh	Deutsch-Amer. Petr.-G.	Tanker	1912
564	Kiowa	Deutsch-Amer. Petr.-G.	Tanker	1912
565	—	Kaiserliche Marine	Ponton, Schwimm-	1912
566	—	Kaiserliche Marine	Ponton, Schwimm-	1912
567	—	Kaiserliche Marine	Ponton, Schwimm-	1912
568	—	Kaiserliche Marine	Ponton, Schwimm-	1912
569	—	Kaiserliche Marine	Ponton, Schwimm-	1912
570	—	Kaiserliche Marine	Ponton, Schwimm-	1912
571	—	Kaiserliche Marine	Ponton, Schwimm-	1912
572	—	Kaiserliche Marine	Ponton, Schwimm-	1912
573	—	Kaiserliche Marine	Ponton, Schwimm-	1912
574	Nord	Kaiserl. Kanal-Amt	Schute, Klapp-	1912
575	Ost	Kaiserl. Kanal-Amt	Schute, Klapp-	1912
576	Süd	Kaiserl. Kanal-Amt	Schute, Klapp-	1912
577	West	Kaiserl. Kanal-Amt	Schute, Klapp-	1912
578	—	Kaiserl. Kanal-Amt	Senkkasten, Rund-	1912

BAU-NR.	SCHIFFSNAME	REEDEREI	SCHIFFSTYP	BJ
579	—	Kaiserl. Kanal-Amt	Senkkasten, Rund-	1912
580	Mohican	Deutsch-Amer. Petr.-G.	Tanker	1912
581	Leda (I)	Deutsch-Amer. Petr.-G.	Tanker	1912
582	Jupiter (II)	Deutsch-Amer. Petr.-G.	Tanker	1913
583	Trostburg	Deutsche D.-G. „Hansa"	Frachter	1914
584	Pechelbronn	Deutsche Erdöl A. G.	Tanker	1914
585	Remscheid	Norddeutscher Lloyd	Frachter	1914
586	Heilbronn	Norddeutscher Lloyd	Frachter	1914
587	Gedania	Balt.-Am. Petr.-Imp.-Ges.	Tanker	1920
588	Vistula	Balt.-Am. Petr.-Imp.-Ges.	Tanker	1921
589	Possehl	Lüb. Kohlengroßhandl.	Frachter	1921
590	Bayern (I)	Kaiserliche Marine	Linienschiff	1916
591	K. W. B. 1	Kanal Wasser-Bauamt	Schute, Bagger-	1915
592	K. W. B. 2	Kanal Wasser-Bauamt	Schute, Bagger-	1915
593	K. W. B. 3	Kanal Wasser-Bauamt	Schute, Bagger-	1915
594	Drachenfels	Deutsche D.-G. „Hansa"	Frachter	1921
595	Nürnberg	Kaiserliche Marine	Kleiner Kreuzer	1917
596	Norderney - „W 84"	Kaiserliche Werft	Tanker, Heizöl-	1915
597	Baltrum - „W 86"	Kaiserliche Werft	Tanker, Heizöl-	1915
598	Westerplatte	Kaiserliche Werft	Tanker, Heizöl-	1915
599	Broesen	Kaiserliche Werft	Tanker, Heizöl-	1915
600	Dock	Kaiserliche Werft	Dock	1916
601	Dresden (II)	Kaiserliche Marine	Kleiner Kreuzer	1918
602	Magdeburg	Kaiserliche Marine	Kleiner Kreuzer	1918
603	Usedom	Kaiserliche Werft	Tanker, Heizöl-	1916
604	Amrum	Kaiserliche Werft	Tanker, Heizöl-	1916
605	España	Hamb.-Südamerik. D.-G.	Frachter/Passag.	1922
606	Vigo	Hamb.-Südamerik. D.-G.	Frachter/Passag.	1922
607	H 145	Kaiserliche Marine	Torpedoboot, Groß-	1918
608	H 146	Kaiserliche Marine	Torpedoboot, Groß-	1918
609	H 147	Kaiserliche Marine	Torpedoboot, Groß-	1920
610	Thuringia	Hamburg-Amerika Linie	Frachter/Passag.	1922
611	Westphalia	Hamburg-Amerika Linie	Frachter/Passag.	1923
612	—	Jugoslawische Regier.	Ponton für Kran	1923
613	—	Jugoslawische Regier.	Ponton für Kran	1923
614	A 83	Kaiserliche Marine	Torpedoboot	—
615	A 84	Kaiserliche Marine	Torpedoboot	—
616	A 85	Kaiserliche Marine	Torpedoboot	—
617	Lotte	A. Fahrenheim	Frachter	1920
617 a	Margot	A. Fahrenheim	Frachter	1920
618	H 166	Kaiserliche Marine	Torpedoboot, Groß-	—
619	H 167	Kaiserliche Marine	Torpedoboot, Groß-	—
620	H 168	Kaiserliche Marine	Torpedoboot, Groß-	—
621	H 169	Kaiserliche Marine	Torpedoboot, Groß-	—
622	—			
623	Grønland	Det Dansk-Fransk D/S	Frachter	1923
624	Kjøbenhavn	Det Dansk-Fransk D/S	Frachter	1923
625	Phoebus	Deutsch-Amer. Petr.-G.	Tanker	1923
626	Clara Jebsen	China-Rhederei A. G.	Frachter/Passag.	1922
627	Fortuna (I)	China-Rhederei A. G.	Frachter/Passag.	1923
628	Hafnia	Det Forenede Kulimport	Frachter	1924
629	Victoria (I)	Det Forenede Kulimport	Frachter	1924
630	Halland	Det Dansk-Fransk D/S	Frachter	1924
631	London	A/S „Pacific"	Frachter	1924
632	Hoisdorf (ex "H 186")	Baltische Reederei	Frachter	1921
633	Hansdorf (ex „H 187")	Baltische Reederei	Frachter	1921
634	Marathon	Hamburg-Amerika Linie	Frachter	1921
635	Prometheus	Deutsch-Amer. Petr.-Ges.	Tanker	1923
636	Dock	Howaldtswerke	Dock-Verlängerung	1924
637	Sprott	Howaldtswerke	Schlepper	1923
638	Knut	D/S „Progress"	Frachter	1924
639	Robert	D/S „Progress"	Frachter	1924
640	Oscar Gorthon	Red. A/B "Gefion"	Frachter	1924
641	Anna	A. Th. Jonasson Rhed.	Frachter	1924
642	Vendia	Det Forenede Kulimport	Frachter	1924
643	Troja	Deutsche Levante-Linie	Frachter	1922
644	Kreta	Bremer D.-L. „Atlas"	Frachter	1923
645	Syra	Deutsche Levante-Linie	Frachter	1923
646	Eva	China-Rhederei A. G.	Frachter	1924
647	Ivan Gorthon	Red. A/B "Gefion"	Frachter	1924
648	Gudrun	D/S Torm	Frachter	1924
649	Bryssel	A/S D/S „Patria"	Frachter	1924
650	Hamlet	Det Dansk-Norsk D/S	Frachter	1924
651	H. Paul Disch N° IV	H. Paul Disch	Schlepper, Rhein-	1925
652	Werra	A. Kirsten	Frachter	1920
653	Hurtig	Howaldtswerke	Barkasse	1920
653 a	Rio	Howaldtswerke	Barkasse	1922
653 b	Dux	Howaldtswerke	Barkasse	1922
654	Selma	Carl Wohlenberg	Frachter	1921
655	Hertha (II)	Carl Wohlenberg	Frachter	1921
656	Franziska (II)	Carl Wohlenberg	Frachter	1921
657	Stella-Wega	Stella A. G. Rhederei	Frachter	1922
658	Prima	Flensb. D.-G. von 1869	Frachter	1922
659	Leona	Fuhrm. Nissle u. Günther	Frachter	1922
660	Erna	H. A. Petersen	Frachter	1922
661	Fuhrmann	Fuhrm. Nissle u. Günther	Frachter	1922
662	Sonnenfelde	Fuhrm. Nissle u. Günther	Frachter	1922
663	Penelope	Balt.-Am. Petr.-Imp.-Ges.	Tanker	1925
664	Leda (II)	Balt.-Am. Petr.-Imp.-Ges.	Tanker	1925
665	H. Paul Disch Nr. 26	H. Paul Disch	Schleppkahn	1925
666	H. Paul Disch Nr. 31	H. Paul Disch	Schleppkahn	1925
667	No. 32	Grün & Bilfinger	Schute, Klapp-	1925
668	No. 33	Grün & Bilfinger	Schute, Klapp-	1925
669	Clara	D/S „Myren"	Frachter	1925
670	Orion	Flensb. Schiffsp. Verein	Frachter	1925
671	H. Paul Disch Nr. 32	H. Paul Disch	Schleppkahn	1925
672	Vossbrook	Neue Dampfer-Comp.	Fahrgastschiff	1925
673	Thalia	Balt.-Am. Petr.-Imp.-Ges.	Tanker	1926
674	Urania	Balt.-Am. Petr.-Imp.-Ges.	Tanker	1926
675	Calliope	Balt.-Am. Petr.-Imp.-Ges.	Tanker	1926
676	Gelderland 13	M. Stinnes	Schleppkahn	1925
677	Michael Jebsen (III)	Rhederi M. Jebsen A/S	Frachter/Passag.	1927

BAU-NR.	SCHIFFSNAME	REEDEREI	SCHIFFSTYP	BJ	BAU-NR.	SCHIFFSNAME	REEDEREI	SCHIFFSTYP	BJ
678	Schilksee	Neue Dampfer-Comp.	Fahrgastschiff	1927	729	Claus Ebeling	N. Ebeling	Fischdampfer	1933
679	Kapitän Ruge	Delphin Rhederei GmbH	Frachter	1927	730	Hagen	Maschinenbauamt	Schlepper	1933
680	Hohenstein	Transatlantische Reed.	Frachter	1927	H 731	Königin Luise (II)	Hamburg-Amerika Linie	Bäderschiff	1934
681	Coloso	Hamb.-Südamerik. D.-G.	Schlepper	1927	732	Gadila	La Corona NV Petr. My	Tanker	1935
682	Gigante	Hamb.-Südamerik. D.-G.	Schlepper	1927	733	Germania (II)	N. Ebeling	Fischdampfer	1934
683	Borgstedt	Audorfer Land u. Ind. G.	Schute, Fracht-	1927	734	Ludwig	A. C. Hansen	Fahrgastschiff	1935
684	Rade	Audorfer Land u. Ind. G.	Schute, Fracht-	1927	735	Anna (III)	A. C. Hansen	Fahrgastschiff	1935
685	Dock	Howaldtswerke AG.	Dock-Verlängerung	1927	736	Tankfahrt II	Breyer & Co.	Tanker	1935
686	Anne	D/S Torm	Frachter	1927	737	H 135	Schleppamt Hannover	Schlepper	1935
687	Phoenicia	Hamburg-Amerika Linie	Frachter	1928	H 738	Guinean	United Africa Co. Ltd.	Frachter/Passag.	1935
688	Phrygia	Hamburg-Amerika Linie	Frachter	1928	H 739	Liberian	United Africa Co. Ltd.	Frachter/Passag.	1935
689	Strande (II)	Neue Dampfer-Comp.	Fahrgastschiff	1928	740	Congonian	United Africa Co. Ltd.	Tanker	1936
690	Elena	Curacaosche Sch. My.	Tanker	1928	H 741	Eketian	United Africa Co. Ltd.	Frachter	1935
691	Monique Schiaffino	Ch. Schiaffino & Co.	Frachter	1929	742	Monica	Breyer & Co.	Frachter	1936
692	Ange Schiaffino	Ch. Schiaffino & Co.	Frachter	1929	743	Andino	Lago Shipping Co. Ltd.	Tanker	1935
693	Dock C	Howaldtswerke AG.	Dock-Umbau	1929	H 744	Neuss	Ernst Russ	Frachter	1936
694	Gorch Fock	Hafen Dampfsch.-A. G.	Fahrgastschiff	1929	745	Fasan	Argo Reederei	Frachter/Passag.	1936
695	Neumark	Hamburg-Amerika Linie	Frachter	1929	746	Tricula	Anglo-Saxon Petr. Co.	Tanker	1936
696	Marcel Schiaffino	Ch. Schiaffino & Co.	Frachter	1929	747	Ostmark	Deutsche Lufthansa	Flugsicherungssch.	1936
697	Gustav Diederichsen	Rhederi M. Jebsen A/S	Frachter/Passag.	1930	748	Passat	Marinewerft Wilhelmsh.	Schlepper	1936
T 698	Cathérine Schiaffino	Ch. Schiaffino & Co.	Frachter	1930	749	Jasmund	Marinewerft Wilhelmsh.	Schlepper	1936
699	Exportles I	U.d.S.S.R.	Schlepper, Hafen-	1930	750	Altmark	Kriegsmarine	Tanker (Troßschiff)	1938
700	Exportles II	U.d.S.S.R.	Schlepper, Hafen-	1930	H 751	Belgrano (I)	Hamb.-Südamerik. D.-G.	Frachter	1936
701	Exportles III	U.d.S.S.R.	Schlepper, Hafen-	1930	H 752	Montevideo	Hamb.-Südamerik. D.-G.	Frachter	1936
702	Exportles IV	U.d.S.S.R.	Schlepper, Hafen-	1930	753	Frisia „BX 251"	N. Ebeling	Fischdampfer	1936
703	Exportles IX	U.d.S.S.R.	Schlepper, Hafen-	1930	H 754	Robert Ley	Deutsche Arbeitsfront	Passagierschiff	1936
H 704	Circe Shell	Anglo-Saxon Petr. Co.	Tanker	1931	755	Friesenland	Deutsche Lufthansa	Flugsicherungssch.	1937
705	Dock D	Howaldtswerke AG.	Dock-Umbau	1930	756	Coimbra	Socony-Vacuum Oil Co.	Tanker	1937
706	Dock	Deschimag, Frerichswerft	Dock-Umbau	1931	H 757	Alemania	N. Ebeling	Fischdampfer	1937
H 707	—	Howaldtswerke AG.	Ponton	1930	758	Good Gulf	Belgian Gulf Oil. Co.	Tanker	1938
H 708	—	Howaldtswerke AG.	Ponton	1930	759	Wilhelm Bauer	Kriegsmarine	U-Bootbegleitschiff	1937
H 709	—	Howaldtswerke AG.	Ponton	1930	760	Waldemar Kophamel	Kriegsmarine	U-Bootbegleitschiff	1937
H 710	Dock V	Howaldtswerke AG.	Dock-Umbau	1930	761	—	Polizeipräsident	Bootshaus	1936
711	Stein (II)	Neue Dampfer-Comp.	Schlepper	1930	H 762	Ernst Flohr	„Nordsee" D. Hochseef.	Fischdampfer	1937
712	—	Deutsch-Amer. Petr.-Ges.	Hafenanl. Feuerschute	1930	H 763	Teutonia	N. Ebeling	Fischdampfer	1937
713	—	Howaldtswerke AG.	Schute	1931	H 764	Danzig	„Nordsee" D. Hochseef.	Fischdampfer	1937
714	Sojusryba - „RT-47"	U.d.S.S.R.	Fischdampfer	1931	H 765	Elsa Essberger (I)	John T. Essberger	Frachter	1937
715	Sewgosrybtrest	U.d.S.S.R.	Fischdampfer	1931	H 766	N. Ebeling	N. Ebeling	Fischdampfer	1937
716	Skumbriya	U.d.S.S.R.	Fischdampfer	1931	H 767	—	Hamb.-Südamerik. D.-G.	Frachter	—
717	Mojwa	U.d.S.S.R.	Fischdampfer	1931	768	—	Anschütz & Co.	Bootshaus	1937
718	Lesch	U.d.S.S.R.	Fischdampfer	1931	H 769	Dr. Eichelbaum	Hinrich Fock, Altona	Fischdampfer	1937
719	Som	U.d.S.S.R.	Fischdampfer	1931	770	(Franken, geplant)	Kriegsmarine	Tanker (Troßschiff)	—
720	Osetr	U.d.S.S.R.	Fischdampfer	1931	771	Antarktis	Erste D. Walfang-Ges.	Tanker	1939
721	Sudak	U.d.S.S.R.	Fischdampfer	1931	772	Schwan	Argo Reederei	Frachter/Passag.	1938
722	Keta	U.d.S.S.R.	Fischdampfer	1931	773	Reiher	Argo Reederei	Frachter/Passag.	1938
723	Beluga	U.d.S.S.R.	Fischdampfer	1931	H 774	Vacport	Socony-Vacuum Oil Co.	Tanker	1937
H 724	—	Freie u. Hansestadt Hamburg	Schute, Bagger-	1931	H 775	Johs. Klatte	N. Ebeling	Fischdampfer	1938
725	—	Torpedo-Versuchsanst.	Ponton, Scheiben-	1931	H 776	Holstein (V)	N. Ebeling	Fischdampfer	1938
726	—	Torpedo-Versuchsanst.	Ponton, Scheiben-	1931	H 777	Rio Grande	Hamb.-Südamerik. D.-G.	Frachter	1939
H 727	Schleswig (III)	N. Ebeling	Fischdampfer	1931	H 778	Paranagua	Hamb.-Südamerik. D.-G.	Frachter	1939
728	Kanal	Wasserstr. Masch.-Amt	Lotsenboot	1933	H 779	(Chipka)	Bulgarische Staatsreed.	Rumpf f. Neptunw.	1938

BAU-NR.	SCHIFFSNAME	REEDEREI	SCHIFFSTYP	BJ
780	Thor (I)	Marinearsenal	Schlepper	1938
781	—	Marinearsenal	Kran, Schwimm-	1938
H 782	Jeverland	Kriegsmarine	Tanker	(1942)
H 783	Katharina	A. C. Hansen	Fahrgastschiff	1939
784	—	Kriegsmarine	U-Bootbegleitschiff	—
785	—	Kriegsmarine	U-Bootbegleitschiff	—
H 786	Hengst	Marinewerft Wilhelmsh.	Schlepper	1939
H 787	Aade	Marinewerft Wilhelmsh.	Schlepper	1939
H 788	Sellebrunn	Marinewerft Wilhelmsh.	Schlepper	1939
H 789	Condor	Deutsche Werke	Schlepper	1939
790	—	Kriegsmarine	U-Bootbegleitschiff	—
791	Otto Wünsche	Kriegsmarine	U-Bootbegleitschiff	(1943)
792	(Havelland, geplant)	Kriegsmarine	Tanker (Troßschiff)	—
H 793	Florianopolis	Hamb.-Südamerik. D.-G.	Frachter	(1943)
H 794	Victoria (II)	Hamb.-Südamerik. D.-G.	Frachter	(1943)
H 795	B	Kriegsmarine	Schulschiff	—
H 796	D	Kriegsmarine	Schulschiff	—
H 797	—	Marinearsenal	Ponton für Kran	1940
H 798	E	Kriegsmarine	Minenschiff	—
H 799	F	Kriegsmarine	Minenschiff	—

Fortsetzung der Baunummern bei Howaldtswerke Hamburg (Bau-Nr. 800-1002)

Die Howaldtswerke in Kiel begannen 1948 mit der Bau-Nr. 901

JANSSEN & SCHMILINSKY (Ablieferungen nach Übernahme durch Howaldtswerke AG 1929)

BAU-NR.	SCHIFFSNAME	REEDEREI	SCHIFFSTYP	BJ
T 670	Lisboa	Portugies. Regierung	Lotsendampfer	1929
T 671	Otto Krawehl 6	J. Schürmann	Schute, Bagger-	1929
T 672	Hannover 125	Schleppamt Hannover	Schlepper	1929
T 673	Hannover 126	Schleppamt Hannover	Schlepper	1929
T 674	Hannover 127	Schleppamt Hannover	Schlepper	1929
T 675	Hannover 128	Schleppamt Hannover	Schlepper	1929
T 676	Hannover 129	Schleppamt Hannover	Schlepper	1929
T 677	Elbe (I)	Reichskanalamt Kiel	Lotsendampfer	1929
T 678	—		Ponton für Kran	1929
T 679	Montan 24	Klöckner	Schlepper	1929
T 680	Montan 25	Klöckner	Schlepper	1929
T 681	Spasilac	Jugoslaw. Verkehrsmin.	Bergungsschiff	1929
T 682	—	Portugies. Regierung	Schute, Kasten-	1929
T 683	Hannover 130	Schleppamt Hannover	Schlepper	1929
T 684	—	Freie u. Hansest. Hamburg	Ponton	1929
T 685	—	Freie u. Hansest. Hamburg	Ponton	1929
T 686	—	Freie u. Hansest. Hamburg	Ponton	1929
T 687	—	Freie u. Hansest. Hamburg	Ponton	1929
T 688	—	Freie u. Hansest. Hamburg	Ponton	1929
T 689	—	Freie u. Hansest. Hamburg	Ponton	1929
T 690	—	Freie u. Hansest. Hamburg	Ponton	1929

HAMBURGER VULCAN (Ablieferungen nach Übernahme durch Howaldtswerke AG 1930)

BAU-NR.	SCHIFFSNAME	REEDEREI	SCHIFFSTYP	BJ
H 227	Dock	Hafenamt	Dock	1930
H 230		Hafenamt	Schute, Bagger-	1930
H 231		Hafenamt	Schute, Bagger-	1930

KRIEGSMARINEWERFT 1941-1944

BAU-NR.	SCHIFFSNAME	REEDEREI	SCHIFFSTYP	BJ
1	(O, geplant)	Kriegsmarine	Schwerer Kreuzer	
2	U 371	Kriegsmarine	U-Boot VII C	1941
3	U 372	Kriegsmarine	U-Boot VII C	1941
4	U 373	Kriegsmarine	U-Boot VII C	1941
5	U 374	Kriegsmarine	U-Boot VII C	1941
6	U 375	Kriegsmarine	U-Boot VII C	1941
7	U 376	Kriegsmarine	U-Boot VII C	1941
8	U 377	Kriegsmarine	U-Boot VII C	1941
9	U 378	Kriegsmarine	U-Boot VII C	1941
10	U 379	Kriegsmarine	U-Boot VII C	1941
11	U 380	Kriegsmarine	U-Boot VII C	1941
12	U 381	Kriegsmarine	U-Boot VII C	1942
13	U 382	Kriegsmarine	U-Boot VII C	1942
14	U 383	Kriegsmarine	U-Boot VII C	1942
15	U 384	Kriegsmarine	U-Boot VII C	1942
16	U 385	Kriegsmarine	U-Boot VII C	1942
17	U 386	Kriegsmarine	U-Boot VII C	1942
18	U 387	Kriegsmarine	U-Boot VII C	1942
19	U 388	Kriegsmarine	U-Boot VII C	1942
20	U 389	Kriegsmarine	U-Boot VII C	1943
21	U 390	Kriegsmarine	U-Boot VII C	1943
22	-	Kriegsmarine	Transportschiff	—
23	U 391	Kriegsmarine	U-Boot VII C	1943
24	U 392	Kriegsmarine	U-Boot VII C	1943
25	U 393	Kriegsmarine	U-Boot VII C	1943
26	U 394	Kriegsmarine	U-Boot VII C	1943
27	U 395	Kriegsmarine	U-Boot VII C	1943
28	U 396	Kriegsmarine	U-Boot VII C	1943
29	U 397	Kriegsmarine	U-Boot VII C	1943
30	U 398	Kriegsmarine	U-Boot VII C	1943
31	U 399	Kriegsmarine	U-Boot VII C	1944
32	U 400	Kriegsmarine	U-Boot VII C	1944
33	U 1131	Kriegsmarine	U-Boot VII C	1944
34	U 1132	Kriegsmarine	U-Boot VII C	1944
35	U 1133	Kriegsmarine	U-Boot VII C/41	—
36	U 1134	Kriegsmarine	U-Boot VII C/41	—
37	U 1135	Kriegsmarine	U-Boot VII C/41	—
38	U 1136	Kriegsmarine	U-Boot VII C/41	—
39		Kriegsmarine	U-Boot VII C/41	—
40		Kriegsmarine	U-Boot VII C/41	—
41	U 1139	Kriegsmarine	U-Boot VII C/41	—
42	U 1140	Kriegsmarine	U-Boot VII C/41	—
43	U 1141	Kriegsmarine	U-Boot VII C/41	—
44	U 1142	Kriegsmarine	U-Boot VII C/41	—
45	U 1143	Kriegsmarine	U-Boot VII C/41	—

BAU-NR.	SCHIFFSNAME	REEDEREI	SCHIFFSTYP	BJ
46	U 1144	Kriegsmarine	U-Boot VII C/41	—
47	U 1145	Kriegsmarine	U-Boot VII C/41	—
48	U 1146	Kriegsmarine	U-Boot VII C/41	—
49	U 1147	Kriegsmarine	U-Boot VII C/42 St	—
50	U 1148	Kriegsmarine	U-Boot VII C/42 St	—
51	U 1149	Kriegsmarine	U-Boot VII C/42 St	—
52	U 1150	Kriegsmarine	U-Boot VII C/42 St	—
53	U 1151	Kriegsmarine	U-Boot VII C/42 St	—
54	U 1152	Kriegsmarine	U-Boot VII C/42 St	—
55	U 1153	Kriegsmarine	U-Boot XXII	—
56	U 1154	Kriegsmarine	U-Boot XXII	—
	U 5001-U 5003	Kriegsmarine	U-Boot XXVII B	1944

KIELER HOWALDTSWERKE 1948-1972

BAU-NR.	SCHIFFSNAME	REEDEREI	SCHIFFSTYP	BJ
901	(Empire Glencoe)	Lenaghan & Son	Frachter	1948
902	(Skaugum) (I)	I. M. Skaugen	Auswandererschiff	1949
903	(Nienstedten) „HH 261"	Andersen & Co.	Fischdampfer	1948
904	(Gisela) „HH 269"	Andersen & Co.	Fischdampfer	1948
905	(Ringfjell)	Olsen & Ugelstad	Öltanker	1949
906	(Sirefjell) (I)	Olsen & Ugelstad	Öltanker	1949
907	(Skaugum) (II)	I. M. Skaugen	Auswandererschiff	1949
908	(Krass)	A. von der Lippe	Walfänger	1949
909	(Haukefjell) (I)	Olsen & Ugelstad	Öltanker	1949
910	Karl Grammerstorf	Karl Grammerstorf	Frachter	1951
911	Elisabeth Bornhofen	Robert Bornhofen	Frachter	1951
912	(Tai Ping Yang)	Wilh. Wilhelmsen	Frachter	1951
913	(Tai Yang)	Wilh. Wilhelmsen	Frachter	1952
914	Hildegard (II)	Franz L. Nimtz	Frachter	1951
915	Schleswig (IV) „SO105"	Hochseefischerei Kiel	Fischdampfer	1950
916	Flensburg „SO 106"	Hochseefischerei Kiel	Fischdampfer	1950
917	Marianne	Franz L. Nimtz	Frachter	1950
918	Blidum	Nordfriesische Reederei	Frachter	1950
919	Glücksburg (I)	H. Schuldt	Frachter	1950
920	Duburg	H. Schuldt	Frachter	1950
921	Elfriede	Nordische Reederei	Frachter	1950
922	Annemarie	Nordische Reederei	Frachter	1950
923	Konsul Sartori	Sartori & Berger	Frachter	1951
924	Geheimrat Sartori	Sartori & Berger	Frachter	1951
925	Arktis „HH 300"	Erste D. Walfang-Ges.	Trawler, Motor-	1950
926	(Gripsholm)	Svenska Amerika Linien	Passagierschiff	1950
927	(Cläre Grammerstorf)	Karl Grammerstorf	Frachter	1950
928	(Clara Blumenfeld)	Bd. Blumenfeld	Frachter	1950
929	(Olympic Victor) „10"	Olympic Whaling Comp.	Walfänger	1950
930	(Olympic Challenger) (I)	Olympic Whaling Comp.	Walfang-Mutterschiff	1950
931	Møretral 1 „M·175·K"	A. L. Møretral	Trawler, Motor-	1951
932	Møretral 2 „M·176·K"	A. L. Møretral	Trawler, Motor-	1951
933	Jalanta	Anders Jahre	Öltanker	1952
934	Ellerbek „SO 107"	Hochseefischerei Kiel	Fischdampfer	1950
935	Wellingdorf (II) „SO 108"	Hochseefischerei Kiel	Fischdampfer	1950
936	(Jotunfjell)	Olsen & Ugelstad	Öltanker	1950
937	(Sirefjell) (II)	Olsen & Ugelstad	Öltanker	1950
938	(Kollgrim)	Odd Bergs Tankrederi	Öltanker	1950
939	(Kosmos IV)	Anders Jahre	Walfang-Mutterschiff	1950
940	Gretchen Müller	Otto A. Müller	Frachter	1951
941	Else Müller	Otto A. Müller	Frachter	1952
942	North Prince	Comp. Petr. Armadora	Öltanker	1952
943	Jarmina	Anders Jahre	Öltanker	1953
944	(Olympic Promoter)	Olympic Whaling Comp.	Walfänger	1950
945	(Olympic Cruiser) „2"	Olympic Whaling Comp.	Walfänger	1950
946	(Olympic Explorer) „3"	Olympic Whaling Comp.	Walfänger	1950
947	(Olympic Leader) „1"	Olympic Whaling Comp.	Walfänger	1950
948	(Olympic Fighter)	Olympic Whaling Comp.	Walfänger	1950
949	(Olympic Chaser) „6"	Olympic Whaling Comp.	Walfänger	1950
950	Angelburg (I)	H. Schuldt	Kühlschiff	1951
951	Pegasus	F. Laeisz	Kühlschiff	1951
952	Atlantik	Globus-Reederei GmbH	Frachter	1952
953	Pazifik	Globus-Reederei GmbH	Frachter	1952
954	(Tai Yin)	Wilh. Wilhelmsen	Frachter	1952
955	Jacob Jebsen	Rhederi M. Jebsen A/S	Frachter	1952
956	Silver Gate	Red. A/B Nordstjernan	Frachter	1951
957	Portland	Red. A/B Nordstjernan	Frachter	1952
958	Schauenburg	H. Schuldt	Frachter	1953
959	(Skaubryn)	I. M. Skaugen	Auswandererschiff	1951
960	Höegh Clipper	Leif Höegh & Co.	Frachter	1953
961	Lotte Skou	Ove Skou	Frachter	1952
962	(Jalna)	Anders Jahre	Öltanker	1953
963	Bow Brasil	Oivind Lorentzen	Frachter	1953
964	Bow Canada	Oivind Lorentzen	Frachter	1953
965	Maren Maersk	A. P. Möller	Frachter	1953
966	Johannes Maersk	A. P. Möller	Frachter	1953
967	Fagerfjell	Olsen & Ugelstad	Öltanker	1953
968	Mette Skou	Ove Skou	Frachter	1954
969	Astrid Bakke	Knut Knutsen	Frachter	1954
970	Hohenfels	Deutsche D.-G. „Hansa"	Frachter	1954
971	(Ultragaz Sao Paulo)	Oivind Lorentzen	LPG-Tanker	1955
972	Termefjell	Olsen & Ugelstad	Frachter	1955
973	Ravnefjell	Olsen & Ugelstad	Frachter	1955
974	Olympic Valley	Olympic Maritime SA.	Öltanker	1954
975	Olympic Hill	Olympic Maritime SA.	Öltanker	1954
976	Olympic Snow	Olympic Maritime SA.	Öltanker	1954
977	Adriana	A. H. Schwedersky	Frachter	1953
978	Luciana	A. H. Schwedersky	Frachter	1953
979	—	Leif Höegh & Co.	Öltanker	—
980	Deutschland (II)	Deutsche Bundesbahn	Eisenbahn-Fährschiff	1953
981	African Queen	African Enterprise Co.	Öltanker	1955
982	Olympic Light	Olympic Maritime SA.	Öltanker	1953
983	Olympic Mountain	Olympic Maritime SA.	Öltanker	1953
984	World Gratitude	St. S. Niarchos	Öltanker	1954
985	World Grace	St. S. Niarchos	Öltanker	1954
986	World Guardian	St. S. Niarchos	Öltanker	1955
987	World Guidance	St. S. Niarchos	Öltanker	1955
988	Bertha Entz	Thomas Entz Tanker G.	Erz-Öler	1955

BAU-NR.	SCHIFFSNAME	REEDEREI	SCHIFFSTYP	BJ	BAU-NR.	SCHIFFSNAME	REEDEREI	SCHIFFSTYP	BJ
989	Olympic Rock	Olympic Maritime SA.	Öltanker	1954	1040	Lancelot	Melsom & Melsom	Frachter	1956
990	Olympic Ice	Olympic Maritime SA.	Öltanker	1954	1041	Polarvind	Melsom & Melsom	Frachter	1957
991	Olympic Lake	Olympic Maritime SA.	Öltanker	1954	1042	Orpheus	Lyras Brothers Ltd.	Frachter	1956
992	Olympic Dale	Olympic Maritime SA.	Öltanker	1954	1043	World Gallantry	St. S. Niarchos	Öltanker	1957
993	Olympic Brook	Olympic Maritime SA.	Öltanker	1955	1044	World Greeting	St. S. Niarchos	Öltanker	1957
994	(Gasbras Norte)	Oivind Lorentzen	Gastanker	1953	1045	Nopal Progress	Oivind Lorentzen	Frachter	1956
995	Björnö	Rederi A/B Rex	Erz-Öler	1955	1046	Nopal Trader	Oivind Lorentzen	Frachter	1956
996	Holtenau (II) „SO 119"	Hochseefischerei Kiel	Trawler, Motor-	1954	1047	Lindö	Rederi A/B Rex	Erz-Öler	1957
997	Laboe (III) „SO 120"	Hochseefischerei Kiel	Trawler, Motor-	1954	1048	Selma Nimtz	Frank L. Nimtz	Frachter	1956
998	Rigoletto	Wallenius-Rederierna	Frachter	1955	1049	Bertioga	Rudolf A. Oetker	Frachter	1957
999	Traviata	Wallenius-Rederierna	Frachter	1955	1050	Kalliopi Pateras	Diamantis Pateras	Frachter	1957
1000	Höegh Grace	Leif Höegh & Co.	Öltanker	1955	1051	Pacificator	Diamantis Pateras	Öltanker	1957
1001	Puschkin „RT-250"	Sudoimport, Moskau	Fischfabrikschiff	1955	1052	Phoevos	Lyras Brothers Ltd.	Frachter	1957
1002	Gogol „RT-251"	Sudoimport, Moskau	Fischfabrikschiff	1955	1053	Höegh Fair	Leif Höegh & Co.	Öltanker	1957
1003	Nekrasov „RT-252"	Sudoimport, Moskau	Fischfabrikschiff	1955	1054	Silken	Lundgren & Börjesson	Frachter	1957
1004	Dobrolubov „RT-253"	Sudoimport, Moskau	Fischfabrikschiff	1955	1055	Höegh Favour	Leif Höegh & Co.	Öltanker	1957
1005	N. Ostrovsky „RT-254"	Sudoimport, Moskau	Fischfabrikschiff	1955	1056	Diamantis Pateras	Diamantis Pateras	Frachter	1958
1006	Dostoevsky „RT-255"	Sudoimport, Moskau	Fischfabrikschiff	1955	1057	Jawesta	Anders Jahre	Öltanker	1958
1007	Serafimovich „RT-256"	Sudoimport, Moskau	Fischfabrikschiff	1955	1058	Jakinda	Anders Jahre	Öltanker	1958
1008	Saltykov-Schedrin „RT-257"	Sudoimport, Moskau	Fischfabrikschiff	1955	1059	Erato	Rederi A/B Jan	Öltanker	1958
1009	Chechov „RT-258"	Sudoimport, Moskau	Fischfabrikschiff	1956	1060	Höegh Drake	Leif Höegh & Co.	Frachter	1958
1010	Novikov-Priboy „RT-259"	Sudoimport, Moskau	Fischfabrikschiff	1956	1061	Kadmos	Lyras Brothers Ltd.	Öltanker	1958
1011	Süderholm	„Weichsel" D.S.A.G.	Frachter	1955	1062	Ring Chief	Olav Ringdal	Öltanker	1958
1012	Norderholm	„Weichsel" D.S.A.G.	Frachter	1955	1063	Helma Entz	Thomas Entz Tanker G.	Öltanker	1958
1013	Portunus	F. Laeisz	Kühlschiff	1955	1064	Hyperion	Goulandris	Öltanker	1959
1014	Brunshausen (I)	Willy Bruns & Co.	Kühlschiff	1955	1065	Alcides	I. M. Skaugen	Öltanker	1958
1015	Shomron	ZIM Israel Navig. Co.	Frachter	1955	1066	Skaukar	I. M. Skaugen	Öltanker	1959
1016	Stubbenhuk (I)	H. M. Gehrckens	Kühlschiff	1955	1067	Theodor Heuss	Deutsche Bundesbahn	Eisenbahn-Fährschiff	1957
1017	Brunsbüttel (III)	Willy Bruns & Co.	Kühlschiff	1955	1068	Belinda	Arthur H. Mathiesen	Frachter	1958
1018	Heikendorf „SO 121"	Hochseef. Kiel GmbH	Trawler, Motor-	1955	1069	Sonderburg	H. Schuldt	Frachter	1958
1019	Glücksburg (II) „SO 122"	Hochseef. Kiel GmbH	Trawler, Motor-	1955	1070	Hasselburg	H. Schuldt	Frachter	1957
1020	Falkenstein „SO 123"	Atlantische Hochseef.	Trawler, Motor-	1955	1071	Cap Domingo	Hamburg-Südamerik. D.-G.	Kühlschiff	1958
1021	Ijevsk „RT-236"	Sudoimport, Moskau	Fischfabrikschiff	1956	1072	Hovdefjell	Olsen & Ugelstad	Öltanker	1958
1021	Jaroslal „RT-237"	Sudoimport, Moskau	Fischfabrikschiff	1956	1073	Venassa	Shell Tankers Ltd.	Öltanker	1959
1023	Zlatoust „RT-238"	Sudoimport, Moskau	Fischfabrikschiff	1956	1074	Oliva	Deutsche Shell Tanker-Ges.	Öltanker	1963
1024	Zavoljsk „RT-239"	Sudoimport, Moskau	Fischfabrikschiff	1956	1075	Brunseck	Willy Bruns & Co.	Kühlschiff	1959
1025	Chabarovsk „RT-240"	Sudoimport, Moskau	Fischfabrikschiff	1956	1076	Syllum	Nordfriesische Reederei	Frachter	1959
1026	Stalinabad „RT-241"	Sudoimport, Moskau	Fischfabrikschiff	1956	1077	Asprella	Shell Tankers Ltd.	Öltanker	1959
1027	Sverdlovsk „RT-242"	Sudoimport, Moskau	Fischfabrikschiff	1956	1078	Aulica	Shell Tankers Ltd.	Öltanker	1960
1028	Ashhabad „RT-243"	Sudoimport, Moskau	Fischfabrikschiff	1956	1079	Cap Corrientes	Hamburg-Südamerik. D.-G.	Kühlschiff	1958
1029	Voroshilovgrad „RT-244"	Sudoimport, Moskau	Fischfabrikschiff	1956	1080	Höegh Trader	Leif Höegh & Co.	Bulkcarrier	1959
1030	Jigulevsk „RT-245"	Sudoimport, Moskau	Fischfabrikschiff	1956	1081	Olympic Challenger (II)	Olympic Maritime SA.	Öltanker	1959
1031	Severnoe Sinjanie „RT-246"	Sudoimport, Moskau	Fischfabrikschiff	1956	1082	Jarita	Anders Jahre	Frachter	1961
1032	Vitebsk „RT-247"	Sudoimport, Moskau	Fischfabrikschiff	1956	1083	Olympic Champion	Olympic Maritime SA.	Öltanker	1960
1033	Ulianovsk „RT-248"	Sudoimport, Moskau	Fischfabrikschiff	1957	1084	Bianca	Arthur H. Mathiesen	Öltanker	1959
1034	Kazan „RT-249"	Sudoimport, Moskau	Fischfabrikschiff	1957	1085	Priamos	F. Laeisz	Kühlschiff	1959
1035	Ahrensburg (I)	H. Schuldt	Kühlschiff	1956	1086	Varbergshus	Trelleborgs Angf. A/B	Öltanker	1959
1036	Jarama	Anders Jahre	Frachter	1956	1087	Måkefjell	Olsen & Ugelstad	Frachter	1959
1037	Jarosa	Anders Jahre	Frachter	1956	1088	Haukefjell (II)	Olsen & Ugelstad	Frachter	1962
1038	Brönnöy	Borgestad A/S	Frachter	1956	1089	Sirefjell (III)	Olsen & Ugelstad	Frachter	1962
1039	Ragna Ringdal	Olav Ringdal	Frachter	1956	1090	Höegh Galleon	Leif Höegh & Co.	Öltanker	1960

BAU-NR.	SCHIFFSNAME	REEDEREI	SCHIFFSTYP	BJ
1091	Höegh Gannet	Leif Höegh & Co.	Öltanker	1960
1092	Naess Pride	Nordcape Shipping Co.	Öltanker	1961
1093	Jabetta	Anders Jahre	Öltanker	1959
1094	Jarilla	Anders Jahre	Bulkcarrier	1959
1095	Jagona	Anders Jahre	Bulkcarrier	1960
1096	Kronprins Harald (I)	Jahre Line	Passag./Autofähre	1961
1097	Fresenburg	H. Schuldt	Frachter	1960
1098	Alkman	Lyras Brothers Ltd.	Frachter	1960
1099	Holtefjell	Olsen & Ugelstad	Bulkcarrier	1965
1100	Benedicte	Arthur H. Mathiesen	Bulkcarrier	1962
1101	Esso Köln	Esso Tankschiff Reed.	Öltanker	1961
1102	-	J. Ludwig Mowinckel	Methan-Tanker	-
1103	Otto Hahn	Ges. f. Kernenergieverw.	Bulkcarrier/Kernenerg.	1968
1104	H. L. Lorentzen	Oivind Lorentzen	Bulkcarrier	1960
1105	Ringulv	Olav Ringdal	Bulkcarrier	1961
1106	Beatrice	Arthur H. Mathiesen	Bulkcarrier	1961
1107	Filefjell (I)	Olsen & Ugelstad	Erzfrachter	1961
1108	Bandak	A/S Borgestad	Bulkcarrier	1963
1109	Dovrefjell (I)	Olsen & Ugelstad	Öltanker	1961
1110	Asseburg (I)	H. Schuldt	Kühlschiff	1959
1111	Birgitte Skou	Ove Skou Rederi A/S	Frachter	1960
1112	Cap Valiente	Hamburg-Südamerik. D.-G.	Kühlschiff	1960
1113	Falkefjell (I)	Olsen & Ugelstad	Öltanker	1961
1114	Barbro	Arthur H. Mathiesen	Öltanker	1965
1115	Jalta	Anders Jahre	Öltanker	1964
1116	Maren Skou	Ove Skou Rederi A/S	Frachter	1967
1117	Höegh Dyke	Leif Höegh & Co.	Frachter	1962
1118	Höegh Laurel	Leif Höegh & Co.	Öltanker	1965
1119	Otto Leonhardt	Leonhardt & Blumberg	Bulkcarrier	1967
1120	Brunsholm	Willy Bruns & Co.	Kühlschiff	1960
1121	Brunsdeich	Willy Bruns & Co.	Kühlschiff	1961
1122	Höegh Gandria (I)	Leif Höegh & Co.	Öltanker	1962
1123	Kollskegg	Odd Berg	Öltanker	1963
1124	—	St. S. Niarchos	Yacht, Motor-	—
1125	Jagarda	Anders Jahre	Öltanker	1962
1126	Lancing	Melsom & Melsom	Bulkcarrier	1963
1127	Svanefjell	Olsen & Ugelstad	Frachter	1962
1128	Ratzeburg	H. Schuldt	Frachter	1961
1129	Rindö	Rederi AB Rex	Erz-Öler	1960
1130	Höegh Helm	Leif Höegh & Co.	Erz-Öler	1964
1131	Jalinga	Anders Jahre	Öltanker	1964
1132	Naess Scotsman	Anglo-Norness Shipping	Öltanker	1963
1133	Murex	Shell Tankers (UK)	Öltanker	1968
1134	Stadt Wolfsburg	Schulte & Bruns	Bulkcarrier + (PKW)	1967
1135	Höegh Dene	Leif Höegh & Co.	Frachter	1959
1136	Nopal Star	Oivind Lorentzen	Frachter	1961
1137	Atlantic Skou	Ove Skou, Rederi A/S	Bulkcarrier	1968
1138	Texaco Venezuela	Texaco Panama Inc.	Öltanker	1964
1139	Texaco Carribean	Texaco Panama Inc.	Produkten-Tanker	1965
1140	Norefjell	Olsen & Ugelstad	Bulkcarrier	1966
1141	Sognefjell	Olsen & Ugelstad	Bulkcarrier	1967
1142	Naess Spirit	Norcape (Liberia) Inc.	Öltanker	1960
1143	Cap San Marco	Hamburg-Südamerik. D.-G.	Frachter + Kühllad.	1961
1144	Cap San Augustin	Hamburg-Südamerik. D.-G.	Frachter + Kühllad.	1961
1145	Naess Comet	Herness Shipping Co.	Bulkcarrier	1963
1146	Tranocean N° 1	Transocean Drilling Co.	Bohrinsel	1965
1147	Skautopp	I. M. Skaugen	Öltanker	1960
1148	Singö	Rederi AB Rex	Erz-Öler + (H2SO4)	1962
1149	Nopal Express	Oivind Lorentzen	Frachter	1960
1150	U 1 - „S 180"	Bundesmarine	U-Boot Kl. 201/5	1962
1151	U 2 - „S 181"	Bundesmarine	U-Boot Kl. 201/5	1962
1152	U 3 - „S 182"	Bundesmarine	U-Boot Kl. 201	1962
1153	U 4 - „S 183"	Bundesmarine	U-Boot Kl. 205	1962
1154	U 5 - „S 184"	Bundesmarine	U-Boot Kl. 205	1963
1155	U 6 - „S 185"	Bundesmarine	U-Boot Kl. 205	1963
1156	U 7 - „S 186"	Bundesmarine	U-Boot Kl. 205	1964
1157	U 8 - „S 187"	Bundesmarine	U-Boot Kl. 205	1964
1158	U 9 - „S 188"	Bundesmarine	U-Boot Kl. 205 v	1967
1159	U 10 - „S 189"	Bundesmarine	U-Boot Kl. 205 v	1967
1160	U 11 - „S 190"	Bundesmarine	U-Boot Kl. 205 v	1968
1161	U 12 - „S 191"	Bundesmarine	U-Boot Kl. 205 v	1969
1162	Aragwi	Sudoimport, Moskau	Kühlschiff	1960
1163	Kura	Sudoimport, Moskau	Kühlschiff	1960
1164	Ingur	Sudoimport, Moskau	Kühlschiff	1961
1165	Fruen	Olsen Daughters A/S	Bulkcarrier	1961
1166	Javara	Anders Jahre	Bulkcarrier	1962
1167	Jagranda	Anders Jahre	Öltanker	1963
1168	Vladivostok	Sudoimport, Moskau	Wal- u. Fisch.-Fabriksch.	1962
1169	Dalnij Vostok	Sudoimport, Moskau	Wal- u. Fisch.-Fabriksch.	1963
1170	Vardefjell	Olsen & Ugelstad	Öltanker	1964
1171	Britta	Arthur H. Mathiesen	Bulkcarrier	1967
1172	Jaricha	Anders Jahre	Öltanker	1962
1173	Jawachta	Anders Jahre	Öltanker	1963
1174	Telnes	Kristian Jebsens Rederi	Öltanker	1966
1175	Naess Meteor	Herness Shipping Co.	Bulkcarrier	1963
1176	Olympic Chariot	Olympic Maritime SA.	Öltanker	1963
1177	Olympic Chivalry	Olympic Maritime SA.	Öltanker	1964
1178	Rybatskaja Slava	Sudoimport, Moskau	Fischverarb.-Muttersch.	1965
1179	Trudovaja Slava	Sudoimport, Moskau	Fischverarb.-Muttersch.	1965
1180	Boevaja Slava	Sudoimport, Moskau	Fischverarb.-Muttersch.	1965
1181	Vilis Lacis	Sudoimport, Moskau	Fischverarb.-Muttersch.	1966
1182	Kronstadtskaja Slava	Sudoimport, Moskau	Fischverarb.-Muttersch.	1966
1183	Chernomorskaja Slava	Sudoimport, Moskau	Fischverarb.-Muttersch.	1966
1184	Baltijskaja Slava	Sudoimport, Moskau	Fischverarb.-Muttersch.	1966
1185	Leningradskaja Slava	Sudoimport, Moskau	Fischverarb.-Muttersch.	1967
1186	Troma	A/S J. Ludwig Mowinkel	Öltanker	1966
1187	Molda	A/S J. Ludwig Mowinkel	Öltanker	1966
1188	Liselotte Essberger	John T. Essberger	Öltanker	1966
1189	Helga Essberger	John T. Essberger	Öltanker	1967
1190	Prinsesse Ragnhild (I)	Jahre Line	Passag./Autofähre	1966
1191	Roland (I)	Angfartygs A/B Tirfing	LPG-Tanker	1968
1192	Bettina	Arthur H. Mathiesen	Bulkcarrier	1967

BAU-NR.	SCHIFFSNAME	REEDEREI	SCHIFFSTYP	BJ
1193	Angelburg (II)	H. Schuldt	Kühlschiff	1966
1194	Ahrensburg (II)	H. Schuldt	Kühlschiff	1967
1195	Nordstern	C. Mackprang jr.	Bulkcarrier +(PKW)	1967
1196	Belgrano (II)	Rudolf A. Oetker	Bulkcarrier +(PKW)	1968
1197	Esso Malaysia	Esso Transport Corp.	Öltanker	1968
1198	Esso Bernicia	Esso Petroleum Comp.	Öltanker	1968
1199	Asseburg (II)	H. Schuldt	Kühlschiff	1967
1200	Mactra	Shell Tankers (U.K.)	Öltanker	1969
1201	Dovrefjell (II)	Olsen & Ugelstad	Bulkcarrier	1968
1202	Filefjell (II)	Olsen & Ugelstad	Bulkcarrier	1968
1203	-	Olsen & Ugelstad	Bulkcarrier	-
1204	Esso Norway	Esso Transport Comp.	Öltanker	1969
1205	Elsa Essberger (II)	John T. Essberger	Öltanker	1968
1206	Pacific Skou	Ove Skou Rederi A/S	Bulkcarrier	1968
1207	Texaco Hamburg	Texaco Overs. Tanksh.	Öltanker	1969
1208	Texaco Frankfurt	Texaco Overs. Tanksh.	Öltanker	1969
1209	Texaco North America	Texaco Overs. Tanksh.	Öltanker	1969
1210	Texaco Europe	Texaco Overs. Tanksh.	Öltanker	1970
1211	Artlenburg	H. Schuldt	Kühlschiff	1969
1212	Aldenburg	H. Schuldt	Kühlschiff	1969
1213	—	—	—	—
1214	—	—	—	—
1215	—	—	—	—
1216	—	—	—	—
1217	—	—	—	—
1218	—	—	—	—
1219	—	—	—	—
1220	—	—	—	—
1221	Glafkos - „S 110"	Griechische Marine	U-Boot Kl. 209/1100	1971
1222	Nitrefs - „S 111"	Griechische Marine	U-Boot Kl. 209/1100	1972
1223	Triton - „S 112"	Griechische Marine	U-Boot Kl. 209/1100	1972
1224	Proteus - „S 113"	Griechische Marine	U-Boot Kl. 209/1100	1972

DEUTSCHE WERFT (Ablieferungen nach der HDW-Fusion 1967)

BAU-NR.	SCHIFFSNAME	REEDEREI	SCHIFFSTYP	BJ
D 825	Hamburg	Deutsche Atlantik Linie	Passagierschiff	1969
D 826	Flinders Bay	Overseas Container Ltd.	Containerschiff	1969
D 827	Discovery Bay	Overseas Container Ltd.	Containerschiff	1969
D 828	Sloman Alstertor	Rob. M. Sloman jr.	Kühlschiff	1968
D 829	Sloman Alsterpark	Rob. M. Sloman jr.	Kühlschiff	1968
D 830	Hornmeer	Horn-Linie	Frachter	1969
D 831	Hornwind	Horn-Linie	Frachter	1969
D 832	David P. Reynolds	Carribean Steamsh. C.	Bauxitcarrier	1970

HOWALDTSWERKE HAMBURG (Ablieferungen nach der HDW-Fusion 1967)

BAU-NR.	SCHIFFSNAME	REEDEREI	SCHIFFSTYP	BJ
H 999	Brunshausen (II)	Willy Bruns	Kühlschiff	1968
H 1000	Encounter Bay	Overseas Container Ltd.	Containerschiff	1968
H 1001	Botany Bay	Overseas Container Ltd.	Containerschiff	1968
H 1002	Brunsbüttel (IV)	Willy Bruns	Kühlschiff	1968

STAHLBAU, 1960-1986

BAU-NR.	SCHIFFSNAME	REEDEREI	SCHIFFSTYP	BJ
500600	Hubinsel 3	Hubinsel GmbH, Köln	Arbeitshubinsel	1960
500623	Hubinsel 4	Hubinsel GmbH, Köln	Arbeitshubinsel	1960
500758	Hubinsel 5	Hubinsel GmbH, Köln	Arbeitshubinsel	1961
501000	Magnus I	U. Harms GmbH	Schwimmkran	1963
530000	Barbara	Bundesmarine	Erprobungs-Hubinsel	1964
501013	Wc 201	Philipp Holzmann AG	Spülschute	1964
501013	Wc 202	Philipp Holzmann AG	Spülschute	1964
501013	Wc 203	Philipp Holzmann AG	Spülschute	1964
501013	Wc 204	Philipp Holzmann AG	Spülschute	1964
501120	Magnus II	U. Harms GmbH	Schwimmkran	1965
501150	Magnus III	U. Harms GmbH	Schwimmkran	1965
501254	Magnus IV	U. Harms GmbH	Schwimmkran	1967
501255	Magnus V	U. Harms GmbH	Schwimmkran	1967
501326	Mulus I (I)	U. Harms GmbH	Bergungsponton	1967
501327	Mulus II	U. Harms GmbH	Bergungsponton	1967
501293	(Janus)	U. Harms GmbH	Rumpf (Schlepper)	1967
730006	Magnus VI	U. Harms GmbH	Schwimmkran	1968
730007	Magnus VII	U. Harms GmbH	Schwimmkran	1968
730017	Hein	Beckedorf KG	Schwimmkran	1968
730051	Magnus IX	U. Harms GmbH	Schwimmkran	1968
730032	Friedrich	Friedrich Holst	Rammponton	1968
730090	Mulus II (II)	U. Harms GmbH	Bergungsponton	1968
730052	Magnus X	U. Harms GmbH	Berg.leichter m. Hebegesch.	1969
730119	Magnus	U. Harms GmbH	Berg.leichter m. Hebegesch.	1969
532008	Hera	Bergenings & Dykeri AB Neptun	Transportponton	1969
530058	Mulus III	U. Harms GmbH	Bergungsponton	1969
730120	Magnus XII	U. Harms GmbH	Berg.leichter m. Hebegesch.	1969
532009	Juno	Bergenings & Dykeri AB Neptun	Transportponton	1969
530224	PN 401	A. Ritscher	Arbeitsponton	1970
530224	PN 402	A. Ritscher	Arbeitsponton	1970
530243	Mulus II (III)	U. Harms GmbH	Bergungsponton	1970
532015	Goliat 1	Bergenings & Dykeri AB Neptun	Transportponton	1970
530317	PN 403	A. Ritscher	Arbeitsponton	1970
532016	J.A.E. 201	J. A. Eriksson & Son	Transportponton	1971
530274	Seeleichter 1	R. Harmstorf	Transportponton	1971
532017	Goliat 2	Bergenings & Dykeri AB Neptun	Transportponton	1971
530289	Thor (II)	Bugsier-, Reed. u. Bergungs AG	Seeleichter/Hebeschiff	1971
530290	Roland (II)	Bugsier-, Reed. u. Bergungs AG	Seeleichter/Hebeschiff	1971
532026	Mulus IV	Risdon Beazley	Transportponton	1972
532034	Goliat 3	Bergenings & Dykeri AB Neptun	Transportponton	1973
530655	Ursula	Züblin AG	Arbeitshubinsel	1974
532041	Goliat 4	Bergenings & Dykeri AB Neptun	Transportponton	1974

BAU-NR.	SCHIFFSNAME	REEDEREI	SCHIFFSTYP	BJ
532046	Kuphar	J. P. Knight	Transportponton	1974
532047	Goliat 5	Bergenings & Dykeri AB Neptun	Transportponton	1974
530765	P 4	Lütgens & Reimers	Transportponton	1974
530766	P 5	Lütgens & Reimers	Transportponton	1974
532049	Goliat 6	Bergenings & Dykeri AB Neptun	Transportponton	1975
532053	Alfred (II)	Malmö Bogser AB	Transportponton	1975
532050	Goliat 7	Bergenings & Dykeri AB Neptun	Transportponton	1975
532056	Titan 8	Union Remorq. Sauvetage SA	Transportponton	1975
532057	Grieg Barge N° 1	Grieg Barges & Co.	Transportponton	1975
530870	Hebe 2	Neptun Bergungsges. mbH	Hebeschiff	1975
532058	Grieg Barge N° 2	Grieg Barges & Co.	Transportponton	1976
532051	Goliat 8	Bergenings & Dykeri AB Neptun	Transportponton	1976
532059	Grieg Barge N° 3	Grieg Barges & Co.	Transportponton	1976
532061	Algot	Malmö Bogser AB	Transportponton	1976
532063	Goliat 9	Bergenings & Dykeri AB Neptun	Transportponton	1976
532060	Grieg Barge N° 4	Grieg Barges & Co.	Transportponton	1976
532067	Vikbarge	Vikbarges & Co.	Transportponton	1976
532083	EL-ZPGDY-3	Zarzad Portu	Ponton f. Getreideheber	1977
532085	EL-ZPGDY-4	Zarzad Portu	Ponton f. Getreideheber	1977
531046	Hochtief 305	Hochtief AG, Essen	Transportponton	1977
531028	Hochtief 701	Hochtief AG, Essen	Schwimmkran	1977
530902	Hebelift 3	Neptun Bergungsges. mbH	Hebeschiff	1977
532082	Goliat 10	Bergenings & Dykeri AB Neptun	Transportponton	1977
531072	(Helene Husmann)	Kremer Werft, Glückstadt	Rumpf (Deckcarrier)	1978
531073	(Sigrid Wehr)	Kremer Werft, Glückstadt	Rumpf (Deckcarrier)	1978
531075	Hubinsel 6	Hubinsel GmbH	Arbeitshubinsel	1978
532107	Gardium	Dosbouw	Mattenrollponton	1981
7000	Schwedeneck-See	Texaco/Wintershall	Plattform A, Förder-	1983
7000	Schwedeneck-See	Texaco/Wintershall	Plattform B, Förder-	1983
531684	Hörn 15	Kieler Verkehrs-AG	Ponton	1986

HOWALDTSWERKE-DEUTSCHE WERFT AG

BAU-NR.	SCHIFFSNAME	REEDEREI	SCHIFFSTYP	BJ
D 1	Rubystone	Rubystone Ship. Corp.	Frachter	1970
D 2	Lodestone	Lodestone Ship. Corp.	Frachter	1970
D 3	Coralstone	Coralstone Ship. Corp.	Frachter	1970
D 4	Pearlstone	Pearlstone Ship. Corp.	Frachter	1971
5	Polarbris	Melsom & Melsom	OBO-Carrier	1970
6	Clavigo	Gelsenberg AG, Essen	Öltanker	1970
7	Horngolf	Horn-Linie	Frachter	1970
D 8	Ludwigshafen	Hamburg-Amerika Linie	Frachter	1970
D 9	Erlangen	Hamburg-Amerika Linie	Frachter	1970
D 10	Leverkusen	Hapag-Lloyd AG	Frachter	1970
11	Irfon	P & O Steam Navig. Co.	OBO-Carrier	1971
12	John Augustus Essberger	John T. Essberger	OBO-Carrier	1971
13	Libra	Illy Tankers Corporation	Öltanker	1971
D 14	Hoechst	Hapag-Lloyd AG	Frachter	1971
D 15	Columbus New Zealand	Rudolf A. Oetker KG	Containerschiff	1971
D 16	Columbus Australia	Rudolf A. Oetker KG	Containerschiff	1971
D 17	Columbus America	Rudolf A. Oetker KG	Containerschiff	1971
18	Dalia	Cement Freighters S.A.	Zement-Frachter	1970
19	St. Katharinen	Rudolf A. Oetker KG	Produkten-Tanker	1970
20	Sagitta	Shai Tankers Corp.	Öltanker	1971
21	St. Jacobi	Rudolf A. Oetker KG	Produkten-Tanker	1971
22	Eberhart Essberger	John T. Essberger	Produkten-Tanker	1971
23	Roland Essberger	John T. Essberger	Produkten-Tanker	1971
D 24	Tokyo Bay	Overseas Container Ltd.	Containerschiff	1972
25	Liverpool Bay	Overseas Container Ltd.	Containerschiff	1972
26	Kowloon Bay	Overseas Container Ltd.	Containerschiff	1972
D 27	Cardigan Bay	Overseas Container Ltd.	Containerschiff	1972
D 28	Osaka Bay	Overseas Container Ltd.	Containerschiff	1973
A 29	Salta - „S 31"	Argentinische Marine	U-Boot Kl. 209/1200	1974
A 30	San Luis - „S 32"	Argentinische Marine	U-Boot Kl. 209/1200	1974
31	U 13 - „S 192"	Bundesmarine	U-Boot Kl. 206	1973
E 32	U 14 - „S 193"	Bundesmarine	U-Boot Kl. 206	1973
33	U 15 - „S 194"	Bundesmarine	U-Boot Kl. 206	1974
E 34	U 16 - „S 195"	Bundesmarine	U-Boot Kl. 206	1973
35	U 17 - „S 196"	Bundesmarine	U-Boot Kl. 206	1973
E 36	U 18 - „S 197"	Bundesmarine	U-Boot Kl. 206	1973
37	U 19 - „S 198"	Bundesmarine	U-Boot Kl. 206	1973
E 38	U 20 - „S 199"	Bundesmarine	U-Boot Kl. 206	1974
39	U 21 - „S 170"	Bundesmarine	U-Boot Kl. 206	1974
E 40	U 22 - „S 171"	Bundesmarine	U-Boot Kl. 206	1974
41	U 25 - „S 174"	Bundesmarine	U-Boot Kl. 206	1974
E 42	U 24 - „S 173"	Bundesmarine	U-Boot Kl. 206	1974
43	Benalder	Ben Line Container Ltd.	Containerschiff	1972
44	Benavon	Ben Line Container Ltd.	Containerschiff	1973
45	Korrigan	Comp. d. Mess. Maritim.	Containerschiff	1973
46	Havkong	P. Meyer	Erz-Öler	1973
47	U 27 - „S 176"	Bundesmarine	U-Boot Kl. 206	1974
E 48	U 26 - „S 175"	Bundesmarine	U-Boot Kl. 206	1975
49	U 29 - „S 178"	Bundesmarine	U-Boot Kl. 206	1974
E 50	U 28 - „S 177"	Bundesmarine	U-Boot Kl. 206	1974
E 51	U 23 - „S 172"	Bundesmarine	U-Boot Kl. 206	1975
E 52	U 30 - „S 179"	Bundesmarine	U-Boot Kl. 206	1975
53	Islay - „SS-35"	Peruanische Marine	U-Boot Kl. 209/1200	1974
54	Arica - „SS-36"	Peruanische Marine	U-Boot Kl. 209/1200	1975
55	Faust	Gelsenberg AG, Essen	Öltanker	1973
56	Falkefjell (II)	Olsen & Ugelstad	Erz-Öler	1973
D 57	City of Edinburgh	Ben Line Container Ltd.	Containerschiff	1973
58	Egmond	Gelsenberg-Scheepv. Mt.	Öltanker	1974
59	Minerva	U. K. Tankschiff-Reed.	Öltanker	1974
60	Victoria (III)	U. K. Tankschiff-Reed.	Öltanker	1974
61	Pijao - „S 28"	Kolumbianische Marine	U-Boot Kl. 209/1200	1975
62	Tayrona - „S 29"	Kolumbianische Marine	U-Boot Kl. 209/1200	1975
63	Westfalen	VEBA-Chemie AG	Öltanker	1974
64	Baden	VEBA-Chemie AG	Öltanker	1974

BAU-NR.	SCHIFFSNAME	REEDEREI	SCHIFFSTYP	BJ
65	Atilay - „S 347"	Türkische Marine	U-Boot Kl. 209/1200	1975
66	Saldiray - „S 348"	Türkische Marine	U-Boot Kl. 209/1200	1976
67	Sabalo - „S 31"	Venezolanische Marine	U-Boot Kl. 209/1300	1976
68	Caribe - „S 32"	Venezolanische Marine	U-Boot Kl. 209/1300	1977
H 69	Transocean N° 3	Transocean Drilling Co.	Halbtaucher	1973
H 70	Sudopodjom - 1	Sudoimport, Moskau	Schwimmkran	1975
H 71	Sudopodjom - 2	Sudoimport, Moskau	Schwimmkran	1975
72	Sanko Crest	Crest Maritime Corp.	Öltanker	1975
73	Sanko Stresa	Stresa Shipping Corp.	Öltanker	1975
H 74	Blumenthal	Union-Partenreederei	Kühlschiff	1974
75	Wilhelmine Essberger	John T. Essberger	Öltanker	1975
76	Heinrich Essberger	John T. Essberger	Öltanker	1975
77	Schleswig-Holstein	Trave-Schiffahrts-Ges.	Öltanker	1976
78	Niedersachsen	Trave-Schiffahrts-Ges.	Öltanker	1976
H 79	Ksaprowy Wierch	Polska Zegluga Morska	Öltanker	1974
H 80	Giewont II	Polska Zegluga Morska	Öltanker	1975
H 81	Rysy II	Polska Zegluga Morska	Öltanker	1975
H 82	—	Cosima Reederei & Co.	Öltanker	—
83	Golar Freeze	Golar Gas Operation	LNG/LPG-Tanker	1977
84	Höegh Gandria (II)	Leif Höegh & Co.	LNG/LPG-Tanker	1977
85	Havdrott	P. Meyer	Öltanker	1976
86	—	P. Meyer, Oslo	Öltanker	—
87	—	Peder Smedvig, Stavanger	Öltanker	—
88	—	Hagb. Waage, Oslo	Öltanker	—
89	—	Hagb. Waage, Oslo	Öltanker	—
90	—	VEBA-Chemie AG	Öltanker	—
91	Shyri - „SS 101"	Ecuadorianische Marine	U-Boot Kl. 209/1300	1977
92	Huancavilca - „S 102"	Ecuadorianische Marine	U-Boot Kl. 209/1300	1978
H 93	Bayern (II)	VEBA-Chemie Poseidon	Produkten-Tanker	1977
H 94	Transocean N° 4	Transocean Drilling Co.	Bohrinsel	1976
95	Batiray - „S 349"	Türkische Marine	U-Boot Kl. 209/1200	1978
A 96	Yildiray - „S 350"	Türkische Marine	U-Boot Kl. 209/1200	1981
H 97	Brabant/Gulf Ranger	Cosima Reederei KG	Containerschiff	1977
H 98	Eschenbach/Gulf Lancer	Cosima Reederei KG	Containerschiff	1977
H 99	Dock 11	HDW	Dock-Verlängerung	1974
100	Transvaal	Deutsche West-Afrika-Linie	Containerschiff	1978
H 101	Ulanga/Gulf Clipper	Nord-West Contain.-Linien	Containerschiff	1977
102	P 8	Bornhofen Schiff.-Kontor	Seeleichter	1976
103	P 9	Bornhofen Schiff.-Kontor	Seeleichter	1977
104	Fairalp 2	Fairplay Schleppd.-Reederei	Seeleichter	1976
105	Fairalp 3	Petersen & Alpers	Seeleichter	1976
106	Poseidon - „S 116"	Griechische Marine	U-Boot Kl. 209/1200	1979
107	Amfitriti - „S 117"	Griechische Marine	U-Boot Kl. 209/1200	1979
108	Okeanos - „S 118"	Griechische Marine	U-Boot Kl. 209/1200	1979
109	Havørn	P. Meyer	Bulkcarrier	1977
110	Havfalk	P. Meyer	Bulkcarrier	1977
111	Havjo	P. Meyer	Bulkcarrier	1978
112	Reichenfels	Deutsche D.-G. „Hansa"	Ro-Ro Schiff	1977
113	Rheinfels	Deutsche D.-G. „Hansa"	Ro-Ro Schiff	1978
114	Steinhöft/Gongola Hope	H. M. Gehrckens	Mehrzw.-Frachter	1977
115	Stubbenhuk (II)	H. M. Gehrckens	Mehrzw.-Frachter	1978
H 116	Carolina	Peter Döhle Schiff.-KG	Mehrzw.-Frachter	1978
H 117	Charlotta	Peter Döhle Schiff.-KG	Mehrzw.-Frachter	1978
118	Pontos - „S 119"	Griechische Marine	U-Boot Kl. 209/1200	1980
119	Columbia/Arabian Strength	Christian F. Ahrenkiel	Bulk-Containersch.	1978
120	California/Arabian Endeavour	Christian F. Ahrenkiel	Bulk-Containersch.	1978
H 121	Ambe - „LST 1312"	Nigerianische Marine	Landungsschiff	1979
H 122	Ofiom - „LST 1313"	Nigerianische Marine	Landungsschiff	1979
H 123	Sloman Nereus	Sloman Neptun Sch.-AG	Mehrzw.-Frachter	1977
H124	Sloman Najade	Sloman Neptun Sch.-AG	Mehrzw.-Frachter	1978
125	Caledonia	Christian F. Ahrenkiel	Bulk-Containersch.	1979
H 126	Max Brauer	HADAG Seetouristik	Fahrgastschiff	1980
127	Sloman Mercur	Sloman Neptun Sch.-AG	Mehrzw.-Frachter	1979
128	Sloman Mira	Sloman Neptun Sch.-AG	Mehrzw.-Frachter	1980
129	Mosel	Friedrich A. Detjen	Mehrzw.-Frachter	1978
130	Elbe (II)	Friedrich A. Detjen	Mehrzw.-Frachter	1979
131	Casma - „SS 31"	Peruanische Marine	U-Boot Kl. 209/1200	1980
132	Antofagasta - „SS 32"	Peruanische Marine	U-Boot Kl. 209/1200	1981
133	Chipana - „SS 34"	Peruanische Marine	U-Boot Kl. 209/1200	1982
134	Pisagua - „SS 33"	Peruanische Marine	U-Boot Kl. 209/1200	1983
135	Cakra - „S 101"	Indonesische Marine	U-Boot Kl. 209/1300	1981
136	Nanggala - „S 102"	Indonesische Marine	U-Boot Kl. 209/1300	1981
137	Ostfriesland	Bugs.-Reed. u. Bergungs AG	Mehrzw.-Frachter	1978
138	Elbeland	Bugs.-Reed. u. Bergungs AG	Mehrzw.-Frachter	1979
H 139	Adolph Schönfelder	HADAG Seetouristik	Fahrgastschiff	1981
140	—	Iranische Marine	U-Boot Kl. 209/1400	annulliert
141	—	Iranische Marine	U-Boot Kl. 209/1400	annulliert
142	—	Iranische Marine	U-Boot Kl. 209/1400	annulliert
143	—	Iranische Marine	U-Boot Kl. 209/1400	annulliert
144	—	Iranische Marine	U-Boot Kl. 209/1400	annulliert
145	—	Iranische Marine	U-Boot Kl. 209/1400	annulliert
146	Sloman Ranger	Sloman Neptun Sch.-AG	Deckcarrier	1979
H 147	Sloman Record	Sloman Neptun Sch.-AG	Deckcarrier	1979
148	Sloman Rider	Rob. M. Sloman & Co.	Deckcarrier	1979
H 149	Sloman Rover	Sloman Neptun Sch.-AG	Deckcarrier	1979
H 150	Sloman Runner	Sloman Neptun Sch.-AG	Deckcarrier	1979
151	Jonny Wesch	Reed. Jonny Wesch KG	Mehrzw.-Frachter	1980
152	Sandra Wesch	Reed. Jonny Wesch KG	Mehrzw.-Frachter	1979
153	Christian Wesch	Reed. Jonny Wesch KG	Mehrzw.-Frachter	1980
154	Magdalena Wesch	Reed. Jonny Wesch KG	Mehrzw.-Frachter	1980
155	Heinrich Husmann	Husmann Bereeder.-Ges.	Deckcarrier	1979
156	Adele J.	Jüngerhans Bereeder.-Ges.	Deckcarrier	1979
157	Petra Scheu	Scheu Bereeder.-Ges.	Deckcarrier	1979
158	Carmen	Conti-Seetransport GmbH	Bulk-Containerschiff	1981
159	Bangui	Bobangui Marine Comp.	Deckcarrier	1979
160	Heinrich S.	Schepers & Co.	Deckcarrier	1979
161	Karlsruhe - „F 212"	Bundesmarine	Fregatte F122	1984
H 162	Tilia/Sloman Royal	Heino Winter KG, Jork	Deckcarrier	1979
163	Berlin	Peter Deilmann	Kreuzfahrtschiff	1980
164	Prinsesse Ragnhild (II)	Jahre-Line	Passag./Autofähre	1981
H 165	Astor (I)	HADAG Cruise Line	Kreuzfahrtschiff	1981
H 166	Obotrita	Gebr. Eckert KG	Deckcarrier	1980

BAU-NR.	SCHIFFSNAME	REEDEREI	SCHIFFSTYP	BJ
H 167	Rebecca Wesch	Reed. Jonny Wesch KG	Bulk-Containersch.	1982
168	Frankfurt Express	Hapag-Lloyd AG	Containerschiff	1981
169	Höegh Falcon	Leif Höegh & Co.	OBO-Carrier	1981
170	Höegh Favour (II)	Leif Höegh & Co.	OBO-Carrier	1981
-707	(Polarstern)	BM für Forschung u. Techn.	Polar-Forschungssch.	1982
A 171	Doganay - „S 351"	Türkische Marine	U-Boot Kl. 209/1200	1984
172	Campania/City of Liverpool	Christian F. Ahrenkiel	Bulk-Containersch.	1982
173	—			—
H 174	(Statfjord C.)	Mobil Exploration Inc.	Plattform f. Bohrinsel	1981
175	Almirante Padilla - „51"	Kolumbianische Marine	Korvette FS 1500	1983
176	Caldas - „52"	Kolumbianische Marine	Korvette FS 1500	1984
177	Antioquia - „53"	Kolumbianische Marine	Korvette FS 1500	1984
178	Independiente - „54"	Kolumbianische Marine	Korvette FS 1500	1984
179	Bussewitz	VEB Deutfracht/Seereed.	Flüssiggas-Tanker	1983
180	Gabriele Wesch	Reed. Jonny Wesch KG	Bulk-Containersch.	1983
181	Thomson - „S 20"	Chilenische Marine	U-Boot Kl. 209/1400	1984
182	Simpson - „S 21"	Chilenische Marine	U-Boot Kl. 209/1400	1984
183	Kasturi - „F 25"	Malaysische Marine	KorvetteFS 1500	1984
184	Lekir - F 26"	Malaysische Marine	Korvette FS 1500	1984
H 185	(Gorm Fiels E)	Dansk Boreselskab	Offshore-Modul	1983
186	Shishumar - „S 44"	Indische Marine	U-Boot Typ 1500	1986
187	Shankush - „S 45"	Indische Marine	U-Boot Typ 1500	1986
A 188	Shankul - „S 47"	Indische Marine	U-Boot Typ 1500	1994
A 189	Shakli - S 46"	Indische Marine	U-Boot Typ 1500	1992
H 190	Karsten Wesch	Reed. Jonny Wesch KG	Bulk-Containersch.	1983
191	Castor	Conti-Cont. Schiff. KG	Bulk-Containersch.	1982
192	—	—	—	—
193	—			
194	Cranach	Christian F. Ahrenkiel	Bulk-Containersch.	1983
195	Conscience	Christian F. Ahrenkiel	Bulk-Containersch.	1983
196	Carthago/Norasia Carthago	Conti-Cont. Schiff. KG	Bulk-Containersch.	1984
197	Tupi - „S 30"	Brasilianische Marine	U-Boot Kl. 209/1400	1988
A 198	Tamoio - „S 31"	Brasilianische Marine	U-Boot Kl. 209/1400	1988
199	—			—
200	Candia	Christian F. Ahrenkiel	Bulk-Containersch.	1984
201	Caria/Norasia Caria	Christian F. Ahrenkiel	Bulk-Containersch.	1985
202	Turgut - „F 241"	Türkische Marine	Fregatte MEKO 200	1988
A 203	Yildirim - „F 243"	Türkische Marine	Fregatte MEKO 200	1988
204	Yinhe	China Ocean Ship. Co.	Containerschiff	1984
205	Xinghe	China Ocean Ship. Co.	Containerschiff	1985
206	Binghe	China Ocean Ship. Co.	Containerschiff	1985
207	Norasia Samantha	Norasia Schiffahrtsges.	Containerschiff	1985
208	Norasia Susan	Norasia Schiffahrtsges.	Containerschiff	1985
209	Norasia Princess	Conti-Norasia Sch. GmbH	Containerschiff	1986
210	Norasia Al-Mansoorah	Arabian Maritime Line	Containerschiff	1987
211	Karl Carstens	Deutsche Bundesbahn	Eisenbahn-Fährschiff	1986
212	—			
213	—	—	—	—
214	—			
A 215	Dolunay - „S 352"	Türkische Marine	U-Boot Kl. 209/1200	1989
216	Norasia Pearl	Conti-Norasia Sch. GmbH	Containerschiff	1986
217	Norasia Sharja	Arabian Maritime Line	Containerschiff	1986
218	Astor (II)	Marlan Corporat. Ltd.	Kreuzfahrtschiff	1987
A 219	Timbira - „S 32"	Brasilianische Marine	U-Boot Kl. 209/1400	1996
A 220	Tabajos - „S 33"	Brasilianische Marine	U-Boot Kl. 209/1400	1999
221	—	—	—	—
222	—			
223	—	—	—	—
H 224	Katalina	Starship 60 Ltd., Guernsey	Yacht, Motor-	1987
225	—			
226	Norasia Al-Muntazah	Arabian Maritime Line	Containerschiff	1987
227	Alvares Cabral - „F 331"	Portugiesische Marine	Fregatte MEKO 200 PN	1991
228	Corte-Real - „F 332"	Portugiesische Marine	Fregatte MEKO 200 PN	1991
229	Norasia Mubarak	Arabian Maritime Line	Containerschiff	1987
230	President Truman	American President Line	Conbulkschiff	1988
231	President Kennedy	American President Line	Conbulkschiff	1988
232	President Jackson	American President Line	Conbulkschiff	1988
233	Norasia Singa	HSH-Norasia (S) Pte.	Containerschiff	1989
234	Norasia Sun	HSH-Norasia (S) Pte.	Containerschiff	1989
235	Bonn Express	Hapag-Lloyd AG	Containerschiff	1989
236	Heidelberg Express	Hapag-Lloyd AG	Containerschiff	1989
237	—			—
238	Min He	China Ocean Ship. Co.	Containerschiff	1989
239	Dong He	China Ocean Ship. Co.	Containerschiff	1990
240	Gao He	China Ocean Ship. Co.	Containerschiff	1990
241	—			
242	Chang Bogo	Südkoreanische Marine	U-Boot Kl. 209/1300	1992
A 243	Yi Chon	Südkoreanische Marine	U-Boot Kl. 209/1300	1994
A 244	Choi Muson	Südkoreanische Marine	U-Boot Kl. 209/1300	1995
A 245	Preveze - „S 353"	Türkische Marine	U-Boot Kl. 209/1400	1994
A 246	Sakarya - „S 354"	Türkische Marine	U-Boot Kl. 209/1400	1995
247	Zim America	ZIM Israel Navig. Co.	Containerschiff	1990
248	Zim Canada	ZIM Israel Navig. Co.	Containerschiff	1990
A 249	Parkui	Südkoreanische Marine	U-Boot Kl. 209/1300	1995
A 250	Lee Jongmoo	Südkoreanische Marine	U-Boot Kl. 209/1300	1996
A 251	Jeongun	Südkoreanische Marine	U-Boot Kl. 209/1300	1997
252	—			
253	—	—	—	—
254	—			
255	Schleswig-Holstein (II) „F 216"	Bundesmarine	Fregatte F 123	1995
256	Zim Italia	ZIM Israel Navig. Co.	Containerschiff	1991
257	Zim Korea	ZIM Israel Navig. Co.	Containerschiff	1991
258	(Triton) - „S 112"	Griechische Marine	U-Boot Kl. 209/1100	1993
A 259	(Protefs) - „S 113"	Griechische Marine	U-Boot Kl. 209/1100	1996
A 260	(Nirefs) - „S 111"	Griechische Marine	U-Boot Kl. 209/1100	2000
A 261	(Glafkos) - „S 110"	Griechische Marine	U-Boot Kl. 209/1100	1998
262	Zim Japan	ZIM Israel Navig. Co.	Containerschiff	1991
263	Zim Hong Kong	ZIM Israel Navig. Co.	Containerschiff	1992
264	Zim Israel	ZIM Israel Navig. Co.	Containerschiff	1992
265	Dolphin	Israelische Marine	U-Boot Kl. Dolphin	1999
266	Leviathan	Israelische Marine	U-Boot Kl. Dolphin	1999

BAU-NR.	SCHIFFSNAME	REEDEREI	SCHIFFSTYP	BJ
267	Fei He	China Ocean Ship. Co.	Containerschiff	1994
268	DSR Rostock	Megaslot II Ship. Co.	Containerschiff	1991
269	St. Petersburg Senator	Megaslot V Ship. Co.	Containerschiff	1992
270	Choyang Volga	Megaslot VI Ship. Co.	Containerschiff	1992
271	Hamburg Senator	Megaslot IX Ship. Co.	Containerschiff	1993
272	Sovcomflot Senator	Megaslot X Ship. Co.	Containerschiff	1993
A 273	Hydra - „F 452"	Griechische Marine	Fregatte MEKO 200 GR	1992
A 274	Spetsai - „F453"	Griechische Marine	Fregatte MEKO 200 GR	1996
A 275	Psara - „F 454"	Griechische Marine	Fregatte MEKO 200 GR	1997
A 276	Salamis - „F 455"	Griechische Marine	Fregatte MEKO 200 GR	1998
277	—	—	—	—
278	—	—	—	—
279	DSR-Pacific	DSR Rostock GmbH	Containerschiff	1992
280	DSR-Asia	DSR Rostock GmbH	Containerschiff	1993
281	—	—	—	—
282	—	—	—	—
283	Laiva - „DF 2502"	Hans Saeger	Segel-Yacht	1995
A 284	Barbaros - „F 244"	Türkische Marine	Fregatte MEKO 200 TN	1997
A 285	Oruçr Reis - „F 245"	Türkische Marine	Fregatte MEKO 200 TN	1996
286	Norasia Fribourg	Norasia Lines (Malta) Ltd.	Offen. Containersch.	1993
287	Norasia Kiel	Norasia Lines (Malta) Ltd.	Offen. Containersch.	1994
288	Norasia Hong Kong	Norasia Hong Kong L.P.	Offen. Containersch.	1994
289	Norasia Sharjah (II)	Norasia Sharjah L.P.	Offen. Containersch.	1994
A 290	Tikuna	Brasilianische Marine	U-Boot Kl. 209/1400 mod.	2005
A 291	Lee Sunsin	Südkoreanische Marine	U-Boot Kl. 209/1200	2000
A 292	Nadaeyong	Südkoreanische Marine	U-Boot Kl. 209/1200	2000
A 293	Lee Eokgi	Südkoreanische Marine	U-Boot Kl. 209/1200	2001
A 294	18 Mart - „S 355"	Türkische Marine	U-Boot Kl. 209/1400 mod	1994
A 295	Anafartalar - „S 356"	Türkische Marine	U-Boot Kl. 209/1400 mod	1995
296	Norasia Shanghai	Norasia Ship. Services SA.	Offen. Containersch.	1996
297	APL China	American President Lines	Containerschiff	1995
298	APL Japan	American President Lines	Containerschiff	1995
299	APL Thailand	American President Lines	Containerschiff	1995
300	Norasia Singa (II)	Norasia Ship. Services SA.	Offen. Containersch.	1996
301	(U 29) - „S 178"	Bundesmarine	U-Boot Kl. 206A	1990
302	(U 23) - „S 172"	Bundesmarine	U-Boot Kl. 206A	1989
303	(U 16) - „S 195"	Bundesmarine	U-Boot Kl. 206A	1990
304	(U 30) - „S 179"	Bundesmarine	U-Boot Kl. 206A	1990
305	(U 25) - „S 174"	Bundesmarine	U-Boot Kl. 206A	1990
306	(U 22) - „S 171"	Bundesmarine	U-Boot Kl. 206A	1990
307	(U 28) - „S 177"	Bundesmarine	U-Boot Kl. 206A	1990
308	(U 24) - „S 176"	Bundesmarine	U-Boot Kl. 206A	1991
309	(U 17) - „S 196"	Bundesmarine	U-Boot Kl. 206A	1991
310	(U 15) - „S 194"	Bundesmarine	U-Boot Kl. 206A	1991
311	(U 18) - „S 197"	Bundesmarine	U-Boot Kl. 206A	1992
312	(U 26) - „S 175"	Bundesmarine	U-Boot Kl. 206A	1992
313	—	—	—	—
314	—	—	—	—
315	—	—	—	—
316	—	—	—	—
317	Tekuma	Israelische Marine	U-Boot Kl. Dolphin	2000
318	U 31 – „S 181"	Deutsche Marine	U-Boot Kl. 212A	2005
319	U 32 – „S 182"	Deutsche Marine	U-Boot Kl. 212A	2005
320	U 33 - „S 183"	Deutsche Marine	U-Boot Kl. 212A	2006
321	U 34 - „S 184"	Deutsche Marine	U-Boot Kl. 212A	2006
322	Zim Asia	ZIM Israel Navig. Co.	Containerschiff	1996
323	Zim Pacific	ZIM Israel Navig. Co.	Containerschiff	1996
324	Zim Atlantic	ZIM Israel Navig. Co.	Containerschiff	1996
325	Zim Jamaica	ZIM Israel Navig. Co.	Containerschiff	1997
326	Zim Europa	ZIM Israel Navig. Co.	Containerschiff	1997
A 327-1	Salih Reis - „F 246"	Türkische Marine	Fregatte MEKO 200 TN	1998
A 327-2	Kemah Reis - „F 247"	Türkische Marine	Fregatte MEKO 200 TN	1999
328	Deutschland (III)	Reederei Peter Deilmann	Kreuzfahrtschiff	1998
329	Zim USA	ZIM Israel Navig. Co.	Containerschiff	1997
330	Zim Iberia	ZIM Israel Navig. Co.	Containerschiff	1997
331	Zim China	ZIM Israel Navig. Co.	Containerschiff	1997
332	—	—	—	—
333	—	—	—	—
334	—	—	—	—
335	Hamburg - „F 220"	Deutsche Marine	Fregatte F 124	2004
336	Norasia Samantha (II)	Norasia Lines Ltd.	Offen. Containersch.	1998
337	Norasia Savannah	Norasia Lines Ltd.	Offen. Containersch.	1998
338	Norasia Salome	Norasia Lines Ltd.	Offen. Containersch.	1998
339	Norasia Sheba	Norasia Lines Ltd.	Offen. Containersch.	1998
340	Norasia Scarlet	Norasia Lines Ltd.	Offen. Containersch.	1999
341	Al Salamah	—	Mega-Yacht	1999
342	Dole Chile	Dole Fresh Fruit International Ltd.	Offen. Kühl-Contain.	1999
343	Dole Colombia	Dole Fresh Fruit International	Offen. Kühl-Contain.	1999
A 344	Salvatore Todaro - „S 526"	Italienische Marine	U-Boot Kl. 212A	2006
A 345	Scirè - „S527"	Italienische Marine	U-Boot Kl. 212A	2007
346	—	—	—	—
347	—	—	—	—
348	—	—	—	—
349	—	—	—	—
A 350	TCG Gür - „S 357"	Türkische Marine	U-Boot Kl. 209/1400 mod	2000
A 351	TCG Canakale - „S 358"	Türkische Marine	U-Boot Kl. 209/1400 mod	2000
A 352	TCG Bukakreis - „S 359"	Türkische Marine	U-Boot Kl. 209/1400 mod	2001
A 353	TCG I. Inönü - „S 360"	Türkische Marine	U-Boot Kl. 209/1400 mod	2006
354	—	—	—	—
355	Superfast V	Superfast Ferries SA.	Fährschiff	2001
356	Superfast VI	Superfast Ferries SA.	Fährschiff	2001
357	Superfast VII	Superfast Ferries SA.	Fährschiff	2001
358	Superfast VIII	Superfast Ferries SA.	Fährschiff	2001
359	Superfast IX	Superfast Ferries SA.	Fährschiff	2002
360	Superfast X	Superfast Ferries SA.	Fährschiff	2002
361	Papanikolis	Griechische Marine	U-Boot Kl. 214	2010
A 362	Pipinos - „S 121"	Griechische Marine	U-Boot Kl. 214	2012
A 363	Matrozos - „S 122"	Griechische Marine	U-Boot Kl. 214	(2013)
A 364	Katsonis - „S 123"	Griechische Marine	U-Boot Kl. 214	(2013)
365	SAS Manthatisi - „S 101"	Südafrikanische Marine	U-Boot Kl. 209/1400 mod	2005

BAU-NR.	SCHIFFSNAME	REEDEREI	SCHIFFSTYP	BJ
366	SAS Charlotte Maxeke - „S 102"	Südafrikanische Marine	U-Boot Kl. 209/1400 mod	2006
367	SAS Queen Modjadji - „S103"	Südafrikanische Marine	U-Boot Kl. 209/1400 mod	2008
368	Isandlwana - „F 146"	Südafrikanische Marine	Korvette	2003
369	Mendi - „F 148"	Südafrikanische Marine	Korvette	2004
370	Octopus	N.N.	Mega-Yacht	2003
A 371	Sohn Won-il	Südkoreanische Marine	U-Boot Kl. 214	2006
A 372	Yeong Yi	Südkoreanische Marine	U-Boot Kl. 214	2008
A 373	Ahn Jung Geun	Südkoreanische Marine	U-Boot Kl. 214	2009
A 374	Okeanos	Griechische Marine	U-Boot Kl. Neptune II	2012
A 375	( )	Griechische Marine	U-Boot Kl. Neptune II	—
A 376	( )	Griechische Marine	U-Boot Kl. Neptune II	—
A 377	( )	Griechische Marine	U-Boot Kl. Neptune II	—
378	reserviert	Portugiesische Marine	Fregatte (Kasko)	—
379	Maersk Naples	A.P. Møller, København	Containerschiff	2004
380	Maersk Narvik	A.P. Møller, København	Containerschiff	2005
381	Maersk Narbonne	Maersk Line A/S	Containerschiff	2005
382	Maersk Nashville	Maersk Line A/S	Containerschiff	2005
383	N.R.P. Tridente	Portugiesische Marine	U-Boot Kl. 209 PN	2010
384	N.R.P. Arpao	Portugiesische Marine	U-Boot Kl. 209 PN	2010
385	—	—	—	—
386	CMA CGM Iguacu	CMA-CGM	Containerschiff	2006
387	CMA CGM Auckland	CMA-CGM	Containerschiff	2006
388	—	—	—	—
389	—	—	—	—
390	—	—	—	—
391	A	Yacht Charter Ltd. A, Douglas	Mega-Yacht	2008
392	Maruba Europa	Niederelbe Schiffahrtsges.	Containerschiff	2007
393	Maruba Maxima	Niederelbe Schiffahrtsges.	Containerschiff	2008
394	Donau Trader	H. Buss,	Containerschiff	2008
395	TS Qingdao	H. Buss,	Containerschiff	2008
396	Mosel Trader	Buss, Leer	Containerschiff	2009
397	reserviert	Brasilianische Marine	U-Boot	—
398	U 35 - „S 185"	Deutsche Marine	U-Boot Kl. 212A	2012
399	U 36 - „S 186"	Deutsche Marine	U-Boot Kl. 212A	2013
400	INS Tanin	Israelische Marine	U-Boot Kl. Dolphin AIP	2013
401	INS Rahav	Israelische Marine	U-Boot Kl. Dolphin AIP	(2014)
402	—	Israelische Marine	U-Boot Kl. Dolphin AIP	—
403	( )	Brasilianische Marine	U-Boot Tupi Class	storniert
404	( )	Brasilianische Marine	U-Boot Tupi Class	storniert
405	( )	Brasilianische Marine	U-Boot Tupi Class	storniert
406	( )	Brasilianische Marine	U-Boot Tupi Class	storniert
407	( )	Brasilianische Marine	U-Boot Tupi Class	storniert
408	reserviert		Containerschiff	
409	reserviert		Containerschiff	
A 410	reserviert	Türkische Marine	U-Boot Kl. 214	
A 411	reserviert	Türkische Marine	U-Boot Kl. 214	
A 412	reserviert	Türkische Marine	U-Boot Kl. 214	
A 413	reserviert	Türkische Marine	U-Boot Kl. 214	
A 414	reserviert	Türkische Marine	U-Boot Kl. 214	
A 415	reserviert	Türkische Marine	U-Boot Kl. 214	
A 416		Italienische Marine	U-Boot Kl. 212A	(2015)
A 417		Italienische Marine	U-Boot Kl. 212A	(2016)
418	Box Voyager	Niederelbe Schiffahrtsges.	Containerschiff	2010
419	Box Trader	Niederelbe Schiffahrtsges.	Containerschiff	2010
420	Box Power	Niederelbe Schiffahrtsges.	Containerschiff	storniert
421	—	Niederelbe Schiffahrtsges.	Containerschiff	storniert
422	—	—	Yacht	2012
423	—	—	Yacht	storniert
424	—	—	Yacht	storniert
425	—	—	Yacht	storniert
A 426		Südkoreanische Marine	U-Boot Kl. 214	(02/2015)
A 427		Südkoreanische Marine	U-Boot Kl. 214	(12/2015)
A 428		Südkoreanische Marine	U-Boot Kl. 214	(10/2016)
A 429		Südkoreanische Marine	U-Boot Kl. 214	(07/2017)
A 430		Südkoreanische Marine	U-Boot Kl. 214	(04/2018)
A 431		Südkoreanische Marine	U-Boot Kl. 214	(01/2019)

ERLÄUTERUNGEN ZU DEN ANGABEN IN DEN BAULISTEN

Baujahr:	*Jahr der Ablieferung*
Bau-Nr.:	*Buchstaben vor der Bau-Nummer bedeuten:*
A	*Schiff ist im Ausland zusammengebaut (Paket)*
D	*Schiff ist in Hamburg gebaut („Deutsche Werft")*
E	*Schiff ist in Emden gebaut („Thyssen Nordseewerke")*
H	*Schiff ist in Hamburg gebaut („Howaldtswerke Hamburg")*
T	*Schiff ist in Hamburg gebaut („Janssen & Schmilinsky", Tollerort)*

SCHIFFSNAMEN

In Klammern gesetzter Schiffsname:	*Umbauschiff, Schiffsrumpf oder ähnliches.*
In Klammern aufgeführte römische Zahlen:	*Schiffe, die gleiche Namen führen.*

Nachwort + Dank

DIES BUCH HEISST „BESTÄNDIGER WANDEL". Wer die Geschichte der Howaldtswerke verfolgt, wird feststellen, dass sich die Werft ständig gewandelt hat. Anders würde es sie nicht mehr geben. Aber er wird auch feststellen, dass sich vieles wiederholt, und er wird eine Reihe von Déjà-vu-Erlebnissen haben. In den 175 Jahren von Schweffel & Howaldt zu ThyssenKrupp Marine Systems war nur der Wandel eine Konstante. Ohne die Innovationskraft und die Flexibilität, sich auf neue Situationen einzustellen, hätte die Werft nicht überlebt.

Wer von Tradition spricht, muss sagen, was er damit meint. Wenn er die HDW als „Traditionswerft" betrachtet, tut er ihr Unrecht. Denn das wäre das Beharren auf dem Althergebrachten. Und eben das hat HDW nie getan. Davon zeugen die vielen innovativen Schiffstypen aller Art, die aus Kiel ihren Weg auf die Ozeane angetreten haben; davon zeugt ihre Fähigkeit, sich immer wieder auf veränderte Märkte und veränderte politische Umstände und letztlich auf gesellschaftliche Veränderungen einzustellen. Deshalb ist die Tradition der Kieler Schiffbauer die Fähigkeit, immer wieder Neues zu wagen. Das will dieses Buch zeigen.

Es ist kein wissenschaftliches Werk, sondern es soll den Leser anschaulich durch die Welt und die Geschichte der HDW führen und einen Eindruck davon geben, wie sie sich unter welchen Umständen durch Wellentäler und dann wieder auf Wellenkämme gearbeitet hat. Und wen es schmerzt, dass der Name Howaldt aus dem Firmennamen verschwunden ist, möge bedenken, dass die Werft in fast zwei Jahrhunderten viele Metamorphosen durchgemacht hat. Er möge bedenken, dass der Name Howaldt als Markenname weitergeführt wird, und er möge vor allem bedenken, dass nicht der Name die Werft ausgemacht hat, sondern die Menschen, die in ihr und für sie gearbeitet haben und das auch in Zukunft tun werden.

Wer tiefer in die Geschichte einsteigen möchte, als

es in diesem Buch möglich ist, möge das großartige Werk von Christian Ostersehlte, „Von Howaldt zu HDW" lesen, das in seiner Breite und Gründlichkeit als wissenschaftliches Werk höchstes Lob verdient und auch erfahren hat.

Alle weitere benutzte Literatur ist im Text kenntlich gemacht. Aus Gründen der Lesbarkeit habe ich auf Fußnoten verzichtet, allerdings ohne es an wissenschaftlicher Gründlichkeit fehlen zu lassen. Sollten dennoch Fehler auftreten, trage ich allein die Schuld.

Einen großen Dank möchte ich der Geschäftsleitung der ThyssenKrupp Marine Systems abstatten, die mir dieses Werk anvertraut hat. Sehr herzlich danke ich Frau Dr. Ute Arriens, die es mit Sympathie begleitet und kritisch lektoriert hat. Ebenso herzlich danke ich Frau Dr. Doris Tillman, die das Kieler Stadt- und Schifffahrtsmuseum leitet, und im Kieler Stadtarchiv Christoph Freitag, die mit seltenen Fotos ausgeholfen haben. In gerade diesen Dank möchte ich auch Christian Grams von der Seeflieger AG, Karl-Heinz Hildebrandt von der Kieler Rundschau.de und Thomas Weis von der Bibliothek für Zeitgeschichte in der Württembergischen Landesbibliothek einschließen. Sie alle haben in bewundernswürdiger Hilfsbereitschaft diesem Buch zu ungewöhnlichen Abbildungen verholfen und es damit tatkräftig aufgewertet.

Und zum Schluss, aber nicht zuletzt, danke ich meinem Freund Peter Neumann ganz besonders herzlich. Mit seiner großartigen Fotografie und seinem einfühlsamen Layout, die inzwischen schon neun wunderbaren Büchern der HDW zu Gute gekommen sind, hat er wieder dafür gesorgt, dass auch dieses Buch ein Vergnügen für den Leser wird.

Jürgen Rohweder
Kiel, Juli 2013

Eine großartige Kieler Geschichte: 175 Jahre HDW. YPS Peter Neumann